Lecciones de Derecho de Contratos Mercantiles

2.ª edición

Elena Leiñena Mendizábal y José Manuel Martín Osante
(coords.)

Lecciones de Derecho de Contratos Mercantiles

2.ª edición

Alberto Emparanza Sobejano
Nerea Iráculis Arregui
Elena Leiñena Mendizábal
José Manuel Martín Osante
Arantza Martínez Balmaseda
Aránzazu Pérez Moriones
Itziar Villafáñez Pérez
Aitor Zurimendi Isla

eman ta zabal zazu

Universidad
del País Vasco

Euskal Herriko
Unibertsitatea

CIP. Biblioteca Universitaria

Lecciones de derecho de contratos mercantiles / Elena Leiñena Mendizábal y José Manuel Martín Osante (coords.) ; Alberto Emparanza Sobejano...[et al.]. – 2ª ed. – [Leioa] : Universidad del País Vasco / Euskal Herriko Unibertsitatea, Argitalpen Zerbitzua = Servicio Editorial, D.L. 2025. – 268 p.; 24 cm. – (Unibertsitateko Eskuliburuak = Manuales Universitarios)
Incluye referencias bibliográficas y materiales de autoevaluación.
D.L. BI 00721-2025. – ISBN. 978-84-1319-645-9

1. Derecho mercantil – España.   2. Contratos – España.   I. Leiñena, Elena, coord.   II. Martín Osante, José Manuel, coord.   III. Emparanza Sobejano, Alberto, coaut.

347.74/.76(460)

Proyecto de investigación «Modernización de la regulación del transporte de pasajeros y carga: régimen de responsabilidad y descarbonización» (Ref. PID2023-149939NB-C33), financiado por el Ministerio de Ciencia, Innovación y Universidades (MCIU), por la Agencia Estatal de Investigación (AEI) y por el Fondo Europeo de Desarrollo Regional (FEDER).

Grupo de Investigación consolidado del Gobierno Vasco GIC IT1765-22 «Tendencias actuales del Derecho Mercantil en la era de la digitalización».

   ISBN: 978-84-1319-645-9
   Lege gordailua: LG BI 00721-2025

Índice

Abreviaturas

art.	Artículo
BORME	Boletín Oficial del Registro Mercantil
CC	Código Civil
CCom	Código de Comercio
CNMC	Comisión Nacional del Mercado y la Competencia
CNMV	Comisión Nacional del Mercado de Valores
disp. ad.	Disposición Adicional
disp. trans.	Disposición Transitoria
DUE	Documento Único Electrónico
etc.	etcétera
LC	Ley Concursal
LCA	Ley de Contrato de Agencia
LCAPT	Ley de Contratos de Aprovechamiento por Turno de Bienes de Uso Turístico, de Adquisición de Productos Vacacionales de Larga Duración, de Reventa y de Intercambio y Normas Tributarias
LCC	Ley de Crédito al Consumo
LCD	Ley de Competencia Desleal
LCGC	Ley de Condiciones Generales de la Contratación
LCS	Ley de Contrato de Seguro
LDC	Ley de Defensa de la Competencia

LDI	Ley de Protección Jurídica del Diseño Industrial
LDIEC	Ley de Disciplina e Intervención de las Entidades de Crédito
LGDCU	Ley General para la Defensa de Consumidores y Usuarios
LGP	Ley General de Publicidad
LH	Ley Hipotecaria
LHM	Ley sobre Hipoteca Mobiliaria y Prenda sin Desplazamiento de la Posesión
LM	Ley de Marcas
LMOC	Ley de Medidas de Lucha contra la Morosidad en las Operaciones Mercantiles
LMV	Ley del Mercado de Valores
LNM	Ley de Navegación Marítima
LOCM	Ley de Ordenación del Comercio Minorista
LOPD	Ley Orgánica de Protección de Dato
LOPJ	Ley Orgánica del Poder Judicial
LOSSEAR	Ley de Ordenación, Supervisión y Solvencia de Entidades Aseguradoras y Reaseguradoras
LOSEEC	Ley de Ordenación, Supervisión y Solvencia de Entidades de Crédito
LP	Ley de Patentes
LPI	Ley de Propiedad Intelectual
LRREC	Ley de Reestructuración y Resolución de Entidades de Crédito
LSC	Ley de Sociedades de Capital
LSPag	Ley de Servicios de Pago
LSSI	Ley de Servicios de la Sociedad de la Información y del Comercio Electrónico
LVPBM	Ley de Venta a Plazos de Bienes Muebles
NIC	Normas Internacionales de Contabilidad
NIIF	Normas Internacionales de Información Financiera
OAMI	Oficina de Armonización de Mercado Interior
OEPM	Oficina Española de Patentes y Marcas
OMPI	Organización Mundial de la Propiedad Industrial
OPA	Oferta Pública de Adquisición
OPS	Oferta Pública de Suscripción

OPV	Oferta Pública de Venta
núm.	número
pág./págs.	página/páginas
p. ej.	por ejemplo
RCNC	Resolución de la Comisión Nacional de la Competencia
RD	Real Decreto
RDGRN	Resolución de la Dirección General de los Registros y del Notariado
RDL	Real Decreto Ley
RDLeg	Real Decreto Legislativo
RDM	Revista de Derecho Mercantil
RTDC	Resolución del Tribunal de Defensa de la Competencia
ROSSEAR	Real Decreto 1060/2015, de 20 de noviembre, de ordenación, supervisión y solvencia de las entidades aseguradoras y reaseguradoras
SAP	Sentencia de la Audiencia Provincial
SJM	Sentencia del Juzgado de lo Mercantil
ss.	siguientes
STJUE	Sentencia del Tribunal de Justicia de la Unión Europea
STS	Sentencia del Tribunal Supremo
STSJ	Sentencia del Tribunal Superior de Justicia
TFUE	Tratado Fundacional de la Unión Europea
UE	Unión Europea

Prólogo

El libro que presentamos, en su segunda edición, constituye un manual universitario que trata de recoger el contenido básico actualizado que debe conocer el alumnado de grado universitario en materia de Derecho de los contratos mercantiles. En su elaboración hemos participado varios docentes de la UPV/EHU que llevamos años desempeñando esta tarea y que, con la redacción de este breve manual, hemos pretendido dotar al alumnado de los estudios de grado de un instrumento docente a través del cual adentrarse en el estudio del Derecho de los contratos mercantiles. En este sentido, es una obra que tiene su origen en la Universidad, que se ha confeccionado con arreglo a los parámetros académicos universitarios y, que se dirige principalmente también a la Universidad, teniendo, por tanto, al alumnado universitario como principal destinatario. Asimismo, la presente publicación constituye la continuación de la senda iniciada con las *Lecciones de Derecho de sociedades*, Servicio de Publicaciones de la Universidad del País Vasco, Leioa, 2020, coordinadas por las Profesoras Nerea Iráculis Arregui y Aránzazu Pérez Moriones.

La elaboración de este manual responde inicialmente al propósito de que el alumnado universitario que ha de afrontar el estudio del Derecho de los contratos mercantiles en cualquier grado universitario cuente con el contenido básico de esta materia a través de cuyo estudio, y de la necesaria asistencia a clase, pueda alcanzar un conocimiento completo de la asignatura. En cualquier caso, la obra ha pretendido ir más allá de una mera recopilación de los apuntes utilizados en la impartición de la materia de Derecho de los contratos mercantiles, y se ha configurado, además, como una herramienta de ayuda al estudio, indicando otras obras a las cuales poder acudir para profundizar en las cuestiones que el lector vea conveniente, y dotándole de específicos instrumentos de autoevaluación de los conocimientos adquiridos a través de su lectura. Así, cada lección finaliza con una breve reseña bibliográfica en la que se incluyen obras y manuales a los que acudir para adentrarse con mayor detenimiento en las cuestiones expuestas en el libro, y, con una ficha de evaluación de conocimientos, a través de la cual, el lector puede comprobar el grado de comprensión alcanzado. De este modo, el libro no sólo constituye una obra de lectura y consulta, sino que, además, permite ayudar al lector a que se haga una idea cabal del conocimiento adquirido en materia de Derecho de los contratos mercantiles.

No queda más que agradecer a quienes han participado en la redacción y actualización de las lecciones el esfuerzo invertido y el empeño en que esta obra alcance su objetivo, que no es otro, que servir de apoyo a la docencia universitaria del Derecho de los contratos mercantiles. Confiemos en que el objetivo se cumpla y que el alumnado se pueda beneficiar de ello. Será la demostración de que el tiempo y la dedicación de sus autores han merecido la pena.

En Donostia / San Sebastián y Bilbao, a 8 de mayo de 2025.

Las/os autores.

Lección 1

Las obligaciones mercantiles y la contratación mercantil[1]

Sumario: I. Planteamiento.—II. Régimen general de las obligaciones mercantiles. 1. Exigibilidad de las obligaciones puras. 2. Régimen específico de la mora. 3. Prescripción de las obligaciones mercantiles. 4. Supuesto carácter solidario de las obligaciones mercantiles.—III. Régimen general de la contratación mercantil. 1. La perfección, forma y prueba de los contratos mercantiles. 2. La interpretación de los contratos mercantiles. 3. Los contratos con cláusula penal.—IV. Especialidades de la contratación mercantil. 1. Contratación con condiciones generales: características, función y naturaleza jurídica. 2. Régimen jurídico de las condiciones generales de la contratación. 3. La contratación con consumidores: la venta a distancia y la venta fuera del establecimiento mercantil.—V. Características de la contratación mercantil moderna: 1. La contratación electrónica. 2. La contratación internacional.

I. Planteamiento

El CCom. contiene una regulación de los contratos mercantiles, previstos también en el ámbito civil, que trata de adecuar su régimen jurídico a las especialidades del tráfico económico que requieren mayor agilidad que en el ámbito de la contratación civil. De cualquier forma, la regulación de los contratos mercantiles contenida en el CCom. no es omnicomprensiva, sino que se limita a reflejar las especialidades mercantiles de tales contratos, que, en lo restante, se rigen por la normativa contenida en el CC.

---

[1] La lección 1 ha sido redactada por Alberto Emparanza Sobejano, Catedrático de Derecho Mercantil.

Esta particular configuración explica que, pese a la indudable expansión del Derecho mercantil de los contratos más allá del régimen del CCom., sea necesario precisar las consecuencias que conlleva que un contrato revista naturaleza mercantil. En este sentido, conviene determinar las características específicas que poseen las obligaciones mercantiles, así como las que resultan aplicables a los contratos de dicha naturaleza mercantil. Se tratan de ciertas peculiaridades contenidas en el CCom, que, a pesar de que no han sido actualizadas en las últimas décadas, se mantienen en vigor y ponen de relieve los rasgos diferenciadores todavía existentes entre la contratación mercantil y la contratación civil. En cualquier caso, conviene hacer notar que el régimen de dichos contratos recogido en el CCom se ha visto superado por leyes complementarias provenientes en su mayoría de la necesaria incorporación de la normativa de la Unión Europea al ordenamiento interno, transposición que ha adolecido de una falta de política legislativa coherente. Estas reformas de la regulación de la contratación mercantil, forzadas por las exigencias de la adecuación normativa a los postulados consagrados en la Unión Europea, han desvirtuado notablemente el sistema existente en nuestro ordenamiento en materia mercantil y generado una notable descoordinación entre la arcaica regulación prevista al respecto en el CCom y la abundante normativa mercantil aprobada en las últimas décadas. La convivencia de ambos tipos de regulaciones, promulgadas en épocas distintas y, sobre todo, planteadas con objetivos poco coincidentes, explica la dificultad de interpretar de modo uniforme las normas aplicables a la contratación mercantil, que, a pesar de todo, rigen a todos los efectos.

II. Régimen General de las Obligaciones Mercantiles

1. *Exigibilidad de las obligaciones puras*

El rápido cumplimiento de las obligaciones mercantiles resulta de especial interés en el tráfico económico, habida cuenta de que el destino del dinero o la vinculación a una explotación económica de los bienes objeto de transacción, hace que su incumplimiento genere mayores perjuicios al acreedor. Por eso, se establece que las obligaciones mercantiles son puras, en el sentido de que no están sometidas a plazo, término ni condición. Por eso, se prohíbe conceder plazos de gracia o cortesía en el cumplimiento de sus obligaciones, a no ser que las partes los hayan establecido expresamente (art. 61 CCom). Así, en el ámbito mercantil, ni siquiera la autoridad judicial dispone de la facultad de establecer un plazo adicional para que el deudor cumpla su obligación, porque se pretende que las transacciones mercantiles se lleven a cabo con rapidez y seguridad.

Otra peculiaridad predicable de las obligaciones mercantiles es la determinación del momento a partir del cual el acreedor está facultado para exigir el cumplimiento de la obligación de su deudor. En este sentido, las obligaciones mercantiles que no tuvieren término prefijado por las partes serán exigibles transcurridos 10 días después de contraídas, si solo producen acción ordinaria y al día siguiente, si llevan aparejada ejecución (art. 62 CCom). De este modo, se concede al deudor un plazo de 10 días para que proceda al cumplimiento de sus obligaciones, de manera que, si no se pacta nada, ese será el plazo en el que deberá satisfacer su obligación al deudor.

Ahora bien, estas disposiciones del CCom. han sido, en cierta manera, desplazadas por la Ley 3/2004 de 29 de diciembre por la que se establecían medidas de lucha contra la morosidad en las operaciones mercantiles. Así, a falta de pacto, el deudor habría de pagar en el plazo de treinta días a contar desde la fecha de recepción de la factura (art. 4.2.°). El problema de esta norma es que dicho plazo podía ser modificado por pacto entre las partes, desnaturalizándose dicha exigencia. Por eso, la Ley 15/2010 de 5 de julio de modificación de la Ley 3/2004 alteró sustancialmente la situación declarando que el plazo del pago que debía cumplir el deudor es de sesenta días desde la recepción de las mercancías, sin que dicho plazo pudiera ser ampliado por las partes. Finalmente, la Ley 11/2013 de 26 de julio, cambió dicha redacción y fijó el plazo máximo de pago en treinta días, plazo que podrá ser ampliado hasta un máximo de sesenta días cuando las partes así lo hubieran pactado.

2. *Régimen específico de la mora*

Incurre en mora el deudor cuando retrasa el cumplimiento de una obligación vencida y es requerido por su acreedor para que la cumpla. En los contratos mercantiles que tuvieren señalado un plazo para su cumplimiento los efectos de la morosidad comenzarán al día siguiente de su vencimiento. Esto significa que el deudor mercantil incurre automáticamente en mora cuando no lleve a cabo sus obligaciones el día que tenga señalado para su cumplimiento (art. 63 CCom). Por lo tanto, el solo hecho del vencimiento coloca al deudor en mora desde el momento en que no haya cumplido su obligación puntualmente, sin necesidad de que el acreedor formule una interpelación al deudor. Si la obligación no tuviera término, se exige que la interpelación previa se haga necesariamente ante un juez o notario (art. 63 CCom diferenciando del art. 1100 CC). En el mismo sentido se pronuncia la Ley 3/2004 en la que se establece con carácter general el devengo automático del interés (art. 5), lo que significa que el deudor que no cumple su obligación puntualmente incurre en mora automáticamente por el mero incumplimiento del pago en el plazo pactado o previsto legalmente, y tendrá que hacer frente al pago adicional de los intereses que se generen a partir de la fecha del incumplimiento de su obligación.

La diferencia, por tanto, entre la mora civil y la mora mercantil radica en que esta última se genera por el mero incumplimiento del plazo, mientras que, en la civil, el incumplimiento del plazo debe ir acompañado de una interpelación al deudor advirtiéndole de su indebida actuación. La razón de dicha importante diferencia reside en que en el ámbito mercantil todo retraso produce un especial enriquecimiento en el patrimonio del deudor por la rentabilidad que obtiene al haber recibido la prestación sin haber desembolsado todavía la contrapartida económica. El plazo, en suma, se configura esencial, en el ámbito mercantil, porque genera automáticamente los efectos de la mora.

Por lo que se refiere a las consecuencias de la mora mercantil, conviene destacar que el interés de demora será el pactado en el contrato y, en defecto de pacto, dicho interés vendrá constituido por la suma del tipo de interés aplicable por el BCE más ocho puntos porcentuales (art. 7.2.º Ley 3/2004). Para que el acreedor pueda reclamar intereses de demora deberá haber cumplido sus obligaciones contractuales y que no haya recibido a tiempo la cantidad debida, a menos que el deudor pueda probar que no es responsable del retraso (art. 6 Ley 3/2004). En cualquier caso, serán nulas las cláusulas que, apartándose de lo previsto en dichos preceptos, contemplen un interés de demora distinto, o incorporen requisitos suplementarios para que el acreedor pueda reclamar los intereses de demora.

3. Prescripción de las obligaciones mercantiles

Los plazos de prescripción se establecen en nuestro derecho privado para que las reclamaciones por incumplimientos no se alarguen indefinidamente. El concepto de prescripción es el mismo en el ámbito mercantil o civil, ya que se trata de un mecanismo que hace posible que finalice el plazo para poder reclamar un determinado incumplimiento cuando el reclamante legitimado para formular la reclamación ha dejado transcurrir un tiempo excesivamente prolongado desde el momento en que la podía haber ejercitado.

Ahora bien, los plazos de prescripción de las obligaciones mercantiles son más breves que los civiles, a causa de la mayor celeridad del tráfico económico. Por la misma razón, el sistema de interrupción de los plazos de prescripción es más restrictivo en el ámbito mercantil (art. 944 CCom) que en el civil (art. 1973 CC), con el objeto de que no se dilaten excesivamente los plazos de reclamación en el tráfico económico. Así, en el ámbito mercantil la prescripción sólo puede ser interrumpido por reclamaciones judiciales, por reconocimiento de su obligación o por renovación o prórroga del pago. Sin embargo, la jurisprudencia civil (entre otras, la pionera STS (Sala Primera) de 4 de noviembre de 1995, refrendada por las STS (Sala Primera) de 21 de marzo de 2000, STS (Sala Primera) de 28 de mayo de 2001, STS (Sala Primera) de 20 de octubre de 2006, STS (Sala Primera) de 9 de febrero de 2007) ha considerado que, de igual forma que en la prescripción civil, también debería admitirse la interrupción de la prescripción mediante reclamación extrajudicial en las reclamaciones mercantiles, por lo que, de alguna forma, el diferente tratamiento de esta cuestión existente en el art. 944 CCom en el ámbito mercantil ha quedado superado.

4. *Supuesto carácter solidario de las obligaciones mercantiles*

Las obligaciones mercantiles tienen como característica habitual su tendencia a la objetivización, esto es, a considerar irrelevante la identidad de las personas que participan en ellas y a la necesidad de que se produzca su exacto cumplimiento. Por dicha razón, se ha echado en falta tradicionalmente un principio general de solidaridad cuando sean varios los deudores de una obligación mercantil. Sin embargo, la ausencia de dicho postulado en el CCom y en las normas reguladoras mercantiles, ha sido cubierta por los tribunales que han proclamado el carácter solidario de las obligaciones mercantiles cuando así pueda deducirse de la intención común de los interesados, ya que se entiende que no hay ningún tipo de presunción contraria a la solidaridad en los casos en que sean varios los deudores de una obligación mercantil. Para llegar a dicha conclusión se ha defendido que la necesidad de ofrecer las garantías necesarias a todas las operaciones mercantiles aconseja proclamar el carácter solidario a las obligaciones derivadas de la contratación de tal naturaleza (así, STS (Sala Primera) de 11 de julio de 2006).

III. **Régimen general de la contratación mercantil**

1. *La perfección, forma y prueba de los contratos mercantiles*

Los contratos mercantiles se perfeccionan, como los civiles, por la convergencia de los consentimientos de las partes. El consentimiento, en suma, surge cuando coinciden oferta y aceptación. El encuentro de la declaración de voluntad dirigida a la celebración del contrato (oferta) y de la declaración dirigida a concluirlo (aceptación) determina su perfección (art. 1262 CC). Ahora bien, en el ámbito mercantil la perfección también puede tener lugar cuando el empresario utiliza la publicidad para ofrecer al público sus productos, porque en estos casos no se trata sólo de invitación, sino de una oferta, ya que el empresario queda vinculado contractualmente en los términos de la promoción publicitaria (art. 61.2.º Texto Refundido de la Ley General para la Defensa de los Consumidores y Usuarios aprobado por Real Decreto Legislativo 1/2007 de 16 de diciembre, en adelante, TRLGDCU).

A la hora de determinar la efectiva perfección de un contrato mercantil el problema se plantea cuando dicha contratación se produce entre ausentes ubicados en lugares distintos. Tradicionalmente, según el primitivo art. 54 CCom, los contratos por correspondencia quedaban perfeccionados desde que se contestara aceptando la propuesta. De este modo, se establecía un régimen que promovía una mayor celeridad del nacimiento de un vínculo contractual, ya que, sobre la base de la teoría de la expedición, se entendía que la perfección del contrato tenía lugar en el momento en que se produjera la aceptación de la propuesta. Con la promulgación de la Ley 33/2002 de 11 de julio de Servicios de la Sociedad de la Información y Comercio Electrónico (en adelante LSSICE) se modificó el art. 1262 CC y el art. 54 CC, estableciendo que si el que hizo la oferta y el que la aceptó se hallaran en lugares distintos hay consentimiento desde que el oferente conoce la aceptación o desde que, habiéndosela remitido el aceptante, no puede ignorarla éste último sin faltar a la buena fe. De este modo, se consagra la teoría del conocimiento, de tal manera que la perfección del contrato no queda al arbitrio de quien pudiendo haber conocido la aceptación de su oferta, no ha tenido conocimiento de ella debido a su propia conducta. El criterio seguido, por tanto, es que el contrato se perfecciona en el momento en que quien hizo la oferta tiene conocimiento de su aceptación, o se presume que tal conocimiento ha debido de obtenerlo. En este mismo sentido se pronuncia el art. 54.2.º CCom en relación con los contratos celebrados mediante dispositivos automáticos, en cuyo caso se entiende que hay consentimiento desde que se manifieste la aceptación, extendiéndose así dicho criterio a una variedad de supuestos en los que la simple manifestación del aceptante produce una respuesta inmediata por el dispositivo, cualquiera que sea su función.

Por lo que se refiere a la forma de los contratos mercantiles, rige el principio de libertad de forma (art. 51 CCom), exceptuado los casos que requieran expresamente en la normativa correspondiente formas o solemnidades necesarias para su eficacia (art. 52 CCom). Resultan, en este sentido, bastante poco habituales los contratos mercantiles que revistan una forma especial. En cualquier caso, es muy frecuente que se plasmen por escrito para que quede constancia del alcance de su contenido, lo que resulta especialmente lógico en este tipo de contratos, que revisten una indudable complejidad técnica, en aras a conseguir una mayor seguridad jurídica en las transacciones comerciales.

Finalmente, en relación con la prueba, el art. 51 CCom se remite implícitamente al régimen de los arts. 1214 ss CC. Sin embargo, aunque la Ley de Enjuiciamiento Civil no derogó tales preceptos, serán aplicables preferentemente los arts. 281 ss LEC que regulan la prueba. Hoy en día no tiene sentido aplicar en materia probatoria las especialidades mercantiles, ciertamente anacrónicas. Por eso rige el art. 299 LEC, que incluye dentro de los medios de prueba, el interrogatorio de las partes, los documentos públicos, los documentos privados, el dictamen de peritos, el reconocimiento judicial y el interrogatorio de testigos. También se admiten como prueba los medios de reproducción de palabra, sonido o imagen. En los contratos celebrados por vía electrónica, que cada día son más habituales en el tráfico comercial, se admite el soporte electrónico como prueba de la celebración del contrato (art. 326.4.º LEC).

En este ámbito probatorio también cobran protagonismo los libros de comercio y las facturas comerciales. Los libros de comercio recogen datos contables cuyo valor probatorio será apreciado por los tribunales, conforme a las reglas generales del derecho (art. 31 CCom). Por su parte, la factura, esto es, la lista de mercancías con su cantidad, naturaleza y precio, es un documento que el vendedor remite al comprador, en el que refleja el contenido del producto y las condiciones de su venta. En el CCom no se contiene norma alguna sobre su valor probatorio. Sin embargo, se configura como una confesión extrajudicial por lo que también despliega indudables efectos probatorios. Así se ha entendido por la jurisprudencia que ha considerado no sólo que es un documento probatorio de las mercancías o servicios prestados, sino que, además, puede servir como requerimiento de pago del acreedor al deudor. En los últimos tiempos se están emitiendo facturas electrónicas, con las mismas cualidades jurídicas que las facturas ordinarias, pero dotadas de una capacidad de emisión y circulación mayor, que gozan, además, de una presencia creciente en el tráfico económico consecuencia de su capacidad de utilización masiva.

2. La interpretación de los contratos mercantiles

Cuando las partes no estén de acuerdo sobre el alcance del contenido del contrato debe procederse a interpretarlo a fin de solventar la duda planteada, tratando de determinar el sentido atribuido a las palabras que dieron lugar al acuerdo cuyo alcance se discute. Para ello, habrá que acudir a los arts. 1281 ss CC y, en su caso al art. 57 CCom, que declara expresamente que los contratos mercantiles deben cumplirse conforme a los dictados de la buena fe. En cualquier caso, la interpretación no solo debe estar dirigida a descubrir la intención de las partes que les movió a suscribir el contrato, sino a desentrañar el sentido que los términos empleados poseen en el sector comercial o industrial en el que se estipula el contrato. La interpretación de los contratos mercantiles, con todo, no debe restringir los efectos que se deriven del modo con que los contratantes hubiesen explicado su voluntad y contraído sus obligaciones. Cuando la aplicación de tales criterios interpretativos no resuelva las dudas, las cláusulas obscuras o de contenido discutible se deberán interpretar a favor del deudor (*favor debitoris*) (art. 59 CCom). No obstante, el alcance de dicho principio regulador se ha puesto en la actualidad en entredicho. Por eso, se entiende que primeramente deberían agotarse las posibilidades interpretativas disponibles, y solamente entonces, cuando se advierta la imposibilidad de proceder a su interpretación con tales medios, debería aplicarse el principio interpretativo del *favor debitoris* en aquellas cláusulas de significado dudoso.

3. *Los contratos con cláusula penal*

Es una posibilidad contractual prevista en el art. 56 CCom., en cuya virtud, para determinar las consecuencias patrimoniales que puede acarrear el incumplimiento del contrato, se prevé de antemano el importe económico que dicho incumplimiento conlleva. Se trata, por tanto, de una cláusula que permite anticipar la cuantía de los daños que potencialmente pueda conllevar el incumplimiento del contrato, con anterioridad a que se produzca dicha inobservancia contractual. La cláusula penal no establece, por tanto, una obligación alternativa para el deudor, ya que no puede eximirse de cumplir el contrato pagando la pena. Representa una valoración objetiva del perjuicio que causa el incumplimiento al acreedor, quien puede exigir al deudor el cumplimiento del contrato o que proceda a abonar la pena.

En el tráfico mercantil la incorporación en los contratos de cláusulas penales resulta muy útil porque permite determinar el alcance de las consecuencias económicas del incumplimiento del contrato, antes de que éste tenga lugar. Pero, además, al mismo tiempo fuerza a las partes del contrato a cumplir sus obligaciones a la vista de las graves consecuencias patrimoniales que puede conllevar incumplirlas, reflejadas anticipadamente en el importe de la cláusula penal acordada, ya que les permite conocer de antemano el alcance concreto de las implicaciones económicas de su incumplimiento.

IV. Especialidades de la contratación mercantil

1. *Contratación con condiciones generales: características, función y naturaleza jurídica*

La utilización de las condiciones generales ha cambiado radicalmente la forma de contratar en el tráfico mercantil. La necesidad de que los contratos mercantiles cuenten con un condicionado predeterminado en el que estén previstos de forma pormenorizada todos los elementos que configuran el contenido del contrato, explica que la inmensa mayoría de los contratos mercantiles se articulen en torno a condiciones generales. Esta modalidad de contratación en masa resulta especialmente adecuada para concluir contratos de contenido muy similar con una pluralidad de destinatarios, que no están en condiciones de negociar individualmente su contenido y que se repiten de forma reiterada. Se trata, además, de una fórmula de contratación que proporciona rapidez a las transacciones comerciales, e indudables dosis de seguridad jurídica, al prever de antemano el régimen aplicable al contrato en cuestión, contribuyendo, en suma, a racionalizar la actividad económica. Por todo ello, su utilización debe ser valorada muy positivamente, ya que favorece la contratación, el tráfico comercial y, por tanto, el desarrollo económico.

Desde un punto de vista jurídico, los contratos de adhesión o contratos con condiciones generales, se caracterizan por los siguientes rasgos configuradores:

a) Se tratan de contratos en los que su contenido se articula en torno a condiciones contractuales, esto es, cláusulas que están incorporadas en el contrato, de tal forma que resultan aplicables en tanto en cuanto forman parte del mismo. Dicha inclusión puede ser expresa, en el caso de que se encuentren expresamente recogidas en su contenido, o por remisión, cuando se declara su aplicación al contrato, aunque no estén incluidas expresamente en el mismo.

b) Deben ser, en segundo lugar, condiciones predispuestas, esto es, formuladas con anterioridad a la celebración del contrato. Normalmente habrán sido elaboradas por el predisponente, es decir, por la parte del contrato que las ha incorporado. Pero también es posible que las haya redactado otro sujeto o asociación empresarial que no intervenga en el contrato. Lo relevante es que se incorporen en el contrato por voluntad de una de las partes, sin que la otra haya tenido posibilidad de incluir otras o de oponerse a dicha incorporación.

c) Finalmente deben tratarse de condiciones impuestas al adherente, esto es, a la parte del contrato que no ha participado en su incorporación. Dicha imposición se manifiesta en que el adherente carece de margen de negociación individual sobre el contenido de tales condiciones, no quedándole más remedio que aceptarlas íntegramente si quiere celebrar el contrato en cuestión.

Además, se suele señalar, como característica adicional que las condiciones generales del contrato deben haber sido elaborados para una multiplicidad de contratos para que revistan la consideración de condiciones generales. Ciertamente cuando se elaboran condiciones generales se plantean para ser empleadas en un elevado número de contratos. Sin embargo, dicho elemento no es un rasgo específico necesario de las condiciones generales, sino, más bien, una característica consustancial a su utilización. En este sentido, cabe denominar como condiciones generales cualquier tipo de cláusulas contractuales, predispuestas e impuestas al adherente, con independencia de que se empleen o no para una multiplicidad de contratos.

Su especial configuración hace necesario el establecimiento de un sistema de control para evitar los abusos que su aplicación puede conllevar, control centrado, principalmente en que el adherente esté debidamente informado de que se le van a aplicar las condiciones generales incorporadas en el contrato (control de incorporación), de que estén redactadas con claridad a fin de que puedan ser comprendidas (control de interpretación), así como de que su contenido no resulte abusivo y que su aplicación no conlleve perjuicios para el adherente (control de contenido).

2. *Régimen jurídico de las condiciones generales de la contratación*

Las condiciones generales de la contratación están reguladas en dos normas: una de carácter genérico, la Ley 7/1998 de condiciones generales de la contratación (en adelante, LCGC) aplicable a cualquier tipo de adherente; y, otra, de carácter específica, aplicable en los casos en los que el adherente revista la condición de consumidor, los arts. 80 a 91 TRLGDCU, actualizados parcialmente por la Ley 4/2022, de 25 de febrero, de protección de los consumidores y usuarios frente a situaciones de vulnerabilidad social y económica. Esta dualidad normativa constituye una importante peculiaridad porque permite que las condiciones generales de la contratación se rijan por dos disposiciones legales distintas. La razón de esta dualidad obedece a la necesidad de que los consumidores dispongan de una normativa específica que les proteja en esta modalidad contractual ante los posibles abusos en los que pueden incurrir los predisponentes a la hora de redactar el contenido de dichas condiciones. Pero, al mismo tiempo, pone de relieve la posibilidad de que, ante las mismas condiciones generales, los consumidores puedan invocar la aplicación de cualquiera de ambas normativas y de que los adherentes no consumidores de condiciones generales dispongan de una normativa reguladora menos tuitiva.

En general, cabe destacar que en ambas normativas se establece, en primer lugar, un control de incorporación sobre las condiciones generales para asegurar que efectivamente pasen a formar parte del contrato, obligando a que el adherente acepte expresamente su incorporación al contrato y proceda a su firma a fin de que no haya duda de que conoce su existencia y de que acepta su inclusión en el contrato, esto es, su vigencia y aplicación contractual (art. 80 TRLGDCU). Para ello el predisponente deberá informar al adherente de su existencia y facilitarte un ejemplar (art. 5 LCGC), aunque se admite que dicha entrega no tenga que realizarse si las condiciones se encuentran expuestas en un lugar visible de la estancia en la que se ha celebrado el contrato. No obstante, las condiciones generales no se incorporarán al contrato cuando resulten ilegibles, ambiguas o incomprensibles (art. 7 LCGC). Dicha exigencia de transparencia será mayor cuando el adherente sea un consumidor, como inicialmente proclamó la jurisprudencia (así, la pionera STS (Sala Primera) de 9 de mayo de 2013), planteamiento que finalmente se ha reflejado en la normativa reguladora, en concreto, en el nuevo art. 83.2.º TRLGDCU modificado por la Ley 5/2019, en el que expresamente se declaran nulas las condiciones generales incorporadas en el contrato de forma no transparente que resulten perjudiciales para el adherente-consumidor.

El segundo mecanismo de control previsto es el control de contenido, en cuya virtud se declaran nulas las condiciones generales que contradigan lo dispuesto en la LCGC o en cualquier otra norma de carácter imperativo (art. 8.1.º LCGC). Sin embargo, este control no despliega relevantes efectos, porque no hace sino reproducir el contenido del art. 6.3.º CC aplicable a cualquier tipo de contrato, que proscribe cualquier acuerdo que resulte contrario a las leyes imperativas, por lo que el control de contenido aplicable a las condiciones generales es el mismo que existe para los contratos en general negociados individualmente.

Ese control, no obstante, se incrementa significativamente cuando el adherente es consumidor. En tales casos, la nulidad de la condición general podrá ser declarada cuando resulte abusiva, entendiéndose por tal, «toda estipulación no negociada individualmente que, en contra de las exigencias de la buena fe cause, en perjuicio del consumidor un desequilibrio importante de los derechos y obligaciones de las partes del contrato» (art. 82 TRLGDCU). Este pronunciamiento genérico, aunque de gran relevancia dogmática, es complementado con una enumeración de cláusulas que, en todo caso, se consideran abusivas (arts. 85 a 90 TRLGDCU) con el fin de aclarar el alcance efectivo de la noción de «cláusula abusiva» y poder detectar más fácilmente su existencia en los contratos con condiciones generales. En ese listado se incluyen cláusulas de muy diferente tenor que representan multitud de supuestos de estipulaciones que perjudican los intereses de los consumidores, razón por la que deben ser declaradas abusivas. Como consecuencia de ello, este tipo de cláusulas serán nulas de pleno derecho, lo que no impide que el contrato subsista sin las cláusulas abusivas y sea obligatorio para las partes en los términos restantes (art. 83 TRLGDCU).

El ejercicio de las acciones que pretenden proteger los intereses de los adherentes de las condiciones generales que contengan cláusulas nulas o abusivas, también podrá formularse a través de acciones colectivas, a través de las cuales, se persigue la obtención de una sentencia que condene al demandado a eliminar las condiciones generales que se reputen nulas y a abstenerse de utilizarlas en el futuro (art. 12 LCGC). Estas acciones colectivas podrán ser ejercitadas por asociaciones de empresarios, de consumidores, colegios profesionales o por el Ministerio Fiscal, de forma que la legitimación activa para su ejercicio es muy amplia, permitiendo que cualquier colectivo esté en condiciones de poner en marcha este tipo de acciones conducentes a eliminar de las condiciones generales aquellas que sean nulas o abusivas.

Finalmente, hay que dar cuenta de la existencia del Registro de Condiciones Generales de la Contratación, cuya funcionalidad no ha deparado resultados relevantes, y en el que se pueden inscribir voluntariamente las condiciones generales de la contratación utilizadas por los predisponentes a fin de que puedan ser de conocimiento general (art. 11 LCGC). Además de la inscripción voluntaria de las condiciones generales, dicho Registro también sirve para anotar preventivamente las demandas de nulidad, así como las acciones colectivas de cesación planteadas con el fin de que se pueda conocer por cualquier interesado la existencia del ejercicio de tales acciones judiciales.

3. *La contratación con consumidores: la venta a distancia y la venta fuera del establecimiento mercantil*

La contratación con consumidores está prevista con carácter general en el TRLGDCU, texto que ha sido objeto de numerosas modificaciones y en el que, además de regular las condiciones generales, como antes ya se ha aludido (arts. 80-91 TRLGDCU), se contiene una regulación bastante completa de los contratos que pueden celebrarse con consumidores, estableciendo un régimen destinado a otorgarles la máxima protección. En este sentido, dicha norma consagra una serie de disposiciones generales que obligan a que a los consumidores se les ofrezca una completa información del contenido del contrato con anterioridad a su celebración para que puedan conocer de antemano el alcance de las obligaciones que asumen cuando lo suscriban. Además, debe resultar patente que cuando un consumidor va a celebrar un contrato ha de constar de forma inequívoca su voluntad de firmarlo, así como, la facultad de poner fin al mismo si lo juzga así conveniente, sin que ello le suponga ningún tipo de sanción o carga desproporcionada. Esta facultad se ha plasmado en el denominado derecho de desistimiento que se atribuye al consumidor y en cuya virtud éste puede resolver unilateralmente el contrato suscrito sin tener que justificar dicha ruptura y sin penalización alguna.

De cualquier forma, conviene distinguir en dicha regulación general, el régimen específico previsto para los contratos a distancia celebrados con consumidores y para los contratos celebrados fuera del establecimiento mercantil (arts. 92-113 TRLGDCU). Ambas modalidades cuentas con una normativa específica que trata de proteger adecuadamente los intereses de los consumidores en los casos en que la contratación que ha celebrado ha tenido lugar bajo tales circunstancias.

a) Los contratos a distancia celebrados con consumidores son aquellos que se han celebrado en el marco de un sistema organizado de venta en el que se han utilizado exclusivamente una o más técnicas de comunicación a distancia hasta el momento de su celebración. En la regulación de estos contratos destaca la específica información precontractual que ha de facilitarse al consumidor para que éste sea plenamente consciente del contrato que va a firmar, ante las limitaciones que genera la comunicación a distancia. Además, el consentimiento del consumidor deberá prestarse expresamente para que no haya duda de su propósito inequívoco de suscribir el contrato, de modo que la falta de respuesta a la oferta de contratación a distancia, no podrá considerarse como aceptación, entendiéndose prohibidos los envíos no solicitados que incluyan una petición de pago. La ejecución del contrato deberá tener lugar sin ninguna demora y, a más tardar, en el plazo de 30 días naturales desde la celebración del contrato (art. 109 TRLGDCU). Pero, sobre todo, destaca el derecho del consumidor a desistir del contrato sin causa que lo justifique, siempre que ejerza dicha facultad dentro de los catorce días siguientes a su celebración (art. 104 TRLGDCU). Este régimen, no obstante, no será aplicable a las ventas automatizadas, a las ventas realizadas en subasta, a los contratos de servicios financieros y a los contratos con operadores de telecomunicaciones (art. 93 TRLGDCU).

b) Los contratos celebrados fuera del establecimiento mercantil son objeto de una regulación especial porque el consumidor carece de la posibilidad de comparar la calidad y el precio de la oferta por lo

que se establece un régimen que confiere al consumidor una serie de derechos de carácter irrenunciable para protegerle adecuadamente. Bajo esta denominación se incluyen situaciones de distinta
índole: aquellos contratos celebrados con la presencia física simultánea del empresario y del consumidor, pero que tienen lugar en un
lugar distinto del establecimiento mercantil del empresario; aquellos
que se han celebrado mediante el uso de cualquier medio de comunicación a distancia inmediatamente después de que haya existido
contacto personal con el consumidor en un lugar que no era el establecimiento mercantil del empresario; y, por último, también tienen cabida aquellos celebrados durante una excursión organizada
por el empresario con el fin de promocionar sus productos. En este
sentido, conviene destacar que el art. 59 bis TRLGDCU, en su versión actual tras la promulgación de Real Decreto-ley 7/2021 de 2
de noviembre, en el que acoge bajo la noción de establecimiento
mercantil toda instalación inmueble de venta al por menor en la que
el empresario ejerce su actividad de forma permanente, así como
toda instalación móvil de venta al por menor en la que el empresario
ejerce su actividad de forma habitual. De este modo, la alusión al régimen del establecimiento mercantil no debe interpretarse de forma
tradicional, sino que, atendiendo al signo de los tiempos, también
comprende la venta que se valga de una estructura móvil atribu-
yendo, por tanto, a la noción de establecimiento mercantil una con-
notación dinámica y cambiante, que no estaba prevista inicialmente
en su regulación. Pues bien, a todos estos supuestos en los que tiene
lugar un contrato fuera de dicho establecimiento, en los términos
antes expresados, se les aplica el régimen de los contratos celebrados fuera del establecimiento mercantil al entender que las especiales
circunstancias en las que se producen tales contrataciones requieren
atribuir al consumidor una protección específica que se materializa,
entre otros, en el derecho de desistimiento que ostenta el consumidor para poder poner fin al contrato en los catorce días siguientes
a la contratación, sin que tenga que mediar causa que lo justifique
(art. 104 TRLGDCU).

V. Características de la contratación mercantil moderna

1. *La contratación electrónica*

La contratación electrónica es un fenómeno de gran relevancia, que
ha adquirido un creciente protagonismo con el auge experimentado por el
comercio electrónico en los últimos tiempos. Las formas tradicionales de

contratación entre ausentes, asentadas tradicionalmente en la tramitación escrita o postal, ha ido dejando paso a la contratación electrónica a través de medios telemáticos lo que ha propiciado un incremento creciente de los intercambios comerciales. El nuevo soporte electrónico ha ido sustituyendo a los medios clásicos existentes para la emisión y recepción de ofertas y aceptaciones, generando un nuevo formato de contratación con características específicas. En este sentido, la contratación electrónica tiene lugar cuando se realiza un negocio jurídico utilizando un sistema electrónico del tipo que sea. Por eso, bajo esta denominación genérica de contrato electrónico encuentra cobijo cualquier contrato celebrado a través de cualquier tipo de tecnología.

En un sentido general, no debe olvidarse que la contratación electrónica es una modalidad contractual cuya celebración tiene lugar entre ausentes. Por esa razón, como se ha destacado en general con la contratación entre ausentes, su régimen jurídico deberá otorgar unas garantías complementarias que aseguren no sólo su correcta celebración, sino también la prueba de la misma porque la irrupción tecnológica en la contratación provoca algunos problemas específicos a consecuencia de las propias características de este tipo de sistemas. Así, la normativa reguladora de la contratación electrónica deberá contar con un mecanismo que haga posible que los mensajes sean legibles para las partes del contrato y que, además, acredite la autenticidad e integridad del contenido del contrato a fin de que no haya duda de su efectivo alcance y de la imputabilidad de sus consecuencias a los sujetos firmantes. Por último, deberá disponer de un sistema que asegure la recepción y conservación de su contenido por el destinatario para que tenga constancia fehaciente de su celebración.

Su regulación, en concreto, se prevé en la Ley 34/2002 de 11 de julio de Servicios de la Sociedad de la Información y del Comercio Electrónico (LSSICE), modificada por la Ley 56/2007 de 28 de diciembre de Medidas de Impulso de la Sociedad de la Información dirigida a impulsar la factura electrónica y los medios electrónicos en todas las fases de los procesos de contratación. Dicha regulación ha tratado de dar respuesta a los obstáculos que la contratación electrónica plantea con base en una serie de postulados adecuados a las condiciones específicas de este tipo de contratación. Así, se reconoce que los contratos celebrados por vía electrónica producirán todos los efectos previstos por el ordenamiento jurídico cuando concurran el consentimiento y los demás requisitos necesarios para su validez, entendiendo que para que sea válida la celebración de contratos por vía electrónica no será necesario el previo acuerdo de las partes sobre la utilización de medios electrónicos. Sin perjuicio de que los contratos por vía electrónica se rijan por lo dispuesto en el CC y en el CCom y por las restantes normas civiles o mercantiles existentes sobre contratos, especialmente de protección de los consumidores y usuarios, deberán cumplir específicamente obligaciones de información previas al inicio del procedimiento de contratación.

Así, el prestador de servicios que realice actividades de contratación electrónica tiene la obligación de poner a disposición del destinatario los trámites que deben seguirse para celebrar el contrato y los medios técnicos para identificar errores en la introducción de los datos (art. 27.1 LSSICE), tales como los medios de archivo del documento, la lengua del documento y los medios técnicos a su disposición. La oferta realizada se mantendrá durante el periodo que fije el oferente, o, en su defecto, durante el tiempo que permanezca accesible a los destinatarios (art. 27.3 LSSICE). En lo que atañe a la prueba, en los contratos electrónicos se aplican las reglas específicas de la firma electrónica consagradas en la Ley 59/2003 de 19 de diciembre (en adelante, LFE), a través de la cual, se genera la firma avanzada, denominada firma electrónica. Para ser considerada como tal, debe tratarse de una firma que esté vinculada al firmante de manera única, permitir su identificación, haber sido creada utilizando datos por medios que solo el firmante puede utilizar bajo su exclusivo control y que esté vinculada con los datos firmados de forma tal que pueda, detectarse cualquier cambio ulterior de los datos firmados. De este modo, se consigue la seguridad de que las partes han suscrito el acuerdo en los términos pactados y que ambas están sometidas a tales condiciones acreditadas e inmodificables a través del mecanismo de la firma digital. Las partes tienen así la certeza de que la contratación electrónica se ha llevado a cabo en los términos acordados y de que existen medios que acrediten fehacientemente la existencia del contrato y el alcance de su contenido.

2. *La contratación internacional*

En el plano internacional conviene destacar la acusada tendencia hacia una gradual unificación jurídica que se manifiesta especialmente en dos planos:

a) Por una parte, en el plano legislativo, en el que se ha producido una incipiente unificación del Derecho del tráfico económico mediante la firma de un elevado número de Convenios Internacionales que regulan las obligaciones mercantiles, como ha sucedido, por ejemplo, en el ámbito de la Unión Europea, con el Reglamento 593/2008 de 17 de junio (Reglamento Roma I), o en el comercio internacional, con el Convenio de Transporte Internacional de Mercancías por Carretera (CMR) de 19 de mayo de 1956 que regula el contrato de transporte por carretera o, con el importante Convenio de Viena de 11 de abril de 1980 sobre compraventa internacional de las mercancías, que son normativas aplicables inmediatamente en los Estados que los han suscrito.

b) Pero, además, en un segundo plano, debe destacarse la unificación emprendida a través de los instrumentos de contratación, ante la incapacidad de los estados para llegar a firmar convenios internacionales por su resistencia a perder soberanía y por las notables diferencias de perspectiva sobre el tratamiento normativo de las instituciones. Estos obstáculos han ralentizado notablemente la elaboración de convenios y tratados internacionales provocando que, de manera paralela, hayan proliferado los mecanismos de unificación a través de las condiciones contractuales promovidas por los operadores participantes en el tráfico económico. En este marco, cabe referirse a los INCOTERMS, que son un compendio de condiciones generales aplicables a las compraventas internacionales, elaborado por la Cámara de París, cuya última versión es de 2020, y que regulan el régimen de transmisión de riesgos y costes de las compraventas internacionales. Su aplicación, no obstante, depende de que las partes del contrato así lo decidan voluntariamente por el carácter de condiciones generales que revisten. En una línea similar se orientan los Principios para los contratos comerciales internacionales, reglas no vinculantes aprobadas por el Instituto Internacional para la Unificación del Derecho Privado (UNIDROIT), cuya última versión data de 2016, y que pueden servir para armonizar el derecho privado europeo, ya que, aunque no son normas en sentido estricto, están llamadas a tener una relevancia indudable en el tráfico económico, porque pueden servir de pautas de interpretación aplicables a los contratos suscritos por los operadores en el comercio internacional.

Fuentes legales

Código de Comercio de 1885. Ley 34/2002 de 11 de julio de Servicios de la Sociedad de la Información y del Comercio Electrónico; Ley 7/1998 de condiciones generales de la contratación; Ley 3/2004 de 29 de diciembre por la que se establecían medidas de lucha contra la morosidad en las operaciones mercantiles; Real Decreto Legislativo 1/2007, de 16 de noviembre, por el que se aprueba el texto refundido de la Ley General para la Defensa de los Consumidores y Usuarios.

Bibliografía destacada

BERCOVITZ (dir.), Comentario del texto refundido de la Ley general para la defensa de los consumidores y usuarios y otras leyes complementarias, 2.º Ed. Cizur Menor 2015.

MENENDEZ/DÍEZ PICAZO (dir.) Comentarios a la Ley de Condiciones Generales de la Contratación, Madrid 2002

MIRANDA SERRANO, Los contratos celebrados fuera de los establecimientos mercantiles, Madrid 2001

FERNANDEZ PEREZ, El nuevo régimen de contratación a distancia con consumidores, Madrid 2009.

Jurisprudencia básica

STS (Sala Primera) de 21 de marzo de 2000; STS (Sala Primera) de 11 de julio de 2006; STS (Sala Primera) de 9 de mayo de 2013

Preguntas test

1. El deudor mercantil incurre en mora

a) cuando sea requerido por su acreedor una vez que haya incumplido sus obligaciones
b) cuando no lleve a cabo sus obligaciones el día que tenga señalado para su cumplimiento
c) cuando el acreedor le reclame judicialmente el incumplimiento de sus obligaciones
d) cuando el acreedor se niegue expresamente a cumplir sus obligaciones, con independencia del plazo en que deba cumplirlas.

2. En la prescripción mercantil, de igual forma que en la civil,

a) también cabe su interrupción mediante reclamación extrajudicial como lo pone de relieve el art. 944 CCom
b) también cabe su interrupción mediante reclamación extrajudicial como lo ha admitido expresamente la jurisprudencia del Tribunal Supremo
c) no cabe su interrupción mediante reclamación extrajudicial porque alargaría en demasía los plazos de reclamación en el ámbito mercantil.

d) no cabe su interrupción mediante reclamación judicial, sino solo su suspensión.

3. Para que se aplique el régimen específico de las condiciones generales se exige:

a) que dichas condiciones sean predispuestas, estén previstas en el contrato y hayan sido impuestas al adherente.
b) que dichas condiciones hayan sido redactadas por el predisponente.
c) que dichas condiciones sean predispuestas, estén previstas en el contrato y el adherente las haya aceptado después de haberlas negociado
d) que dichas condiciones reflejen el contenido de una regulación de derecho dispositivo.

4. Las cláusulas abusivas son

a) estipulaciones contenidas en un contrato, que, en contra de las exigencias de la buena fe, causen en perjuicio del adherente, sea o no consumidor, un desequilibrio importante de los derechos y obligaciones del contrato.
b) estipulaciones contenidas en un contrato con condiciones generales que resulten contrarias a una norma de carácter imperativo.
c) estipulaciones no negociadas individualmente que, en contra de las exigencias de la buena fe, causen, en perjuicio del consumidor un desequilibrio importante de los derechos y obligaciones del contrato
d) estipulaciones contenidas en un contrato con condiciones generales cuyo adherente no es un consumidor, que resulten contrarias a una norma de carácter dispositivo.

5. En un contrato electrónico:

a) siempre debe utilizarse la firma electrónica consagrada en la Ley 59/2003 de 19 de diciembre para que el contrato adquiera validez.
b) la firma electrónica permite demostrar de forma fiable la existencia y alcance del contrato electrónico suscrito.
c) no se requiere que se informe previamente a la contraparte de su contenido ni de las prestaciones que constituyen su objeto.
d) el consumidor tiene la facultad de desistir del mismo en cualquier momento

Indicar la corrección o incorrección de las siguientes aseveraciones razonando la respuesta

1.ª «La normativa del CCom aplicable a los contratos mercantiles excluye que se aplique la normativa del CC».

2.ª «La pluralidad de deudores de una obligación mercantil son siempre deudores solidarios».

3.ª «Las condiciones generales de la contratación solo son válidas cuando el adherente no es consumidor».

4.ª «Para eliminar las cláusulas abusivas de un contrato no cabe ejercer acciones colectivas emprendidas por un grupo de consumidores afectados».

5.ª «El derecho de desistimiento es un derecho del consumidor que puede ejercer en todo contrato de tracto sucesivo en cualquier momento».

Lección 2

El contrato de compraventa mercantil y contratos afines[1]

Sumario. I. El contrato de compraventa mercantil. 1. Concepto y carácter mercantil. 2. Régimen jurídico. 2.1. Obligaciones de las partes. 2.2. Transmisión del riesgo. 3. Compraventas especiales. 3.1. Ventas sobre muestras o calidad conocida en el comercio. 3.2. Ventas salvo aprobación o a ensayo. 3.3. Ventas salvo confirmación de la casa o salvo venta. 3.4. Compraventa plaza a plaza. 3.5. Compraventa en ferias, venta ambulante y otras ventas especiales en la LOCM. 3.6. Venta a plazos. 4. Compraventa internacional.—II. Contratos afines. 1. Contrato de suministro. 2. Contrato estimatorio. 3. Contrato de permuta. 4. Transferencia de créditos.

I. El contrato de compraventa mercantil

1. *Concepto y carácter mercantil*

El contrato de compraventa mercantil es el tipo elemental de la contratación mercantil, en la medida en que la compra y venta de mercancías para su reventa constituyen la base del tráfico en el comercio.

En relación con su concepto y contenido es de aplicación la regulación general del contrato de compraventa del CC, debiendo siempre tener en cuenta las especialidades que en el ámbito mercantil fija el CCom, que de-

---

[1] La lección 2 ha sido redactada por Itziar Villafáñez Pérez, Profesora Agregada de Derecho Mercantil.

sarrollamos en las páginas siguientes. Así, al igual que sucede con la compraventa civil, el contrato de compraventa mercantil se configura como un contrato consensual, bilateral, recíproco, oneroso, de tracto único y que no necesita de forma especial. Se trata de un contrato que ha sido generalmente caracterizado como traslativo de dominio por la doctrina, entendiendo que sirve de título para transmitir la propiedad, si bien en nuestro ordenamiento para ello será necesario que se produzca el modo o entrega de la cosa, por lo que en este sentido ha de entenderse que se trata de un contrato obligacional.

A falta de definición expresa de la compraventa mercantil, hemos de acudir al art. 1.445 CC, que define el contrato de compraventa como aquel mediante el que uno de los contratantes (la parte vendedora) se obliga a entregar una cosa determinada y el otro (la compradora) a pagar por ella un precio cierto, en dinero o signo que lo represente, determinando el art. 325 CCom que tendrá carácter mercantil «la compraventa de cosas muebles para revenderlas, bien en la misma forma que se compraron, o bien en otra diferente, con ánimo de lucrarse en la reventa». Al mismo tiempo, el art. 326 CCom excluye la mercantilidad de: «1.º Las compras de efectos destinados al consumo del comprador o de la persona por cuyo encargo se adquirieren. 2.º Las ventas que hicieren los propietarios y los labradores o ganaderos, de los frutos o productos de sus cosechas o ganados, o de las especies en que se les paguen las rentas. 3.º Las ventas que, de los objetos construidos o fabricados por los artesanos, hicieren estos en sus talleres. 4.º La reventa que haga cualquier persona no comerciante del resto de los acopios que hizo para su consumo».

Por lo tanto, el CCom hace recaer la mercantilidad de la compraventa sobre el ánimo de lucro en la reventa, y no sobre la condición de comerciante de quien la realiza, por lo que *a priori* las compras realizadas por otras personas (con las exclusiones del art. 326) podrían tener tal calificación. Las dificultades que conlleva la determinación del ánimo de lucro en estos casos han dado lugar a una jurisprudencia no pacífica al respecto, siendo generalmente admitido que resulta necesaria la intervención de personas empresarias que actúen profesionalmente para considerar que la compraventa es mercantil.

Además, el art. 325 CCom vincula el ánimo de lucro a la reventa de lo comprado, señalando que ésta se realizará en la misma forma en que se compró o en otra diferente. Lo anterior, junto con la exclusión del art. 326.1.º CCom, excluiría las compras realizadas por comerciantes para su actividad económica sin que posteriormente haya propiamente una reventa, notablemente cuando se trate de bienes consumidos o usados en el desarrollo de tal actividad. El resultado es, de nuevo, una jurisprudencia no uniforme en la aplicación de este precepto, en la medida en que algunas resoluciones optan por una aplicación más estricta de la literalidad de la norma (ciñéndose a las compraventas especulativas) mientras que otras han realizado una interpretación más extensiva, incluyendo compras de bienes para ser integrados en la actividad empresarial y ser objeto de comercio posterior, así como de bienes destinados a la actividad industrial o comercial (p. ej. encontramos resoluciones tanto a favor como en contra de considerar mercantil la compra de maquinaria, de materiales para ser empleados en una obra, o de pienso para alimentar ganado o gallinas).

Nótese que, al haber puesto el art. 325 CCom el foco en la parte compradora, quien tendría un ánimo de lucro según lo expuesto, las ventas hechas a personas consumidoras no se reputarán mercantiles. Igualmente, téngase en cuenta que las ventas reguladas en la LOCM normalmente no serán mercantiles siguiendo tales criterios, en la medida en que su art. 1.2 define como comercio minorista «aquella actividad desarrollada profesionalmente con ánimo de lucro consistente en ofertar la venta de cualquier clase de artículos a los destinatarios finales de los mismos, utilizando o no un establecimiento».

La reivindicación de la doctrina mercantilista de aclarar y revisar los criterios de mercantilidad de la compraventa ha sido acogida en la Propuesta de Código Mercantil de 2013 (art. 511-1: «Es mercantil la compraventa realizada en el ejercicio de alguna de las actividades expresadas en el artículo 001-2 de este Código —que determina el ámbito subjetivo del mismo-, siempre que, además, estén sujetos al propio Código el comprador o el vendedor. Si la compraventa tiene naturaleza mercantil en razón de una de las partes contratantes, ambas quedarán sometidas por igual a las disposiciones de este código, sin perjuicio de la aplicación de la legislación sobre protección del consumidor»).

En otro orden de cosas, si bien el art. 325 CCom se refiere únicamente a las cosas muebles (mercaderías), las compraventas mercantiles se pueden extender a derechos y a los bienes inmuebles en la medida en que concurran los elementos de mercantilidad indicados (p.ej. compra de terrenos para su urbanización, con ánimo de revender lo construido). Ahora bien, no ha de perderse de vista que la regulación vigente de la compraventa mercantil en el CCom está dirigida a los bienes muebles.

Advertimos, en todo caso, que en las siguientes páginas nos ceñimos a la regulación de la compraventa mercantil en sentido estricto de acuerdo con su concepción por el CCom, dejando a un lado, por lo tanto, la normativa propia de las compraventas realizadas con personas consumidoras o, a salvo de alguna cuestión concreta, la recogida en la LOCM.

2. Régimen jurídico

2.1. Obligaciones de las partes

a) Obligaciones de la parte vendedora

La obligación principal de la parte vendedora consiste en la entrega de la cosa. Así, de acuerdo con el art. 1461 CC esta queda obligada a la entrega y saneamiento de la cosa objeto de la venta, entendiéndose que la cosa ha sido entregada cuando se ponga en poder y posesión de la parte compradora (art. 1462 CC). A este respecto, téngase en cuenta que el CCom se refiere por lo general a la obligación de tener las mercaderías a disposición de la parte compradora, circunstancia a la que en realidad se vincula el cumplimiento, dado que de lo contrario la negativa injustificada de esta a su recepción impediría el cumplimiento por parte de la vendedora a pesar de hacer lo posible para proceder a la entrega de la cosa en las condiciones pactadas. Igualmente, no ha de perderse de vista la posibilidad de entrega simbólica (p. ej. mediante la entrega de documentos representativos de las mercancías).

El plazo para la entrega de las cosas será el estipulado por las partes y, a falta de este, la parte vendedora deberá tenerlas a disposición de la compradora dentro de las 24 horas siguientes al contrato (art. 337 CCom). En caso de incumplimiento, la parte compradora podrá pedir el cumplimiento o la rescisión del contrato, con indemnización, en ambos casos, de los eventuales perjuicios causados por la tardanza (art. 329 CCom). Nótese que, por lo tanto, el retraso se equipara al incumplimiento, no a la mora, constituyéndose el plazo en elemento esencial del contrato. Cuando no se acuerde otra cosa, el lugar de entrega de la cosa será el establecimiento de la parte vendedora.

Salvo pacto expreso en contrario, los gastos de entrega de las mercancías, pesadas o medidas, a disposición de la parte compradora serán de cargo de la vendedora, mientras que los de recibo y extracción del lugar de entrega serán de cuenta de la compradora (art. 338 CCom).

La parte vendedora queda asimismo obligada a la evicción y saneamiento a favor de la compradora, salvo pacto en contrario (art. 345 CCom). Siendo de aplicación en materia de evicción las disposiciones del CC al respecto (arts. 1475-1483 CC; no obstante, téngase en cuenta que de acuerdo con el art. 85 CCom la compra de mercaderías en almacenes o tiendas abiertas al público causan prescripción de derecho a favor de la parte compradora, en los términos de dicho precepto), la obligación de saneamiento ha recibido mayor atención en el CCom.

Respecto de esta cuestión, ha de partirse, salvo estipulación en contrario, del deber de saneamiento de la parte vendedora por vicios o defectos ocultos de la cosa vendida, aunque los ignorase (art. 1485 CC). Si la parte compradora no realiza ninguna reclamación fundada en los vicios internos de la cosa vendida dentro de los 30 días siguientes a la entrega, perderá toda acción y derecho a repetir por esta causa contra el vendedor (art. 342 CCom). De este modo, resulta necesaria la denuncia en dicho plazo, considerado de caducidad, para poder ejercitar las acciones del CC (arts. 1486 y 1490).

Por otro lado, la parte compradora podrá repetir contra la vendedora alegando vicio o defecto de cantidad o calidad en las mercaderías, acción que perderá en el caso de que examine estas al tiempo de recibirlas y muestre su conformidad, o, en el caso de que se hayan recibido enfardadas o embaladas, no la ejercite dentro de los 4 días siguientes a su recepción (salvo avería de caso fortuito, vicio propio de la cosa o fraude). En tales casos la parte compradora podrá optar por la rescisión del contrato o por su cumplimiento con arreglo a lo convenido, con la indemnización, en todo caso, de los perjuicios que se le hubieren causado por los defectos o faltas. Se otorga a la parte vendedora, como vía para evitar esta reclamación, la posibilidad de exigir que la compradora haga el reconocimiento y muestre su conformidad en cuanto a cantidad y calidad de la mercancía en el acto de la entrega (art. 336 CCom).

Hay que distinguir el saneamiento por vicios ocultos de la entrega de cosa diferente (*aliud pro alio*), es decir, cuando la cosa entregada tenga elementos totalmente distintos a la que se pactó o que sea inhábil para el uso al que debía ser destinada, supuestos en los que serán de aplicación los arts. 1101 y 1124 CC.

Se subraya el deber de actuar de buena fe en el contrato y en su cumplimiento en el art. 344 CCom, de acuerdo con el cual «No se rescindirán las ventas mercantiles por causa de lesión; pero indemnizará daños y perjuicios el contratante que hubiere procedido con malicia o fraude en el contrato o en su cumplimiento, sin perjuicio de la acción criminal».

b) Obligaciones de la parte compradora

La obligación principal de la parte compradora consiste en el pago del precio, que, de acuerdo con el art. 1500 CC, deberá realizarse en el tiempo y lugar fijado en el contrato y, en el caso de que no se hubieran determinado, en el tiempo y lugar que se haga la entrega de la cosa. En este sentido, de acuerdo con el art. 339 CCom esta obligación comenzará (entendemos, salvo que se haya fijado cosa distinta en el contrato) una vez puestas las mercaderías a su disposición y dándose la parte compradora por satisfecha (o, en su caso, depositándose aquéllas judicialmente), lo que habrá de hacerse al contado o en los plazos convenidos. A partir de tal momento la parte vendedora se constituirá en depositaria de los efectos vendidos. Se añade que la demora en el pago del precio constituye a la parte compradora en la obligación de pagar el interés legal de la cantidad adeudada (art. 341 CCom). Por lo tanto, en este caso el retraso en el pago del precio no constituye un incumplimiento, sino una mora. Se aclara que, salvo pacto en contrario, las cantidades entregadas por vía de señal se entenderán dadas a cuenta del precio y en prueba de ratificación del contrato (art. 343 CCom). Además, se establece para la parte vendedora la preferencia sobre los géneros que estén en su poder, aunque sea en calidad de depósito, para obtener el pago del precio con los intereses ocasionados por la demora (art. 340 CCom).

No obstante, ha de tenerse en cuenta al respecto el contenido de la Ley 3/2004, de 29 de diciembre, por el que se establecen medidas de luchas contra la morosidad en las operaciones comerciales, al cual hemos hecho ya referencia en la Lección 1. Como se indicaba, de acuerdo con esta norma, el plazo de pago que debe cumplir la deudora, si no hubiera fijado fecha o plazo de pago en el contrato, será en general de 30 días naturales después de la fecha de recepción de las mercancías o prestación de los servicios (o, en su caso, desde su aceptación o verificación) (art. 4.1 y 2; también en el art. 17 LOCM), disposición que, por lo tanto, deja en gran parte sin ámbito de aplicación al CCom en este punto.

Asimismo, tanto la Ley 3/2004 (arts. 5 a 7) como la LOCM (art. 17.5) hacen referencia al devengo de intereses de demora, que se producirá de forma automática a partir del día siguiente en el que debiera haberse producido el pago, sin necesidad de aviso ni intimación alguna por parte de la parte acreedora. El interés de demora será el fijado en el contrato (que, de acuerdo con la LOCM deberá ser al menos el señalado para el interés legal incrementado en un 50%) o, a falta de pacto, el tipo legal fijado de acuerdo con el art. 7.2 de la Ley 3/2004 (esto es, la suma del tipo de interés aplicado por el BCE a su más reciente operación principal de financiación efectuada antes del primer día del semestre natural de que se trate más 8 puntos porcentuales).

Finalmente, cobra especial relevancia el plazo de prescripción del derecho de la parte vendedora a exigir el pago del precio. Remitiéndonos el art. 943 CCom al CC en este punto, será de aplicación como regla general el plazo de prescripción general de 5 años previsto para las acciones personales (art. 1964.2 CC), aun sin perder de vista el plazo de 3 años aplicable a las obligaciones de «abonar (...) a los mercaderes el precio de los géneros vendidos a otros que no lo sean, o que siéndolo se dediquen a distinto tráfico» (art. 1967.4.º CC), cuya interpretación y aplicación a las compraventas mercantiles tampoco resulta pacífica.

Por otro lado, constituye obligación de la parte compradora la recepción de lo comprado, siempre que sea conforme con lo pactado. En caso rehusar sin causa justa su recibo, la parte vendedora podrá optar por pedir la rescisión del contrato o por su cumplimiento, supuesto en el que depositará judicialmente las mercaderías, posibilidad a la que también cabe recurrir en caso de demora en hacerse cargo de aquellas por la parte compradora, siendo los gastos originados siempre por cuenta de quien hubiere dado motivo para su constitución (art. 332 CCom). El rechazo a la recepción de las mercancías constituiría, por lo tanto, un incumplimiento del contrato por parte de la compradora. Esta obligación se deduce asimismo de las normas en torno a la transmisión del riesgo sobre las mercaderías, que, como explicamos en el siguiente apartado, como regla general sucederá con su puesta a disposición.

Cuando se pacte la entrega de una cantidad determinada de mercancías en un plazo fijo, la compradora no quedará obligada a admitir entregas parciales, ni aun existiendo promesa de entregar el resto. Ahora bien, si se acepta una entrega parcial la venta quedará consumada en cuanto a los géneros recibidos, sin perjuicio del derecho a pedir el cumplimiento del resto del contrato o su rescisión, de acuerdo con el art. 329 CCom (art. 330 CCom).

Como hemos adelantado, los gastos de recibo y extracción de las mercancías del lugar de entrega serán de cuenta de la compradora (art. 338 CCom).

2.2. TRANSMISIÓN DEL RIESGO

El riesgo sobre las mercaderías se transmitirá, según las normas del CCom, al tiempo de su entrega o, más exactamente, con su puesta a disposición de la parte compradora, y no, como sucede en la compraventa civil, con la perfección del contrato. Así se deduce del art. 333 CCom, cuando dice que los daños y menoscabos que sufran las mercaderías serán a cuenta de la parte compradora cuando, perfeccionado el contrato, la parte vendedora tenga los efectos a su disposición en el lugar y tiempo convenidos, salvo dolo o negligencia. Esta previsión, como hemos apuntado, refuerza la interpretación de que la obligación de la parte vendedora no es propiamente la entrega de la mercancía, sino su puesta a disposición.

Al contrario, en caso de que la pérdida o deterioro suceda antes de su entrega o puesta a disposición, sea por accidente imprevisto o sin culpa de la parte vendedora, la compradora podrá rescindir el contrato, derecho que no concurrirá cuando la parte vendedora se haya convertido en depositaria de acuerdo con el art. 339 CCom (art. 331 CCom). Añade el art. 335 CCom que si los efectos perecieren o se deterioraren a cargo de la parte vendedora, devolverá a la compradora la parte del precio recibida.

Además, se prevé de forma expresa que los daños en las mercaderías serán por cuenta de la parte vendedora en los siguientes casos, a pesar de concurrir caso fortuito: a) cuando la venta se hubiere hecho por número, peso o medida, o la cosa vendida no fuera cierta y determinada, con marcas y señales que la identifiquen; b) cuando la parte compradora tuviera la facultad de reconocer y examinar previamente la cosa vendida; c) cuando la entrega estuviera condicionada a que la cosa vendida adquiera las condiciones estipuladas (art. 334 CCom).

Cobra en este punto especial interés la existencia de un contrato de transporte para hacer llegar las mercaderías a la parte compradora, en particular sobre quién recae el riesgo sobre las mercancías durante el transporte (todo ello sin perjuicio de la responsabilidad de la porteadora). En este sentido se suele apuntar a la persona obligada al pago de los portes, de forma que si el transporte se realiza a portes pagados se entenderá que el riesgo es asumido por la parte vendedora, mientras que si lo es a portes debidos lo será por cuenta de la compradora, entendiéndose, salvo que se acredite lo contrario, que el transporte es a portes debidos. Esta cuestión está íntimamente relacionada con las *Incoterms*, cláusulas empleadas con habitualidad en el comercio internacional, a las que hacemos referencia más adelante (v. *infra* I.3.4).

3. *Compraventas especiales*

3.1. VENTAS SOBRE MUESTRAS O CALIDAD CONOCIDA EN EL COMERCIO

En estos casos la determinación de la cosa a entregar se realiza mediante muestras o a través de una calidad conocida en el comercio, consistiendo la obligación de la parte vendedora, por lo tanto, en la entrega de mercaderías de la calidad de la muestra exhibida o conocida.

En tales supuestos el consentimiento de la parte compradora se determina por el examen de las muestras o por el conocimiento de la calidad, por lo que esta no podrá rehusar el recibo de los géneros cuando estos sean conformes a las muestras o calidad prefijada (pudiendo hacerlo, por tanto, si la calidad no es la acordada o no se corresponden con las muestras), nombrándose peritos por ambas partes en caso de desacuerdo (art. 327 CCom).

3.2. Ventas salvo aprobación o a ensayo

Cuando los géneros no estén a la vista y, al contrario del caso anterior, no puedan determinarse por calidad determinada o conocida en el comercio, de acuerdo con el art. 328 CCom la parte compradora se reserva la facultad de examinar los géneros y rescindir libremente el contrato en caso de que no le convinieren (ventas «salvo aprobación» o «a la aprobación»). Precisamente la falta de posibilidad de delimitar claramente las condiciones de las mercancías afecta al consentimiento de la parte compradora, motivo por el cual se le otorga la posibilidad de rescisión del contrato.

Según el mismo precepto, además, cuando se pacte expresamente, la parte compradora tendrá derecho de rescisión cuando se reserve ensayar el género contratado (ventas «a ensayo» o «a prueba»). Ha de entenderse que tal rescisión no cabrá en cualquier caso, sino en los supuestos en los que la cosa no es idónea para su uso propio o al que se destina, por lo que en caso de que la mercancía sea adecuada subsiste la obligación de recibirla.

En ambos casos la doctrina se inclina como regla general por entender que nos encontramos ante una condición suspensiva.

3.3. Ventas salvo confirmación de la casa o salvo venta

Aunque no estén expresamente previstas en el ordenamiento, son habituales en el tráfico mercantil las cláusulas que hacen depender la ejecución del contrato de la voluntad de la parte vendedora. En este sentido podemos mencionar las compraventas «salvo confirmación de la casa» y «salvo venta».

El ámbito de aplicación de las primeras son las compraventas realizadas por intermediarios sin poder de representación suficiente para vincular a la parte vendedora. Quedando la parte compradora vinculada desde la realización del contrato, este se perfeccionara para la vendedora cuando lo apruebe o confirme.

En el caso de las compraventas «salvo venta» la parte vendedora quedará vinculada una vez que reciba la contestación final de la parte compradora, de forma que, en tanto en cuanto no reciba esta, podrá vender las mercaderías a otra persona, lo que implicará la revocación de su consentimiento.

3.4. Compraventa plaza a plaza

Tanto en lo que respecta a las compraventas internacionales como a gran parte de las realizadas en el mercado interior, estas llevan necesariamente aparejadas operaciones de transporte de las mercancías objeto del contrato, supuestos en los que resultará necesario determinar tanto las obligaciones de las partes respecto de las operaciones y los gastos derivados del propio transporte como el momento de transferencia del riesgo sobre las mercaderías.

En el comercio internacional estas ventas quedan sometidas a la Convención de Viena (arts. 31, 67 y 68) (v. *infra* I.4), aunque debido al carácter dispositivo de estas normas cobran especial relevancia las *Incoterms* (*Internacional commercial terms*), cláusulas empleadas de forma generalizada en aquel, que son elaboradas por la Cámara de Comercio Internacional y cuya última versión es de 2020. Se trata de unos términos o siglas estandarizadas (aplicables a cualquier modo de transporte: EXW, FCA, CPT, CIP, DAP, DPU y DDP; para transporte marítimo: FAS, FOB, CFR y CIF) que reflejan las condiciones de entrega de las mercancías y la asunción de riesgos y costes de las operaciones de compraventas de plaza a plaza, con la finalidad de determinar el momento exacto en que el riesgo de pérdida o deterioro pasa de la parte vendedora a la compradora y quién debe hacerse cargo de los diversos gastos derivados del transporte (carga y descarga, el propio transporte, seguro de las mercancías, trámites aduaneros...).

De este modo, las cláusulas se dividen según clases de ventas, en atención al lugar de entrega de las mercancías y, en su caso, asunción de los gastos vinculados al transporte, abarcando un abanico de posibilidades que van desde la puesta de la mercancía a disposición de la parte compradora en los locales de la vendedora hasta que ésta deba soportar todos los gastos y riesgos necesarios para llevar la mercancía al lugar de destino, pasando por la posibilidad de que la parte vendedora deba entregar las mercancías a una transportista contratada por la compradora o por ella misma, asumiendo o no el riesgo de pérdida y los costes adicionales posteriores a la carga.

3.5. COMPRAVENTA EN FERIAS, VENTA AMBULANTE Y OTRAS VENTAS ESPECIALES EN LA LOCM

El CCom dedica algunos artículos a las compraventas realizadas en ferias, pudiendo destacar de su regulación la posibilidad de que sean al contado o a plazos, debiendo cumplirse los contratos al contado en el mismo día de su celebración o, como máximo, en las 24 horas siguientes. En caso de que transcurrido dicho plazo ninguna parte reclame el cumplimiento del contrato este se considerará nulo, quedando las eventuales señales a favor de quien las haya recibido (art. 83 CCom). Queda patente, por lo tanto, el carácter esencial del término.

Téngase en cuenta la regulación actual de la venta ambulante o no sedentaria en la LOCM (arts. 53-55), desarrollada por el RD 199/2010, de

26 de febrero, por el que se regula el ejercicio de este tipo de venta (en particular, el régimen de autorización, inspección y sancionador).

Por otro lado, el art. 36.1 LOCM considera ventas especiales, a los efectos de dicha Ley, además de las ventas ambulantes, las ventas a distancia (art. 38, que se remite a la LGDCU), las ventas automáticas (arts. 49-52) y las ventas en pública subasta (arts. 56-61), cuya regulación en gran medida está dirigida a las compraventas realizadas con personas consumidoras.

3.6. Venta a plazos

La Ley 28/1998, de 13 de julio, de venta a plazos de bienes muebles, regula los contratos de venta a plazos de bienes muebles corporales no consumibles e identificables, así como los contratos de préstamo destinados a facilitar su adquisición y las garantías que se constituyan para asegurar el cumplimiento de las obligaciones nacidas de aquéllos (art. 1). De acuerdo con su art. 3, se considera venta a plazos el contrato en el que la entrega de la cosa es inmediata, mientras que la parte compradora se obliga a pagar por ella un precio cierto de forma total o parcialmente aplazada en tiempo superior a 3 meses desde la perfección del mismo.

Aunque se trate de una regulación en gran medida pensada para las operaciones realizadas con personas consumidoras (respecto de las cuales se prevén algunas normas específicas) es también aplicable a los supuesto en los que la parte adquirente sea empresaria (la exposición de motivos de la Ley se refiere a la aplicación a adquirentes de bienes de equipo que se integran en procesos productivos). No obstante, el art. 5.1 excluye de su ámbito de aplicación las compraventas de bienes «que, con o sin ulterior transformación o manipulación, se destinen a la reventa al público y los préstamos cuya finalidad sea financiar tales operaciones», lo que excluiría en gran medida las compraventas mercantiles en los términos del art. 325 CCom.

Estos contratos deberán constar por escrito, formalizándose tantos ejemplares como partes intervengan (art. 6.1), debiendo el contenido del contrato ajustarse al art. 7, que enumera una serie de circunstancias que necesariamente deben recogerse en él (so pena de aplicación de penalización del art. 8).

La Ley se refiere a diversos aspectos relativos a los contratos a los que es de aplicación, tales como el derecho de desistimiento de las personas consumidoras (art. 9), el incumplimiento de la parte compradora (art. 10) o de la vendedora (art. 16), las circunstancias que deben reflejarse en la publicidad (art. 13), o el Registro de Venta a Plazo de Bienes Muebles (art. 15).

De acuerdo con su art. 14 se tendrán por no puestos los pactos, cláusulas y condiciones de los contratos regulados en la presente Ley que fuesen contrarios a sus preceptos o se dirijan a eludir su cumplimiento, lo que refleja su carácter imperativo.

4. *Compraventa internacional*

La importancia de la compraventa en el tráfico comercial internacional tuvo como fruto la Convención de las Naciones Unidas sobre los contratos de compraventa internacional de mercaderías, hecha en Viena el 11 de abril de 1980 (Instrumento de adhesión de España publicado en el BOE 30 de enero de 1991, con entrada en vigor el 1 de agosto del mismo año), con el objetivo de suprimir los obstáculos que la existencia de distintos sistemas jurídicos y, por lo tanto, los conflictos de leyes derivados de ellos, acarrea al comercio internacional.

La Convención de Viena es de aplicación a los contratos de compraventa de mercaderías entre partes que tengan sus establecimientos en Estados diferentes (salvo que esta circunstancia no resulte del contrato ni de los tratos o información revelada entre las partes) cuando se trate de Estados contratantes o cuando las normas de Derecho internacional privado prevean la aplicación de la Ley de un Estado contratante, siendo indiferente la nacionalidad de las partes o su carácter civil o comercial, ni la del contrato (art. 1). Se excluyen de la aplicación de este instrumento las compraventas a) de mercaderías compradas para uso personal, familiar o doméstico, salvo que el vendedor, en cualquier momento antes de la celebración del contrato o en el momento de su celebración, no hubiera tenido ni debiera haber tenido conocimiento de que las mercaderías se compraban para ese uso; b) en subastas; c) judiciales; d) de valores mobiliarios, títulos o efectos de comercio y dinero; e) de buques, embarcaciones, aerodeslizadores y aeronaves; f) de electricidad (art. 2).

El contenido de la Convención se centra, con una regulación muy detallada, en la formación del contrato, los derechos y obligaciones de las partes y la transmisión del riesgo. No regula, sin embargo, lo relativo a la validez del contrato o sus estipulaciones, los efectos que este puede producir sobre la propiedad de las mercaderías, o la responsabilidad de la persona vendedora por la muerte o lesiones corporales que aquellas causen a una persona (arts. 4 y 5). Estas normas tienen carácter dispositivo, pudiendo las partes decidir no aplicarla, establecer excepciones a cualquiera de sus disposiciones o modificar sus efectos (art. 6).

II. Contratos afines

1. Contrato de suministro

Mediante el contrato de suministro una de las partes (suministradora o proveedora) se obliga a entregar a la otra (suministrada) cosas muebles que han de ser objeto de entregas sucesivas, en las cantidades y plazos establecidos de modo determinado o determinable, a cambio de un precio que podrá pagarse de forma periódica o caso por caso.

Careciendo de regulación específica en el Derecho privado, le son de aplicación las normas sobre la compraventa por analogía, dado que, en definitiva, la parte suministradora queda obligada a la entrega de una cosa y la suministrada a pagar un precio por ella. No obstante, a pesar de sus similitudes con la compraventa, en especial en algunas circunstancias, ha de tenerse en cuenta que mientras en el contrato de compraventa la prestación de la parte vendedora tiene carácter único (incluso cuando las entregas son fraccionadas) en el contrato de suministro cada una de las entregas es una prestación independiente. En este sentido, el contrato de suministro es un contrato de duración, de forma que, sin necesidad de realizar un contrato de compraventa por cada momento de necesidad que tenga, la persona suministrada perseguiría garantizar sus necesidades de aprovisionamiento, a la vez que la parte suministradora se asegura una distribución continuada de sus productos.

Las cosas objeto del contrato son por lo general genéricas, y podrán ser corporales (p. ej. materias primas, mercancías, etc.) o incorporales (p. ej. electricidad, servicios de telecomunicaciones, etc.), sin que la prestación de servicios se incluya en su objeto. La cantidad a suministrar podrá determinarse en el propio contrato o dejarse a una posterior determinación mediante criterios que pueden ser objetivos o subjetivos (p.ej. dependiendo de las necesidades de la parte suministrada). Por lo que respecta al precio, es habitual la existencia de cláusulas de actualización, tendiendo la jurisprudencia a la aplicación de la cláusula *rebus sic stantibus* y, por lo tanto, a la revisión del precio, favoreciendo la conservación del contrato.

2. Contrato estimatorio

También denominado venta en consignación, mediante el contrato estimatorio una de las partes (*tradens*) entrega a otra (*accipiens* o persona consignataria) unas cosas muebles determinadas, cuyo valor se estima en una cantidad cierta, obligándose la segunda a procurar las ventas de dichas cosas en un plazo y, transcurrido dicho plazo, a entregar al *tradens* el valor estimado o prefijado de las cosas vendidas (quedándose, por lo tanto, con el sobreprecio o diferencia entre este y el precio de venta) y a devolverle las no vendidas.

Se trata de un contrato de gran utilidad en la distribución de bienes (aunque no sea un contrato de distribución en sentido estricto), en particular en algunos sectores (p. ej. en los casos de bienes de gran valor económico, como pueden ser las joyas, o cuando su valor de cambio sea de fácil pérdida, como en el caso de ropa de temporada o, especialmente, el comercio de librería o periódicos), y sobre todo para pequeños o medianos comerciantes, en la medida en que el *accipiens* se abastece sin necesidad de desembolsar el importe de las mercancías recibidas (por lo que, en último término, consigue una financiación para el desarrollo de su actividad), a la vez que el *tradens* consigue la difusión de sus productos mediante la infraestructura y profesionalidad de aquel.

Teniendo unas características propias, no ha sido objeto de regulación específica en nuestro ordenamiento jurídico (sin perjuicio de la mención en la normativa fiscal —así, el art. 75.1.3.º de la Ley 37/1992, de 28 de diciembre, del Impuesto sobre el Valor Añadido—), motivo por el que le son de aplicación de forma analógica algunas normas generales de la compraventa, con la que presenta grandes similitudes. La doctrina y la jurisprudencia han señalado también analogías con el contrato de depósito, la comisión de venta y la venta sometida a condición suspensiva.

En cualquier caso, en el contrato estimatorio no se produce la transmisión de la propiedad de la cosa, sino que se atribuye al *accipiens* un poder de disposición exclusivo sobre ella a la vez que un deber de custodia, debiendo por lo tanto soportar la pérdida o deterioro de las cosas mientras permanezcan en su poder.

3. *Contrato de permuta*

El CCom hace breve referencia a las permutas mercantiles, limitándose a señalar que les serán de aplicación las reglas prescritas en el CCom a las compraventas mercantiles en cuanto sean aplicables a sus circunstancias y condiciones (art. 346). Quedando la permuta definida en el art. 1538 CC («La permuta es un contrato por el cual uno de los contratantes se obliga a dar una cosa para recibir otra»), su mercantilidad vendrá determinada, por lo tanto, por los elementos del art. 325 CCom (v. *supra* I.1).

Aunque su relevancia en el tráfico mercantil sea más bien escasa, no puede perderse de vista su aplicación en ciertos ámbitos como el agrario, en el ámbito urbanístico (cesión de solares a cambio de pisos o locales a construir), así como las operaciones de permuta financiera (*swap*) o de compensación de operaciones en el comercio.

4. *Transferencia de créditos*

De acuerdo con el art. 347 CCom los créditos mercantiles no endosables ni al portador se podrán transferir por la persona acreedora sin necesidad del consentimiento de la deudora, bastando poner en su conocimiento la transferencia. Esta última quedará obligada para con la nueva persona acreedora en virtud de la notificación, por lo que desde el momento en que se realice tal notificación tan sólo se considerará pago legitimo el que se haga a la nueva acreedora.

Por otro lado, se señala que la persona cedente del crédito responderá de la legitimidad de este y de la personalidad con que hizo la cesión; pero no de la solvencia de la persona deudora, salvo pacto expreso que así lo declare (art. 348 CCom).

Sin que en este momento nos detengamos en esta cuestión, nótese el tratamiento que la cesión de crédito tendrá en algunos casos particulares, como cuando se realiza en el seno de un contrato de *factoring*.

Fuentes legales

Código de Comercio; Código Civil; LOCM; Ley 3/2004, de 29 de diciembre; Ley 28/1998, de 13 de julio; Convención de Viena sobre los contratos de compraventa internacional de mercaderías.

Bibliografía seleccionada

BROSETA PONT, M. y MARTÍNEZ SANZ, F., «Capítulo 27. La compraventa mercantil: aspectos generales» y «Capítulo 28. Compraventas especiales y contratos afines a la compraventa» Tecnos, Madrid, 2022 (39.ª ed.), págs. 65-113.

CARRASCO PERERA, A. (dir.), *Tratado de la compraventa: Homenaje a Rodrigo Bercovitz*, Aranzadi Thomson Reuters, Cizur Menor, 2013.

GALLEGO SÁNCHEZ, E., «La compraventa mercantil», *RDM*, n.º 287, 2013, págs. 9-28.

MOXICA ROMÁN, J. y MOXICA PRUNEDA, G. A., *La compraventa mercantil e instituciones afines: análisis de doctrina y jurisprudencia. Formularios*, Aranzadi Thomson Reuters, Cizur Menor, 2000.

Jurisprudencia básica

SAP Córdoba (Sección 3.ª) 65/1997 de 10 de marzo (AC\1997\453); SAP Asturias (Sección 1.ª) 191/1997 de 31 de marzo (AC\1997\561); STS (Sala de lo Civil) 570/1999 de 25 de julio (RJ\1999\5963); SAP Alicante (Sección 7.ª) 420/2000 de 16 de noviembre (AC 2000\2413); STS (Sala de lo Civil) 1039/2000 de 14 de 10 de noviembre (RJ\2000\9212); STS (Sala de lo Civil, Sección 1.ª) 127/2004 de 27 de febrero (RJ\2004\1753); STS (Sala de lo Civil, Sección 1.ª) 225/2007 de 7 de marzo (RJ\2007\1825); STS (Sala de lo Civil, Sección 1.ª) 672/2008 de 9 de julio (RJ\2008\4477); STS (Sala de lo Civil, Sección 1.ª) 35/2010 de 17 de febrero (RJ\2010\1284); STS (Sala de lo Civil, Sección 1.ª) 242/2015 de 13 de mayo (RJ\2015\2247); STS (Sala de lo Civil, Sección 1.ª) 119/2020 de 20 de febrero (RJ\2020\5716).

Materiales de autoevaluación

Preguntas tipo test

1. De acuerdo con el CCom, una compraventa tendrá carácter mercantil cuando:

a) Se trate de ventas realizadas por personas empresarias, incluyendo las realizadas a personas consumidoras.
b) Exista un ánimo de lucro en la reventa por parte de la compradora.
c) Se adquieran bienes para el consumo empresarial.
d) Todas son correctas.

2. Obligaciones de la parte vendedora en la compraventa mercantil:

a) La principal obligación de la parte vendedora es la entrega de lo comprado, que cumplirá cuando la entrega se haga efectiva.
b) En caso de incumplimiento del deber de entrega de las mercancías en el plazo pactado o legalmente previsto la parte vendedora se constituirá en mora.
c) En relación con los vicios o defectos ocultos, la parte vendedora responderá por ellos aunque los ignorase.
d) Todas son correctas.

3. Cuando la cosa se pierda o deteriore, antes de su entrega, por accidente imprevisto o sin culpa de la parte de su entrega, ¿qué parte debe soportar el riesgo?:

a) La compradora, dado que no existe culpa de la vendedora.
b) La compradora, dado que asume el riesgo una vez perfeccionado el contrato.
c) La vendedora, dado que, a pesar de haberse perfeccionado el contrato, asume el riesgo hasta la entrega o puesta a disposición de la cosa.
d) Todas son incorrectas.

4. Señalar la respuesta correcta:

a) Cuando la cosa a entregar se determine mediante muestras, en la medida en que la parte compradora no ha podido comprobar directamente las características de la cosa, se reserva la posibilidad de rescindir el contrato.
b) Las compraventas «salvo confirmación de la casa» se perfeccionan para la parte vendedora cuando las confirme, por lo que la parte compradora no queda vinculada hasta ese momento.
c) En el caso de la compraventa en ferias, el transcurso del plazo legalmente establecido para su cumplimiento sin que ninguna de las partes lo reclame conllevará la nulidad del contrato.
d) Todas son correctas.

5. En cuanto a la transferencia de créditos:

a) Se puede realizar sin consentimiento de la parte deudora, bastando poner en su conocimiento la transferencia.
b) El consentimiento de la parte deudora es necesario.
c) Además de lo indicado en a), tan sólo se considerará pago legítimo el realizado a la nueva acreedora desde que se realice tal notificación.
d) Además de lo indicado en b), tan sólo se considerará pago legítimo el realizado a la nueva acreedora desde que se preste el consentimiento.

Indicar la corrección o incorrección de las siguientes aseveraciones razonando la respuesta:

1.ª Cuando no se determine nada al respecto en el contrato, la parte compradora deberá abonar el precio en el momento en que reciba la mercancía.

2.ª Cuando la parte compradora rechace las mercancías sin justa causa, la vendedora podrá optar entre el cumplimiento o la rescisión del contrato.

3.ª Tanto en la compraventa civil como en la mercantil, en general el riesgo sobre la cosa vendida se transmite al perfeccionar el contrato.

4.ª Las normas de la Convención de Viena son dispositivas.

5.ª En el contrato estimatorio no se produce la transmisión de la propiedad de la cosa a la *accipiens*, por lo que tampoco se transmite a ésta el riesgo sobre aquélla.

Lección 3

Los contratos de colaboración y distribución. Comisión, mediación o corretaje, agencia, concesión mercantil o distribución en exclusiva y distribución selectiva[1]

---

[1] La lección 3 ha sido redactada por Nerea Iráculis Arregui, Profesora Titular de Derecho Mercantil.

I. Introducción

Los contratos de colaboración vinculan al empresario con otros profesionales independientes que ayudan en el desarrollo de su actividad empresarial. Este conjunto de colaboradores interviene siempre en interés de su empresario o principal. Precisamente, los colaboradores independientes tienen poder o facultad de representación del empresario o principal, que se les confiere junto al contrato de colaboración. Se trata de una representación voluntaria, que comprende tanto la *representación directa* o cuando el representante actúa en nombre e interés del principal, como la *representación indirecta* o cuando el representante actúa en su nombre, pero en interés del principal.

Los contratos de distribución son aquellos en los que el productor o fabricante de un bien, o el proveedor de un servicio, acuerdan con el distribuidor el suministro regular de sus productos para su reventa, o la prestación de sus servicios, en una zona determinada. La finalidad distributiva es la que dota a los contratos de distribución de características propias, destacando el establecimiento entre productor y distribuidor de vínculos de colaboración de carácter especial. Ello es debido al interés que existe en el primero por controlar y seguir la actividad que desarrolla el distribuidor, que es lo que conduce a la integración del distribuidor en la red de venta del productor y a que se cree un vínculo de colaboración de diversa intensidad, atenuado en la distribución selectiva, estrecho en la concesión o distribución exclusiva y reforzado en la franquicia. En estos contratos el distribuidor, a pesar de su vinculación, mayor o menor, a los criterios y restricciones del productor, actúa siempre en el mercado por cuenta propia y asume el riesgo empresarial de las operaciones en que interviene.

II. El contrato de comisión

1. *Forma mercantil del contrato de mandato*

La comisión es la figura contractual de colaboración mercantil por excelencia contemplada en el Código de Comercio, y es la forma mercantil del contrato de mandato regulado en el Código Civil. Así, el Código de Comercio no define el contrato de comisión, sino que determina el carácter mercantil del mandato. En esta determinación, el legislador combina el criterio objetivo, exigiendo que el encargo o mandato tenga por objeto un acto u operación de comercio, y el criterio subjetivo, al requerir que al menos una de las partes del contrato sea comerciante o agente mediador del comercio (art. 244 CCom).

Para desempeñar la comisión, se admiten las dos formas de actuación del comisionista, pudiendo éste contratar con los terceros en nombre de su comitente o en nombre propio (art. 245 CCom). Ello implica consecuencias distintas en la relación jurídica con los terceros. Si el comisionista contrata en nombre del comitente, deberá manifestarlo, expresándolo y dando datos precisos sobre el comitente si el contrato fuere por escrito, y el contrato producirá su efecto entre el comitente y los terceros. El comisionista, sin embargo, quedará obligado con las personas con quienes contrató, mientras no pruebe la comisión, si el comitente la negare, sin perjuicio de la obligación y acciones respectivas entre el comitente y el comisionista (art. 247 CCom). Si el comisionista contrata en nombre propio, no es necesario que declare quién es su comitente, y quedará obligado de un modo directo, como si el negocio fuese suyo, con las personas con quienes contrate (art. 246 CCom). El comitente queda al margen de la relación contractual con los terceros, de modo que ni estos tendrán acciones contra el comitente ni este contra aquellos.

2. *Las obligaciones del comisionista*

2.1. EL DESEMPEÑO DE LA COMISIÓN O CUMPLIMIENTO DEL ENCARGO

Desde que acepta el desempeño de la comisión el comisionista está obligado a cumplir el encargo, salvo que la comisión exija provisión de fondos y el comitente no ponga a su disposición la suma necesaria (art. 250 CCom). La aceptación puede ser expresa, pero también tácita, ya que se entiende aceptada la comisión siempre que el comisionista ejecute alguna gestión en el desempeño del encargo (art. 249 CCom).

La comisión ha de ser desempeñada por el comisionista. Salvo previo consentimiento del comitente no cabe delegar la comisión y que un tercero sustituya al comisionista en su posición jurídica.

El comisionista ha de seguir las instrucciones del comitente, sin que pueda proceder en ningún caso contra su disposición expresa (art. 256 CCom). Deberá consultarle, si es posible, todo lo no previsto expresamente y actuará, de no serlo, según lo que dicte la prudencia y sea más conforme al uso del comercio, cuidando del negocio como propio (art. 255 CCom).

El criterio de lealtad obliga al comisionista a dar preferencia a los intereses del comitente, cuyo negocio debe cuidar como propio (arts. 255, 264, 269, 273). La consideración de las condiciones de mercado cierra este modelo de comportamiento, que prohíbe al comisionista contratar operaciones a precios o condiciones más onerosas que las corrientes en la plaza (art. 258 CCom). El incumplimiento de estas prescripciones legales, sin causa justificada, hace responsable al comisionista del perjuicio que por ello haya irrogado al comitente.

2.2. La rendición de cuentas, la responsabilidad sobre las mercancías recibidas y la conservación de las que tenga en su poder

El comisionista debe rendir cuenta especificada y justificada de las cantidades que percibió para llevar a cabo el encargo, y reintegrar en su caso al comitente el fondo sobrante (art. 263 CCom). Así, el comisionista, una vez ejecutado el encargo asumido, ha de rendir cuentas del destino y aplicación de las cantidades percibidas, así como del sobrante que resulte a favor del comitente, que ha de restituir.

El comisionista responde de las mercancías recibidas, en los términos, condiciones y calidades con que se le hayan entregado, salvo que, al encargarse de ellas, haga constar la avería o deterioro que resulte, comparando su estado con el que conste en las cartas de porte o fletamento, o en las instrucciones recibidas del comitente (art. 265 CCom). Asimismo, el comisionista es responsable de la conservación de las mercancías que tenga en su poder, en el estado que las recibió, y sólo queda exonerado en los supuestos de caso fortuito, fuerza mayor, transcurso del tiempo o vicio propio de la cosa (art. 266 CCom).

2.3. La prohibición de autoentrada del comisionista

El artículo 267 CCom ordena que ningún comisionista compre para sí o para otro lo que se le haya mandado vender, ni venda lo que se le haya encargado comprar, sin licencia del comitente. Este precepto prevé la prohibición de la autocontratación, ya que, en este caso, se puede plantear un conflicto de intereses entre el interés del comitente (que ha de ser representado por el comisionista) y el propio del comisionista. Por ello, la autoentrada del comisionista requiere de la autorización del comitente. A la autorización previa del comitente debe equipararse la ratificación posterior.

2.4. EL PACTO DE GARANTÍA

En principio, el comisionista no responde de la solvencia del tercero, ni del cumplimiento en plazo de su obligación de pago del precio. Pero, cabe pacto en contrario, la cláusula de garantía. Si el comisionista percibe una «comisión de garantía», adicional a la comisión ordinaria, es un indicio muy relevante de que asume la responsabilidad por los riesgos de la cobranza, quedando obligado a satisfacer al comitente el precio de la venta en los mismos plazos pactados con el comprador (art. 272 CCom).

3. Las obligaciones del comitente

3.1. LA REMUNERACIÓN DE LA COMISIÓN

Salvo pacto en contrario, el comitente tiene la obligación de pagar el precio o comisión al comisionista. Es una obligación de resultado, de manera que el comisionista no cobra por prestar un servicio, sino que cobra cuando proporciona al comitente la operación producto del encargo que le fue encomendado. Puede pactarse también la cláusula *salvo buen fin*, en cuyo caso el cobro de la comisión depende no de la perfección del contrato conseguido, sino de su cumplimiento por el tercero que contrató con el comisionista.

3.2. GARANTIZAR LA INDEMNIDAD DEL COMISIONISTA

Con carácter previo, el comitente debe realizar la provisión de fondos necesaria para que el comisionista cumpla el encargo (art. 250 CCom). También debe reembolsar los gastos anticipados por el comisionista mediante cuenta justificada (art. 278 CCom).

4. La extinción de la comisión

Junto a las causas generales de extinción (por ejemplo, transcurso del plazo, cumplimiento del encargo, imposibilidad sobrevenida de cumplimiento), como causas específicas debe señalarse la revocación del encargo, la muerte o inhabilitación del comisionista o la extinción de la sociedad contratada para el desempeño del encargo. La revocabilidad, por la propia voluntad del comitente, sin necesidad de que concurra justa causa, es una característica de los contratos de confianza. Puede hacerse efectiva en cualquier momento de la relación, poniéndolo en conocimiento del comisionista y haciendo frente el comitente al resultado de las gestiones realizadas por el comisionista antes de haberle hecho saber la revocación (art. 279 CCom).

III. El contrato de mediación o corretaje

a través del contrato de mediación o corretaje, una de las partes (el mediador o corredor) se obliga, a cambio de una remuneración, a promover o facilitar la celebración de un determinado contrato entre la otra parte y un tercero. La finalidad de este contrato es poner en relación entre sí a las partes que han de celebrar un futuro contrato, cualquiera que este sea (compraventa, transporte, seguro, etc.). El mediador o corredor no participa en la celebración del contrato promovido, no porque no tenga conferido un poder de representación, sino porque su cometido concluye cuando aproxima a dos futuros contratantes. No obstante, salvo pacto expreso en contra, la retribución del mediador queda sometida a la condición suspensiva de la celebración del contrato promovido, aunque no es necesario su total cumplimiento o consumación. En cualquier caso, se trata de un contrato que carece de regulación propia en el Código de comercio o en el Código civil, por lo que habrá que estar a las reglas imperativas que resulten de aplicación, a lo pactado por las partes y, en su defecto, a lo que establezcan los usos de comercio y las normas del contrato de comisión que puedan ser aplicadas por analogía.

IV. El contrato de agencia

1. *Concepto y notas características*

El contrato de agencia se encuentra regulado en la Ley 12/1992, de 27 de mayo (en adelante, LCA). Por el contrato de agencia, una persona natural o jurídica (el agente) se obliga frente a otra (el principal) de manera continuada o estable, a cambio de una remuneración, a promover actos u operaciones de comercio por cuenta ajena, o a promoverlos y concluirlos por cuenta y en nombre ajenos, como intermediario independiente, sin asumir, salvo pacto en contrario, el riesgo de tales operaciones (art. 1 LCA).

La primera nota característica es que el agente es un empresario independiente. Este carácter empresarial del agente es lo que lo diferencia de los representantes y viajantes de comercio dependientes y, en general, de las personas que se encuentran vinculadas por una relación laboral, sea común o especial, con el empresario por cuya cuenta actúan (art. 2 LCA).

La segunda nota característica es la actividad para la que está facultado el agente: promover los actos u operaciones objeto del contrato de agencia o concluirlos, pero solo puede concluirlos en nombre del principal. Esta contratación en nombre ajeno significa que el agente no asume el riesgo de las operaciones que celebra, salvo pacto expreso (art. 19 LCA, que exige para esta cláusula de garantía a cargo del agente la constancia por escrito como requisito para su validez). Se trata de una colaboración estable o duradera, y es siempre remunerada (art. 11 LCA). Estas dos últimas notas diferencian el contrato de agencia del contrato de comisión, que puede ser esporádico y gratuito.

2. *Las obligaciones del agente*

2.1. LA PROMOCIÓN Y, EN SU CASO, CONCLUSIÓN DE ACTOS U OPERACIONES DE COMERCIO

El agente debe ocuparse de la promoción y, en su caso, de la conclusión de las operaciones que se le hubieren encargado con la diligencia de un ordenado empresario [art. 9.2.a) LCA]. Debe ejecutar el encargo por sí mismo o por medio de sus dependientes, aunque puede también actuar por medio de subagentes cuando tenga autorización expresa del principal, respondiendo en este caso de su gestión (art. 5 LCA).

El agente comunicará al principal cuanta información disponga respecto a la gestión de los actos u operaciones cuya promoción y, en su caso, conclusión se le hubiere encomendado, así como respecto a la solvencia de los terceros con los que existan operaciones pendientes de conclusión o ejecución [art. 9.2.b) LCA]. El agente desarrollará su actividad atendiendo las razonables instrucciones que reciba del principal, siempre que no afecten a su independencia [art. 9.2.c) LCA]. Si bien el principal tiene la facultad de darle instrucciones, estas no pueden ser tales que atenten contra su independencia. Todas estas actuaciones del agente deben realizarse siguiendo el patrón de conducta establecido en el artículo 9.1 LCA, esto es, una actuación leal y de buena fe, velando por los intereses del empresario o empresarios por cuya cuenta actúe.

2.2. *El pacto de exclusiva*

Las partes pueden pactar la prohibición de que el agente actúe para otros empresarios competidores del principal. Se trata del pacto de exclusiva o pacto de no competencia que requiere, para su validez, que conste expresamente y por escrito en el contrato. Este pacto puede extenderse también al momento de la terminación del contrato, impidiendo al agente que continúe desarrollando su actividad durante un tiempo determinado. Este último pacto de no competencia, de aplicación una vez extinguido el contrato de agencia, es válido si se limita a la zona geográfica o a esta y al grupo de clientes confiados al agente, pudiendo afectar sólo a la clase de bienes o servicios objeto de los actos u operaciones promovidos o concluidos por el agente, y si su duración no excede de dos años (arts. 20 y 21 LCA).

3. Las obligaciones del principal

3.1. EL PAGO DE LA REMUNERACIÓN PACTADA

El principal está obligado a satisfacer al agente la remuneración pactada. Se contemplan distintas modalidades de remuneración: una cantidad fija, una comisión pactada en función del volumen de ventas o el valor de las operaciones promovidas y, en su caso, concluidas por el agente, o una combinación de ambas, disfrutando las partes de libertad en la fijación del sistema concreto.

La LCA distingue entre las comisiones a recibir por el agente por actos u operaciones concluidos durante la vigencia del contrato (art. 12) o concluidos con posterioridad a su extinción (art. 13). Durante la vigencia del contrato, el agente tiene derecho a la comisión en los siguientes supuestos: a) cuando el acto u operación se hubiera concluido como consecuencia de la intervención profesional del agente y, b) cuando el acto u operación se hubiera concluido con una persona con la cual el agente hubiera promovido y, en su caso, concluido con anterioridad un acto u operación de naturaleza análoga (art. 12.1 LCA).

Asimismo, si el agente tiene la exclusiva para una zona geográfica o para un grupo determinado de personas, este tiene derecho a la comisión siempre que el acto u operación de comercio se concluya durante la vigencia del contrato de agencia con persona perteneciente a dicha zona o grupo, aunque el acto u operación no haya sido promovido ni concluido por el agente (art. 12.2 LCA).

Después de la terminación del contrato de agencia, el agente tiene derecho a la comisión en los siguientes supuestos: a) cuando el acto u operación se debe principalmente a la actividad desarrollada por el agente durante la vigencia del contrato, siempre que se haya concluido dentro de los tres meses siguientes a partir de la extinción del contrato y, b) cuando el empresario o el agente han recibido el encargo o pedido antes de la extinción del contrato de agencia, siempre que el agente hubiera tenido derecho a percibir la comisión de haberse concluido el acto u operación de comercio durante la vigencia del contrato (art. 13.1 LCA).

3.2. PONER A DISPOSICIÓN DEL AGENTE LOS MUESTRARIOS Y LA DOCUMENTACIÓN NECESARIA

El principal debe poner a disposición del agente con antelación suficiente y en cantidad apropiada, los muestrarios, catálogos, tarifas y demás documentos necesarios para el ejercicio de su actividad profesional, así como procurar al agente todas las informaciones necesarias para la ejecución del contrato (art. 10.2 LCA).

4. *La duración y la extinción del contrato*

El contrato puede pactarse por tiempo determinado o indefinido. Si no se fija una duración determinada, se entiende pactado por tiempo indefinido. Asimismo, los contratos pactados por tiempo determinado que continúen siendo ejecutados por ambas partes después de transcurrido el plazo inicialmente previsto se consideran transformados en contratos de duración indefinida (art. 24 LCA). Los contratos de duración determinada se extinguen por el transcurso del plazo y los de duración indefinida por la denuncia unilateral de cualquiera de las partes mediante preaviso por escrito (art. 25.1 LCA). Por exigencia del principio de buena fe, se exige un plazo de preaviso de un mes por cada año de vigencia del contrato, con un máximo de seis meses. No obstante, si el contrato ha tenido una vigencia inferior al año, el preaviso se limita a un mes. El preaviso no es necesario en caso de incumplimiento por la otra parte de alguna de las obligaciones legales o contractuales ni cuando la contraparte hubiere sido declarada en concurso de acreedores (art. 26 LCA).

Finalmente, la muerte del agente también extingue el contrato de agencia. No así la del principal, aunque sus sucesores pueden denunciar el contrato con el preaviso que proceda (art. 27 LCA).

5. *Las indemnizaciones a la finalización del contrato*

5.1. LA INDEMNIZACIÓN POR CLIENTELA

Para que tenga lugar la indemnización por clientela es preciso que la relación contractual haya finalizado por el transcurso del tiempo (cuando el contrato es por tiempo determinado) o por denuncia de una de las partes (cuando el contrato es por tiempo indefinido), con el preaviso requerido. Extinguido el contrato, a continuación, es necesario que el agente haya aportado nuevos clientes al empresario o incrementado sensiblemente las operaciones con la clientela preexistente como consecuencia de su actuación. En estas circunstancias, el agente tiene derecho a una indemnización si su actividad anterior puede continuar produciendo ventajas sustanciales al empresario, y resulta equitativamente procedente por la existencia de pactos de limitación de competencia, por las comisiones que pierda o por las demás circunstancias que concurran (art. 28 LCA).

Esta indemnización no se aplica de manera automática a la finalización del contrato de agencia, siendo preciso que el agente acredite el incremento de clientes o de operaciones a través de una comparación entre la clientela que el principal tenía en el momento inicial de la relación y la que posee en el momento final. Esta indemnización tiene por finalidad compensar al agente por las ventajas potenciales que la nueva clientela, de manera razonable, puede seguir proporcionando al principal tras la extinción del contrato.

La indemnización no puede exceder, en ningún caso, del importe medio anual de las remuneraciones percibidas por el agente durante los últimos cinco años o durante todo el periodo de duración del contrato si este fuese inferior.

5.2. LA INDEMNIZACIÓN DE DAÑOS Y PERJUICIOS

Cuando el contrato de duración indefinida se extingue por denuncia del principal, este viene obligado a indemnizar los daños y perjuicios que la extinción anticipada haya causado al agente, al no poder este amortizar los gastos que, instruido por el empresario, haya realizado para la ejecución del contrato (art. 29 LCA). Esta indemnización conlleva necesariamente la denuncia unilateral del contrato, a lo que puede acompañarle el incumplimiento del plazo de preaviso, es decir, una denuncia unilateral sorpresiva. No obstante, la doctrina jurisprudencial fija que la mera infracción del plazo de preaviso no implica automáticamente la obligación de indemnizar, sino que habrá de acreditarse la realidad efectiva de los daños sufridos (el daño emergente).

5.3. LA EXCLUSIÓN DE LA RESPONSABILIDAD Y LA PRESCRIPCIÓN

Ninguna de las indemnizaciones procede cuando el contrato se ha extinguido por causa de incumplimiento por el agente de las obligaciones establecidas legal o contractualmente, ni tampoco cuando se hubiese cedido el contrato a un tercero con el consentimiento del principal. Asimismo, la responsabilidad prevista en los artículos 28 y 29 LCA queda también excluida cuando es el propio agente el que resuelve unilateralmente el contrato, salvo que la denuncia se deba a circunstancias imputables al principal o se fundara en la edad, la invalidez o la enfermedad del agente y, en consecuencia, no le fuera exigible razonablemente la continuidad de su actividad (art. 30 LCA).

Se establece un plazo de prescripción de un año para el ejercicio de estas acciones, contado desde la fecha de la extinción del contrato (art. 31 LCA).

V. El contrato de concesión o distribución en exclusiva

el contrato de concesión es un contrato consensual y legalmente atípico. El régimen jurídico aplicable al mismo es el que resulte de lo pactado por las partes, con los límites del artículo 1255 CC y el respeto a la buena fe contractual consagrado en los artículos 1258 CC y 57 CCom.

1. Concepto y notas caracterizadoras

El contrato de concesión, también llamado de distribución en exclusiva, se presenta como un contrato mercantil, tanto en un plano objetivo como subjetivo, por el que se genera una relación de colaboración estable, orientada a la comercialización de los productos del fabricante por cuenta y riesgo del concesionario, mediante su integración económica en la organización empresarial del concedente, constituyéndose la exclusiva en la distribución en elemento caracterizador del contrato.

Las notas caracterizadoras de este contrato pivotan en torno a: la actuación del concesionario, en nombre y por cuenta propia, en la reventa de los productos suministrados por el fabricante (concedente); la integración económica del concesionario en la red de distribución del fabricante; y, la concurrencia de un pacto de exclusiva. Respecto a la primera nota, a diferencia del agente que promueve o promueve y concluye la contratación de determinados productos por cuenta ajena, el distribuidor compra y revende las mercancías del fabricante por cuenta y en nombre propios, con la ganancia que representa el margen comercial, a diferencia del agente que actúa a cambio de una comisión. Respecto a la segunda nota, el concesionario pone su establecimiento a disposición de la política de comercialización del fabricante. En este sentido, el distribuidor se somete al poder de decisión, dirección y supervisión del fabricante para el que colabora, aun cuando el distribuidor actúe con terceros en su propio nombre y por cuenta propia. Respecto a la tercera y última nota, la incorporación de pactos de exclusiva a favor del distribuidor constituye la técnica de integración por la que se compensa al distribuidor el coste que le puede suponer el ajustarse a la política de empresa del fabricante.

En efecto, el concesionario se obliga a revender determinados bienes y, en su caso a prestar una asistencia técnica, para lo que se habrá aprovisionado sólo del fabricante o de la persona por él designada. Se observa que esta dependencia ha de tener como contrapartida una expectativa de ganancia que puede justificarse en la expectativa de demanda del producto, que se incrementa cuando el concedente reconoce al concesionario un derecho de exclusiva. La inserción en el contrato de concesión del pacto de exclusiva beneficia al concedente, porque le permite controlar con más eficacia la posterior actividad de colocación que desarrolla el concesionario; pero, también compensa al concesionario frente a dicho control, ya que le facilita, en el territorio asignado, la reventa de los productos a salvo de la competencia del propio concedente y de la de otros posibles concesionarios.

2. *Las obligaciones del distribuidor*

2.1. ACTIVIDAD COMERCIAL ADECUADA Y VENTAS MÍNIMAS

El distribuidor debe disponer de una organización empresarial suficiente y desarrollar una actividad comercial adecuada para promover la máxima difusión de los bienes del fabricante. A fin de asegurar que el distribuidor despliega una adecuada actividad comercial, el contrato puede establecer unos objetivos comerciales o ventas mínimas que el distribuidor debe cumplir. Se trata de una obligación controvertida cuando se impone unilateralmente por el fabricante objetivos mínimos que resultan difíciles de alcanzar. De ahí que en las propuestas normativas se haya regulado esta materia exigiendo que la determinación de los objetivos comerciales se pacte de mutuo acuerdo o, a falta de este, se determine mediante arbitraje o peritaje independiente, y estableciendo factores para su determinación (art. 11.1 del Proyecto de Ley de Contratos de Distribución de 2011 y art. 543-10 de la Propuesta de Código Mercantil de 2013).

2.2. COMPRA EXCLUSIVA, COMPRA MÍNIMA Y STOCK MÍNIMO

El distribuidor se obliga a adquirir únicamente del fabricante, o de la persona que este indique, los bienes que son objeto de distribución en las condiciones pactadas. El contrato puede establecer la obligación del distribuidor de comprar unas cantidades mínimas anuales y también de disponer un stock mínimo de bienes que le permita atender la demanda de forma inmediata sin perder clientes por falta de stock. A fin de evitar la imposición de unas compras mínimas y de un stock mínimo desproporcionados, las propuestas normativas también han regulado esta materia, fijando parámetros objetivos para su cálculo (art. 12.1 del Proyecto de Ley de Contratos de Distribución de 2011).

2.3. PRECIO DE COMPRA Y PRECIO DE REVENTA

En relación al precio de compra, es habitual que se apliquen distintos tipos de descuentos, entre los que destacan los rappels, que consisten en descuentos basados en el volumen de unidades suministradas durante un periodo determinado, incentivando al distribuidor a maximizar la comercialización de los bienes objeto del contrato. Las propuestas normativas exigen que las condiciones de los precios de compra y de los descuentos se pacten en el contrato o se comuniquen con antelación suficiente (art. 17 del Proyecto de Ley de Contratos de Distribución de 2011).

En cuanto al precio de reventa al cliente final, la normativa española y europea que regula la libre competencia prohíbe la imposición al distribuidor de precios de reventa fijos o mínimos [art. 4.a) del Reglamento UE 330/2010, relativo a determinadas categorías de acuerdos verticales]. Sin embargo, en el contrato puede acordarse la fijación por parte del fabricante de un precio de reventa máximo o recomendado, siempre y cuando estos no equivalgan a un precio de venta fijo o mínimo como resultado de presiones o incentivos procedentes de cualquiera de las partes [citado art. 4.a)].

2.4. EXCLUSIVA TERRITORIAL

Por el pacto de exclusiva territorial, el distribuidor se obliga a actuar únicamente dentro de una determinada zona geográfica asignada. Paralelamente, el fabricante se obliga a vender sus productos a un solo distribuidor en un determinado territorio. Por ello, resulta esencial que en el contrato se delimite con precisión dicha zona.

2.5. SALVAGUARDA DEL PRESTIGIO DEL FABRICANTE Y ACTIVIDAD PUBLICITARIA

El distribuidor debe comercializar los bienes objeto del contrato sin menoscabar el prestigio del fabricante, respetando su marca y presentación y ajustándose en todo momento al sistema de distribución establecido por el fabricante. La importancia del prestigio y de la marca del fabricante hacen que cualquier actuación del distribuidor lesiva para la buena imagen de las mismas se considere causa de resolución del contrato (art. 543-11 de la Propuesta de Código Mercantil de 2013). Por ello, cualquier actividad publicitaria que pretenda realizar el distribuidor debe contar previamente con la aprobación del fabricante en cuanto al diseño y contenido del mensaje publicitario (art. 543-12 de la Propuesta de Código Mercantil de 2013).

2.6. NO COMPETENCIA POSTCONTRACTUAL

El contrato puede establecer restricciones de competencia postcontractual, que prohíben al distribuidor desarrollar toda actividad de distribución relacionada con productos competidores con los que han sido objeto del contrato de concesión finalizado.

3. *Las obligaciones del fabricante o concedente*

3.1. ABASTECIMIENTO ADECUADO

El fabricante (concedente) debe mantener disponibles para su inmediata entrega al distribuidor que se lo solicite, en las condiciones convenidas en cuanto al precio, calidad y presentación, el número de unidades de producto pedido (art. 543-7.2 de la Propuesta de Código Mercantil de 2013).

3.2. EXCLUSIVA TERRITORIAL

El fabricante (concedente) debe cumplir el pacto de exclusiva territorial, de modo que se obliga a designar un solo distribuidor (concesionario) en cada zona y a vender solamente al correspondiente distribuidor en el territorio.

3.3. INFORMACIÓN COMERCIAL Y TÉCNICA AL DISTRIBUIDOR

El fabricante (concedente) debe suministrar al distribuidor la información comercial y técnica que sea precisa para la más amplia distribución de los bienes y servicios objeto del contrato (art. 543-7.1 de la Propuesta de Código Mercantil de 2013).

4. *Indemnizaciones por terminación del contrato*

La falta de regulación sustantiva de los contratos de distribución plantea dificultades a la hora de abordar su extinción. La principal polémica se ha generado a la hora de abordar la extinción como consecuencia de la denuncia unilateral del contrato y la posible aplicación analógica de los preceptos de la Ley del Contrato de Agencia en materia de indemnizaciones y de compensación por clientela.

4.1. APLICACIÓN ANALÓGICA: INDEMNIZACIÓN POR CLIENTELA

Frente al reconocimiento legal de la indemnización por clientela en el contrato de agencia, en el contrato de concesión mercantil o distribución en exclusiva la vigencia de un derecho del distribuidor a dicha indemnización resulta una cuestión compleja y controvertida, aunque finalmente parece imponerse la posición favorable a la analogía. El Tribunal Supremo ha entendido que la indemnización (compensación) no procede automáticamente por el simple hecho de la extinción del contrato, sino que precisa de la acreditación del incremento de los compradores o usuarios habituales y de la susceptibilidad de continuar el fabricante disfrutando de dicha clientela. Por su parte, ha negado la procedencia de la indemnización por clientela cuando así se ha pactado, considerando perfectamente válido el pacto de exclusión de dicha indemnización.

Volviendo a la identidad de razón que justificaría la aplicación analógica de la regulación del contrato de agencia al contrato de distribución en exclusiva, cabe fundamentarla en que el distribuidor, de forma similar a lo que sucede en el caso del agente, realiza una labor de promoción que contribuye a la creación de una clientela, que durante la vigencia del contrato constituye un activo común que beneficia a ambas partes, pero que una vez extinguido aquel es susceptible de generar una ventaja patrimonial en beneficio del fabricante o concedente, ya que en la mayoría de las ocasiones los clientes tenderían a seguir al fabricante y no al distribuidor. Así, la clientela aportada por el distribuidor, una vez extinguido el contrato de concesión, se integraría en el denominado fondo comercial o *goodwill* del fabricante, por lo que su valor económico debería liquidarse a la terminación del contrato. Se trata de una ventaja patrimonial para el fabricante a la que habría contribuido el distribuidor sin haber recibido una contraprestación económica durante la vigencia del contrato.

En todo caso, se habla de un supuesto de analogía débil, en atención a que el legislador dota de carácter imperativo al precepto que recoge la indemnización por clientela en el contrato de agencia (art. 28 LCA), mientras que, en el contrato de distribución en exclusiva aquella indemnización tiene carácter dispositivo, dado que en dicho contrato rige el principio general de la autonomía de la voluntad de las partes, pudiendo los contratantes incorporar una cláusula que excluya la mencionada indemnización. Así, la analogía sólo operaría en defecto de pacto en contrario.

Ciertamente, hay una diferencia importante entre el contrato de agencia y el contrato de distribución en exclusiva: el agente despliega una actividad dirigida a captar clientela ajena, mientras que el distribuidor se dedica a captar su propia clientela. No obstante, esta afirmación se basa en un plano estrictamente jurídico, por lo que debe modularse desde una perspectiva económica, toda vez que, si bien los clientes lo son del distribuidor, resulta indudable que benefician al fabricante y que, en el momento de la terminación del contrato, tenderán en la mayoría de los casos a seguir a este último. Se trata de un argumento que permite la inclusión de la aplicación analógica, no así del automatismo de la indemnización. Es relevante destacar que la actual posición del Tribunal Supremo consiste en admitir como regla general la aplicación analógica, aunque no de forma automática o mimética, sino condicionada a la efectiva existencia de una identidad de razón en el caso concreto.

4.2. Aplicación analógica: indemnización por inversiones

De forma similar a lo que ocurre con la indemnización por clientela, el régimen de la indemnización por inversiones podría también ser aplicable por analogía al contrato de distribución en exclusiva. La identidad de razón es, en este caso, más evidente, pues también en el contrato de distribución la denuncia unilateral del fabricante puede generar en el distribuidor los perjuicios derivados de la realización de gastos e inversiones que no es posible amortizar. En cualquier caso, al igual que sucede con la indemnización por clientela, la indemnización por inversiones no rige en caso de pacto que la excluya de forma expresa.

4.3. Indemnización por stock sobrante

En el contrato de distribución en exclusiva, la terminación del contrato suele plantear un problema específico referido al stock de productos, piezas o recambios que el concesionario tiene pendiente de venta. Como se ha indicado anteriormente, por lo general, el distribuidor asume la obligación de adquirir y mantener en remanente una cantidad mínima determinada de tales productos, piezas o recambios. Asimismo, puede asumir la obligación de no competir con el fabricante o sus distribuidores una vez finalizado el contrato. El problema que genera el stock sobrante puede ser resuelto en el contrato, previendo una obligación de recompra a cargo del fabricante a precio de suministro. La duda surge a falta de tal acuerdo contractual. En ausencia de pacto, cabría entender que ello impide el reconocimiento a favor del distribuidor de un derecho de recompra. No obstante, adquieren relevancia las circunstancias en que tiene lugar la extinción del contrato, no siendo comparable una denuncia unilateral por parte del fabricante con preaviso o sin preaviso. Cabría mostrarse proclive a reconocer dicha obligación de recompra en los casos de terminación del contrato por denuncia contraria a la buena fe.

VI. **El contrato de distribución selectiva**

1. *Características básicas*

La distribución selectiva (también llamada autorizada u oficial) supone para el fabricante un sistema de selección de los empresarios que, en calidad de vendedores autorizados, distribuirán sus productos entre los consumidores en las condiciones técnicas y de calidad por él establecidas. Se trata de un sistema que, por regla general, se emplea para la distribución de productos de alta tecnología, que requiere preparación técnica del personal para asesorar a los clientes en la venta y prestar asistencia técnica posventa, y para la distribución de productos de lujo identificados con una marca de prestigio que requiere preparación comercial del personal a fin de preservar el prestigio de la marca.

Los criterios de selección se establecen por el fabricante, pudiendo incorporarse a la red aquellos vendedores que, por cumplir con los mismos, queden autorizados para vender sus productos. La autorización supone que los distribuidores sean los únicos que reciban los productos directamente del fabricante. A diferencia de la concesión o distribución en exclusiva, la distribución selectiva no persigue la selección de un número limitado de revendedores para asignarles la exclusiva de reventa sobre la base de criterios territoriales, sino asegurar al fabricante determinadas condiciones técnicas y de calidad en la reventa, al objeto de mantener la buena reputación de sus productos, en cuanto constituye la mejor garantía para mantener e incrementar las ventas. También llamado contrato de establecimiento autorizado, la relación se caracteriza por la actuación de los revendedores en régimen de no exclusiva.

El contrato de distribución selectiva se define como aquel contrato en el que un fabricante o proveedor se compromete a vender los productos o servicios objeto del contrato únicamente a determinados distribuidores seleccionados previamente por él de acuerdo con criterios específicos, obligándose a su vez los distribuidores a revender esos productos o servicios en sus establecimientos comerciales por su cuenta y riesgo de forma no exclusiva y a prestar servicios de asistencia preventa y postventa a la clientela para potenciar la imagen de prestigio de la marca del principal, asumiendo además el compromiso de no vender tales productos o servicios a otros distribuidores no integrados en la misma red de distribución autorizada. Así pues, a través del recurso a la distribución selectiva se dota de valor añadido a los productos o servicios que se comercializan a través de la selección previa de los distribuidores por el fabricante o proveedor en atención a criterios objetivos tales como la cualificación del revendedor y su establecimiento (cualificación profesional del personal, ubicación de sus instalaciones, etc.). Ahora bien, el nivel de integración empresarial que resulta de este contrato no es el que se alcanza mediante el contrato de concesión. En la distribución selectiva se actúa bajo el rótulo de distribuidor multimarca, sin que el seguimiento de la política de comercialización del fabricante o proveedor se traduzca en la apariencia de unidad empresarial que concurre en la cadena de concesionarios.

Se trata de un contrato legalmente atípico, habiendo de estarse a lo estipulado por las partes para determinar el régimen jurídico aplicable. No obstante, en este contrato aparecen notas características de la compraventa y del suministro, a cuya normativa habrá de acudirse en aquellos aspectos que no estén expresamente previstos en el contrato.

2. Contenido esencial del contrato

Las obligaciones fundamentales o directamente relacionadas con el concepto de este peculiar contrato de distribución son las siguientes: a) El compromiso del proveedor de suministrar los productos objeto del contrato únicamente a los distribuidores previamente seleccionados integrados en su red de distribución; b) La obligación del proveedor de aportar información técnica sobre las características de los productos o servicios objeto del contrato y, en su caso, asistencia en la formación del personal cualificado para la comercialización de los mismos; c) La obligación del distribuidor de prestar servicios de asistencia a la clientela antes y después de la venta, cuidando la imagen de marca de los productos o servicios objeto del contrato; d) La venta por el distribuidor, en nombre propio y por cuenta propia, asumiendo plenamente el riesgo de la reventa; e) El uso por el distribuidor de la marca o signos distintivos del proveedor en su actividad de promoción y comercialización de los productos o servicios objeto del contrato, cuidando la imagen de reputación de la misma; f) El compromiso asumido por el distribuidor de no revender los productos objeto del contrato a otros distribuidores que no estén integrados en la misma red de distribución (comerciantes paralelos).

3. Extinción del contrato: indemnización por clientela y stock remanente

La extinción del contrato de distribución selectiva no da derecho al distribuidor a exigir indemnización por clientela al proveedor. En la medida en que el negocio del distribuidor autorizado no depende sólo de los productos del proveedor, la extinción del contrato no debería impedir al distribuidor continuar con su actividad con productos de la competencia. Además, resulta discutible que la actividad del distribuidor autorizado genere nueva clientela para el proveedor; más bien puede decirse que el distribuidor se beneficia pasivamente de la clientela atraída por la reputación o prestigio de la marca del proveedor, por lo que no cabría hablar de enriquecimiento injusto para el proveedor por las ventajas sustanciales que le produce al proveedor la actividad del distribuidor.

Sobre el stock remanente en poder del distribuidor una vez finalizada la relación de distribución: a) el contrato puede prever su recompra por el proveedor; b) si el contrato no prevé nada sobre aquel, los productos de marca del proveedor quedarían en poder del otrora distribuidor, quien podrá proceder a su reventa; c) quizás, sobre aquellas mercancías que el distribuidor hubiera tenido que adquirir en cumplimiento de una cláusula de compra mínima, cabe considerar que el proveedor estaría obligado a recomprar la mercancía remanente, sobre todo cuando el proveedor hubiera resuelto unilateralmente el contrato de manera intempestiva sin dar tiempo al distribuidor para revenderla.

Fuentes legales

Código de Comercio, Ley 12/1992, de 27 de mayo, sobre contrato de agencia.

Bibliografía seleccionada

CARBAJO CASCÓN, F., *Sistemas de distribución selectiva*, Wolters Kluwer La Ley, Madrid, 2013.

PALAU, F./MARTÍNEZ SANZ, F./MONTEAGUDO, M., *Comentario a la Ley sobre contrato de agencia*, Civitas, Madrid, 2000.

RUIZ PERIS, J. I./MARTÍ MIRAVALLS, J. (dirs.), *Contratos de distribución. Agencia, distribución, concesión, franquicia, suministro y estimatorio*, Atelier, Barcelona, 2018.

Jurisprudencia básica

1) STS núm. 582/2010 de 8 de octubre. Nulidad de la cláusula que determine el importe de la indemnización correspondiente al agente por cualquier concepto, para cuando se extinga el contrato. Prohibición de cualquier pacto anticipado que limite el derecho del agente a obtener, una vez terminado el contrato, una indemnización que alcance la cuantía prevista en el artículo 28 de la Ley del Contrato de Agencia.

2) STS núm. 206/2015 de 3 de junio (RJ 2015\4282). Naturaleza y alcance de la compensación por clientela. Este valor de compensación se presenta de modo objetivable, sobre los beneficios o ventajas que, como consecuencia de la actividad desplegada por el agente permanecen, a su cese, a favor del empresario para quien realizó los correspondientes servicios de promoción y, en su caso, de conclusión comercial.

3) STS núm. 163/2016 de 16 de marzo (RJ 2016\858). Resolución unilateral repentina de contrato de distribución en exclusiva. Procedencia de la indemnización por clientela ante el aumento significativo de ventas a clientes nuevos e incremento sensible de las operaciones con la clientela preexistente

Materiales de autoevaluación

Preguntas test

1. En el contrato de comisión:

a) la muerte del comitente provoca la extinción automática de la comisión
b) el comisionista ha de actuar en nombre e interés del comitente
c) a través del pacto de garantía se permite la autocontratación
d) el encargo o mandato tiene por objeto un acto u operación de comercio

2. El mediador percibirá la retribución cuando:

a) ponga en contacto a las partes que han de celebrar un futuro contrato
b) concluya el contrato que ha promovido
c) se cumpla o consuma el contrato que ha promovido
d) se celebre el contrato que ha promovido, salvo pacto expreso en contra

3. En el contrato de agencia, el agente:

a) es un colaborador esporádico
b) asume el riesgo de las operaciones que celebra si actúa en nombre propio
c) necesita autorización expresa del principal para actuar por medio de subagentes
d) es un empresario independiente, por ello puede proceder contra las instrucciones del principal, aunque sean razonables

4. Si en un contrato de agencia de 5 años de duración se incluye una cláusula que prohíbe al agente desarrollar, una vez finalizado el contrato, operaciones de la misma clase en la zona confiada:

a) es ineficaz, al extender sus efectos más allá de la vigencia del contrato
b) es válida si consta expresamente y por escrito y no tiene una duración superior a 2 años
c) es válida si se ha establecido por escrito y su duración no excede de 5 años
d) es válida cualquiera que sea su duración y la forma en que se haya establecido, siempre que pueda probarse su existencia

5. La característica esencial del contrato de distribución selectiva es:

a) que el distribuidor se incorpora a la red del fabricante en calidad de vendedor autorizado
b) el establecimiento de un pacto de exclusiva a favor del distribuidor autorizado
c) la facultad del fabricante o proveedor de imponer al distribuidor autorizado precios de reventa fijos o mínimos
d) que el distribuidor autorizado revende por cuenta y riesgo del fabricante o proveedor que le selecciona

Indicar la corrección o incorrección de las siguientes aseveraciones razonando la respuesta

1.ª «El cometido del agente puede limitarse a promover la contratación del principal o ir más allá, concluyendo él los contratos promovidos».

2.ª «Como regla general puede afirmarse que, en la comisión de compraventa el comisionista no responde de la solvencia del comprador».

3.ª «El distribuidor actúa siempre por cuenta propia».

4.ª «Sobre la indemnización por clientela cabe decir que su cuantía tiene un límite fijado por la ley, que admite pacto en contrario».

5.ª «El Tribunal Supremo ha entendido que, en los contratos de distribución en exclusiva, el derecho del distribuidor a la indemnización por clientela se somete a lo pactado por las partes y que, en defecto de pacto, la indemnización por clientela procede automáticamente por el simple hecho de la extinción del contrato».

Lección 4

Otros contratos de colaboración. Los contratos turísticos[1]

Sumario. I. El contrato de leasing o arrendamiento financiero. 1. Concepto y modalidades. 2. Naturaleza jurídica y carácter mercantil. 3. Regulación. 4. Contenido del contrato de leasing. 4.1. Obligaciones de la entidad de leasing. 4.2. Obligaciones del usuario.—II. El contrato de factoring. 1. Concepto y contenido. 2. Regulación. 3. Naturaleza jurídica. 4. La cesión de créditos. 4.1. Características. 4.2. Modalidades de cesión.—III. El contrato de engineering. 1. Concepto y modalidades. 2. Naturaleza jurídica y contenido. 3. Consulting engineering. 4. Contrato de asistencia técnica. 5. Contrato de transferencia de tecnología. IV. Los contratos turísticos. 1. Introducción. 2. El contrato de gestión hotelera. 3. El contrato de reserva de plazas de alojamiento en régimen de contingente. 4. El contrato de hospedaje o alojamiento. 5. Los contratos de aprovechamiento por turno de bienes inmuebles de uso turístico, de adquisición de productos vacacionales, de reventa y de intercambio. 6. El contrato de viaje combinado. 6.1. Régimen jurídico, concepto y elementos. 6.2. Obligaciones de información y contenido del contrato. 6.3. Modificaciones del contrato antes del inicio del viaje. 6.4. La responsabilidad por incumplimiento del contrato de viaje combinado.

---

[1] Los epígrafes I, II y III han sido redactados por Arantza Martínez Balmaseda, Profesora Agregada de Derecho Mercantil. El epígrafe IV ha sido redactado por Aránzazu Pérez Moriones, Profesora Titular (acred. Catedrática) de Derecho Mercantil.

I. El contrato de leasing o arrendamiento financiero

1. *Concepto y modalidades*

El contrato de leasing o arrendamiento financiero es un contrato de origen anglosajón que se ha extendido en nuestro tráfico mercantil, fundamentalmente, por su beneficioso tratamiento fiscal.

En la estructura básica de la operación de leasing financiero intervienen tres partes: (i) un empresario o usuario que necesita determinados bienes para su actividad (normalmente maquinaria o bienes de equipo); (ii) un fabricante o vendedor de estos bienes; (iii) y una sociedad de leasing (entidad o establecimiento financiero de crédito) que intermedia en la operación financiando la operación al empresario.

A estos efectos, es el empresario o usuario quien escoge el bien concreto y pacta las condiciones de compra concretas con el fabricante del bien. A continuación, se dirige a la sociedad de leasing con el cual celebrará el contrato de leasing. Éste adquirirá, en nombre propio, el bien del fabricante o distribuidor, de acuerdo a las especificaciones del usuario, y le cederá a éste el uso a cambio del abono de cantidades periódicas de acuerdo a las condiciones pactadas en el contrato de leasing. El contrato se completará con una opción de compra que se concede al usuario para el momento de la expiración del contrato que habrá de ser ejercitado por el precio previamente estipulado y que corresponderá al valor residual del bien. De esta manera, la operación de leasing se articula a través de dos contratos, netamente diferenciados, aunque conexionados y dependientes entre sí; un contrato de compraventa por el que la sociedad de leasing adquiere del proveedor los bienes previamente seleccionados por el usuario y el contrato de leasing o arrendamiento financiero, propiamente dicho, mediante el que la sociedad de leasing se compromete a ceder la explotación del bien concreto a cambio de las condiciones pactadas en el contrato.

El leasing presenta en la práctica distintas modalidades: (i) el leasing financiero es la modalidad de leasing más frecuente en la actualidad y al que nosotros dedicaremos nuestra atención. Dentro de ella se puede distinguir entre el leasing mobiliario e inmobiliario según la naturaleza del bien objeto del contrato. Lo habitual será que el contrato de leasing recaiga sobre bienes muebles de inversión o de equipo pero es posible pactar una operación de leasing sobre inmuebles; (ii) el «lease-back» supone también una modalidad de leasing muy utilizado en la construcción de inmuebles donde el propietario del objeto lo enajena al arrendador financiero el cual le cede el uso mediante un contrato de leasing que lo explota de acuerdo a un canon periódico.

2. Naturaleza jurídica y carácter mercantil

Dado el carácter atípico del leasing financiero la naturaleza jurídica del contrato adquiere importancia porque nos proporcionará la normativa aplicable en defecto de pacto expreso. En este sentido, consideramos que el contrato de leasing constituye un contrato de financiación *sui generis* porque la función económica o causa del contrato es puramente financiera para ambas partes. Por una parte, el empresario desea financiación para la explotación de unos bienes de producción que no quiere o no puede comprar y, desde este punto de vista, el leasing se presenta como una alternativa al préstamo o a otros contratos de financiación. Por otra parte, la sociedad de leasing tiene un interés puramente financiero en el bien como lo demuestra el hecho de que lo adquiere por iniciativa del usuario y el hecho de que retenga la propiedad sobre los bienes únicamente como garantía. La particularidad está en que la sociedad de leasing no presta la financiación directamente sino que lo hace indirectamente mediante la adquisición en nombre propio de la inversión a cambio de ceder el uso al tercero que deberá satisfacer tanto el coste de adquisición cuanto el financiero a cambio de su explotación.

Esta naturaleza jurídica no obsta a que se aplique a cada una de las prestaciones que conforman la operación de leasing el régimen jurídico de los contratos con los que presenta mayor afinidad (contrato de mandato; contrato de préstamo con reserva de dominio a favor del financiador; contrato de depósito; contrato de compraventa). Pero ello deberá hacerse teniendo en cuenta la finalidad financiera del contrato de leasing que resulta fundamental para articular el conjunto de prestaciones que conforman la operación en su conjunto.

Las analogías que presenta con otras figuras mercantiles hace que podamos calificar el leasing como un contrato mercantil (art. 2.II. CCom).

3. Regulación

Se trata de un contrato atípico porque carece de una normativa jurídico-privada sustantiva aunque existen disposiciones que regulan algunos aspectos del contrato a efectos administrativos, fiscales y contables. En concreto: (i) DA 3.º de la Ley 10/2014, de 26 de junio, de ordenación, supervisión y solvencia de las entidades de crédito (ii) DA 1.º de la Ley 28/1998, de 13 de julio, de Venta a Plazos de Bienes Muebles que si bien excluye expresamente de su ámbito de aplicación los contratos de arrendamiento financiero, prevé la posibilidad de que determinados arrendamientos financieros puedan inscribirse en el Registro de Venta a Plazos de bienes Muebles; (iii) art. 106 de la Ley 27/2014, de 27 de noviembre del Impuesto sobre Sociedades (en el mismo sentido el art. 18 de las normas forales de Gipuzkoa, Bizkaia y Álava del impuesto de sociedades).

Tales disposiciones sectoriales tienen un alcance parcial y limitado a su ámbito de aplicación y no constituyen una regulación sustantiva ni suficiente del contrato. De esta manera, el contrato de leasing tiene su base en los principios de autonomía de la voluntad (art. 1255 CC) y habrá que estar, sobre todo, a los pactos concluidos entre las partes. A estos efectos, resultan relevantes también las limitaciones que impone el legislador fiscal al contenido del contrato que son: (i) los bienes objeto de la cesión habrán de quedar afectados por el usuario únicamente a sus explotaciones económicas; (ii) duración mínima de dos años cuando tenga por objeto bienes muebles y de diez cuando sean inmuebles o establecimientos industriales; (iii) y el carácter necesariamente constante o creciente de las cuotas correspondientes al coste del bien. Si bien, los contratos de leasing que no cumplan las anteriores características resultan plenamente válidos desde el punto de vista jurídico privado, no gozarán de las ventajas fiscales que proporciona el legislador (en especial, la consideración de las cuotas como gasto deducible) factor decisivo en la práctica para la conclusión del contrato.

4. Contenido del contrato de leasing

4.1. Obligaciones de la entidad de leasing:

a) entregar y ceder el uso del bien objeto del contrato al usuario: la sociedad de leasing adquiere el bien del proveedor siguiendo las instrucciones del usuario y le cede su uso. No obstante, en la práctica el usuario suele recibir los bienes directamente del proveedor exonerando a la sociedad de leasing de cualquier responsabilidad derivada del incumplimiento o incumplimiento tardío de la obligación de entrega, que queda compensada con la cesión por la entidad de leasing de todas la acciones que pueden corresponderle contra el proveedor.

b) garantizar el uso pacífico y útil del bien al usuario durante la vigencia del contrato: las obligaciones de la sociedad de leasing no finalizan con la entrega del bien sino que, como propietario del bien, es preciso que asegure al usuario la posesión pacífica y útil de la misma, respondiendo en casos de evicción o si la cosa presenta vicios ocultos. Sin embargo, es muy frecuente que la sociedad de leasing se exonere de responsabilidad en estos casos cediéndole al usuario los derechos que aquella pudiera tener frente al vendedor quedando subrogado en los derechos y acciones que correspondan a la sociedad de leasing. Esta cesión de derechos tiene su razón de ser en la causa financiera del contrato.

4.2. Obligaciones del usuario:

a) satisfacer las cuotas pactadas en los plazos establecidos en el contrato: supone la obligación principal del usuario pudiéndose distinguir dentro de las cuotas entre la parte que corresponde a la amortización (coste de recuperación del bien) y la carga financiera (operación de crédito). En el supuesto de que el usuario incumpliera esta obligación de pago la sociedad de leasing podrá elegir entre: (i) exigir el cumplimiento: en este caso opera la anticipación del vencimiento respecto del pago de las cuotas no vencidas así como, en su caso, la indemnización de daños y perjuicios correspondiente. Corresponde también al usuario pronunciarse sobre la opción de la compra; (ii) la resolución del contrato: en este caso la entidad de lesing podrá solicitar la recuperación del bien, las cuotas devengadas y las que se devenguen hasta la entrega de la cosa y, en su caso, la indemnización de daños y perjuicios. Conviene tener presente que existen medidas específicas para la recuperación del bien objeto de leasing ante el impago de las cuotas mediante un procedimiento específico contenidas en la DA 1.º. 2 de la Ley 28/1998, de 13 de julio, de VPBM así como en la LEC.

b) destinar el bien cedido al uso previsto en el contrato y conservarlo con la debida diligencia: ello implica que si el bien se pierde o se perjudica por culpa o negligencia del usuario, la sociedad de leasing podrá resolver el contrato o solicitar la reparación o sustitución de la cosa sin faltar al pago de las cuotas.

También es habitual que figure que el riesgo de destrucción de la cosa por caso fortuito o fuerza mayor corresponda al usuario. Se produce, en estos casos, una transmisión de riesgos del propietario del bien que es la sociedad de leasing al usuario o arrendatario. En estos casos, la destrucción de la cosa objeto del contrato no exonera al usuario de la obligación de abonar las cuotas pactadas. Para cubrir este riesgo normalmente se añade a los contratos de leasing la obligación de asegurar la cosa cedida.

c) devolver o restituir el bien al finalizar el contrato si no ejercita la opción de compra o pagar el precio en caso de que ejercite la opción d compra por el valor residual.

II. El contrato de factoring

1. *Concepto y contenido*

El contrato de factoring es un contrato en virtud del cual un empresario cede los créditos que frente a terceros tiene como consecuencia de su actividad mercantil a otro empresario especializado (la sociedad de factoring, que ha de ser una entidad o u establecimiento financiero de crédito) para que, a cambio de una prestación económica, se ocupe de la gestión de cobro de los mismos pudiendo además pactarse un conjunto de servicios financieros relacionados con ellos.

En este sentido, la sociedad de factoring se encargará, de todos o algunos de los siguientes servicios: (i) servicio de gestión: la sociedad de factoring gestionará el cobro de los créditos que le son asignados. Este servicio es constante y esencial al contrato de factoring y permite al empresario descargarse de labores administrativas permitiéndole concentrarse en su actividad propia de producción de bienes y servicios. (ii) servicio de financiación: previa solicitud del empresario es habitual que la sociedad de factoring anticipe el importe de los créditos cedidos antes del vencimiento, detraídos los intereses y comisiones correspondientes que se corresponden con la remuneración del factor, procurándole al empresario una situación de liquidez (servicio materialmente equivalente al de un contrato de descuento); (iii) servicio de garantía: cuando así se pacte expresamente, las entidades de factoring suelen asumir también el riesgo de insolvencia de los créditos cedidos. En estos supuestos la entidad pasa a asumir un papel equivalente al del comisionista de garantía y percibe por ello una retribución más elevada por el riesgo asumido. Esta situación da lugar a una de las clasificaciones tradicionales en el ámbito del contrato de factoring que es la que distingue entre contratos de factoring con recurso o sin recurso. En el factoring sin recurso la entidad de factoring asume, dentro de parámetros previamente establecidos, el riesgo de impago asociado a la insolvencia de los deudores cedidos. A este respecto resulta esencial el concepto de insolvencia que dependerá en cada caso de la voluntad de las partes pudiendo pactar tan solo la apertura de procedimientos concursales o aplicarse también en otras circunstancias similares (insolvencia notoria como cierre del establecimiento, deudor ilocalizable etc). En el factoring con recurso la entidad no asume el riesgo de la insolvencia de los deudores cedidos.

Para poder prestar los servicios financieros de anticipo del importe de los créditos y la asunción del riesgo de insolvencia la entidad de factoring realiza un servicio de estudio y clasificación de los deudores que proporciona información importante en cuanto a la tipología de la clientela y su solvencia. Con estos estudios la entidad de factoring pretende delimitar el alcance de las obligaciones financieras que asumirá tanto en cuanto a los créditos que habrán de integrarse en el contrato como de los límites cuantitativos dentro de los que se prestarán los servicios de anticipo y de asunción del riesgo de insolvencia, tanto de manera global, como con relación a cada cliente o clase de clientes.

Para poder regular las relaciones que deriven del contrato de factoring es habitual que se pacte un contrato de apertura de crédito en cuenta corriente que tiene una función instrumental respecto al factoring.

2. REGULACIÓN

Se trata de un contrato atípico y que carece, por tanto, de una regulación sustantiva propia si bien existen normas sectoriales que regulan algunas cuestiones de índole administrativa. Nos referimos a la Ley 10/2014, de 26 de junio, de ordenación, supervisión y solvencia de entidades de crédito; el art.6 de la Ley 5/2015 de 27 de abril de fomento de la financiación empresarial; la DA 3.º de la Ley 1/1999, de 5 de enero, reguladora de las entidades de capital riesgo y de sus sociedades gestoras.

3. NATURALEZA JURÍDICA

Al tratarse de un contrato atípico el régimen del contrato de factoring queda remitido a lo que libremente convengan las partes donde cobra especial relieve su constante configuración en los clausulados generales que predisponen las entidades de factoring.

Se trata, por tanto, de un contrato atípico y concretamente un contrato mixto donde la finalidad específica de colaboración y asistencia financiera que se persigue con el factoring se obtiene a través de la combinación, dentro de un único contrato, de una serie de prestaciones y elementos pertenecientes a contratos típicos diferentes a los que habrá que recurrir en defecto de pacto (contrato de comisión, cesión de créditos, contrato de descuento, seguros de créditos). Las analogías que presenta con otras figuras mercantiles hace que podamos calificar el factoring como un contrato mercantil (art. 2.II. CCom).

4. *La cesión de créditos*

4.1. CARACTERÍSTICAS

En la práctica, la asignación de los créditos comerciales del empresario a la sociedad de factoring se canaliza a través del mecanismo de la cesión de créditos que supone uno de los elementos más importantes del contrato de factoring. Esta cesión de créditos viene presidida por dos principios: el principio de globalidad y el de exclusividad. El principio de globalidad supone la obligación de ceder un conjunto amplio de los créditos del cliente. Esta globalidad no significa que deban transmitirse la totalidad de los créditos sino que la cesión se realizará, previo estudio y selección de la entidad de crédito, de un conjunto amplio de ellos que reúnan ciertos criterios objetivos. La presencia de este principio en el contrato se justifica por la propia dinámica económica del factoring, que resulta eficiente en tanto que se refiera a un volumen de créditos y no a créditos individuales. El principio o cláusula de exclusividad implica el pacto contractual por el que el empresario cliente no puede celebrar, durante la vigencia del contrato, otros contratos de factoring relativos a los créditos incorporado en el pactado.

4.2. MODALIDADES DE CESIÓN

La cesión de créditos comerciales que realiza el cliente puede llevarse a cabo bien individualmente, a medida que vayan naciendo los créditos incluidos en el contrato, o bien de manera anticipada y global. Así, en función de la forma en la que opere dicha cesión podemos apreciar dos configuraciones diferentes del contrato de factoring: (i) en la primera de ellas, el factoring se configura como un contrato marco de cesión que genera efectos meramente obligacionales y en virtud del cual el cliente se compromete a ceder los créditos afectados a medida que vayan naciendo. En estos casos el contrato no supone, por sí mismo, la transmisión de los créditos con efectos reales y se hará necesaria una nueva declaración de voluntad de las partes para cada cesión; (ii) la segunda posibilidad consiste en configurar el contrato de factoring como una contrato de cesión global anticipada de créditos futuros con efectos traslativos desde su inicio. En tal caso, el contrato conlleva desde el inicio la transmisión de la titularidad de los créditos sujetos en las condiciones que establezcan las partes. Así, el cliente cede a la entidad de factoring los créditos que en el futuro reúnan las características y condiciones fijadas en el contrato. Por ello, en esta modalidad no será necesaria una nueva declaración de voluntad a su nacimiento bastando la simple notificación, como acto de ejecución del contrato, que ya habría producido la cesión.

Si bien la cesión individual del crédito ha sido la modalidad a la que se ha acomodado históricamente el contrato de factoring en España el empleo de la segunda modalidad, es decir, otorgar eficacia traslativa al contrato, es la que se ha ido generalizando entre nosotros. La razón puede deberse en que es la modalidad que mejor se adecúa al contrato de factoring, al simplificar la ejecución y gestión, sin perjuico de que además es la que proporciona mayor protección a la entidad de factoring. Además, si bien inicialmente esta cesión global planteó dudas acerca de su validez, en la actualidad está expresamente reconocida en la DA 3.º de la Ley 1/1999, de 5 de enero, reguladora de las entidades de capital riesgo y de sus sociedades gestoras.

III. El contrato de engineering

1. *Concepto y modalidades*

De inspiración norteamericana y con antecedentes en el ámbito del contrato de construcción internacional, el contrato de engineering se ha introducido con notable éxito en nuestro tráfico económico.

En un sentido estricto, por el contrato de ingeniería una empresa de ingeniería se limita a suministrar a su cliente determinados proyectos o estudios de carácter técnico-económico dirigidos a la realización de un proyecto industrial o simplemente a la reorganziación, modernización o ampliación de una empresa. En un concepto más amplio, los contratos de ingeniería pueden incluir, además, prestaciones de naturaleza distinta, como la cesión de derechos de propiedad industrial, suministro de maquinaria o de bienes de equipo y asistencia técnica para su montaje e incluso la ejecución completa del proyecto que deba ser entregada en funcionamiento.

De esta manera, el contrato de ingeniería hay que entenderlo como un género más que como un tipo contractual único porque bajo el mismo se engloban diversas modalidades contractuales entre las que podemos destacar: (i) consulting ingineering o de ingeniería consultora; (ii) engineering operativo o ingeniería operativa donde a su podemos distinguir los contratos de transferencia de tecnología («process engineering) y los contratos de asistencia técnica («general contracting»).

2. *Naturaleza jurídica y contenido*

El contrato de ingeniería es un contrato atípico por lo que cobran relevancia los pactos previstos en el contrato. Se trata de contratos regulados por condiciones generales establecidas por las partes a menudo inspirándose directamente en guías y directrices publicadas por distintos organismos internacionales y asociaciones de profesionales, así como en contratos tipo y condiciones generales de común aplicación en el sector. En defecto de previsión contractual habrá que estar a la modalidad concreta pactada para aplicar las normas correspondientes a los contratos típicos más próximos (arrendamiento de obra, cesión de patentes, etc.).

3. *Consulting engineering*

Se trata del contrato en virtud del cual una empresa de ingeniería se obliga a realizar un proyecto o estudio técnico que puede tener muy diverso alcance y contenido pudiendo ir desde el asesoramiento al cliente en la mejora de sus procesos productivos o en la comercialización de sus productos hasta la realización de estudios y proyectos técnico-económicos (elaboración planos, dibujos, cálculos técnicos, económicos y financieros sobre la ejecución de una obra). En ocasiones estas actividades constituyen el núcleo del contrato de ingeniería en cuyo caso reciben el nombre de consulting engineering. En otros casos estas operaciones tienen carácter preliminar respecto a otras operaciones de ingeniería operativa que veremos.

En estos casos, la empresa de ingeniería utiliza sus conocimientos técnicos y científicos para emitir un informe o proyecto que constituye el objeto del contrato. La empresa se obliga, por tanto, a obtener un resultado, la emisión de un informe y no a la prestación de un servicio, aunque dicha emisión exige que ejercite sus conocimientos técnicos y profesionales. Se trata, por tanto, de contratos próximos al arrendamiento de obra siendo de aplicación, en defecto de pacto, la normativa prevista en los arts. artículos 1588 y ss CC.

En ocasiones se pueden incluir también labores de supervisión o vigilancia de los trabajos que desarrollen dichos estudios, cuando dicha ejecución no se realice por la propia empresa de ingeniería. En tales casos, dicha prestación supondrá un arrendamiento de servicios.

4. *Contrato de asistencia técnica*

Es aquel contrato donde la empresa de ingeniería, a cambio de un precio, pone a disposición del cliente la preparación técnica que él mismo o el personal de su organización posee para lograr la puesta en funcionamiento de maquinarias, instalaciones, etc. Puede englobar, a su vez, distintos contratos como el suministro de materiales («general contracting»). La modalidad llave en mano es la manifestación más importante de este contrato. En este caso, la empresa de ingeniería realiza todo el proceso, esto es, desde la elaboración del proyecto de ingeniería, hasta su completa ejecución,y puesta en funcionamiento, e incluso, en determinados casos, su mantenimiento posterior.

El contrato de asistencia técnica es atípico pero, en defecto de pacto, consideramos que son de aplicación las normas del contrato de ejecución de obra dado que su objeto es la obtención de un resultado.

5. *Contrato de transferencia de tecnología («procees engineering»)*

Si bien el contrato de transferencia de tecnología excede del ámbito de los contratos de ingeniería y se sitúa en un ámbito más general de los contratos de propiedad industrial, resulta habitual que este contrato figure englobado dentro de las distintas modalidades de contratos de ingeniería porque a menudo la ejecución proyectada en el informe técnico o su mantenimiento, precisarán de la aplicación de unos procedimientos técnicos patentados y un know-how. De esta manera, mediante los contratos de transferencia de tecnología se produce la transmisión de los procedimientos necesarios para la construcción del establecimiento y su funcionamiento en la medida en que fueran necesarios para la ejecución de la obra contratada. Son contratos que se acercan más al contrato de compraventa que al de ejecución de obra, lo que permite la aplicación de las normas sobre saneamiento por evicción y vicios ocultos si bien las numerosas variantes que puede presentar determina que debamos atender a los concretos pactos establecidos por las partes.

IV. Los contratos turísticos

1. Introducción

La expresión «contratos turísticos» se suele utilizar para calificar a distintos contratos a través de los cuales se articula la prestación de servicios turísticos en sentido amplio. Dentro de ella se incluyen los contratos turísticos de consumo, que son aquellos mediante los cuales un consumidor contrata con un empresario la prestación de servicios turísticos. Pero también engloba a los contratos turísticos interempresariales, celebrados entre empresarios y mediante los cuales estos últimos realizan actividades preparatorias para la posterior prestación de servicios turísticos. Pues bien, ejemplos de esta última subcategoría son el contrato de gestión hotelera o el contrato de reserva de plazas de alojamiento en régimen de contingente. A su vez, como contratos turísticos de consumo más representativos podemos citar el contrato de hospedaje o alojamiento, los contratos de aprovechamiento por turno de bienes inmuebles de uso turístico, de adquisición de productos vacacionales, de reventa y de intercambio y el contrato de viaje combinado, considerado este último como prototipo de contrato turístico.

2. El contrato de gestión hotelera

Mediante el contrato de gestión hotelera una cadena hotelera se obliga a administrar un hotel, en nombre y por cuenta y riesgo de su titular, sirviéndose habitualmente para ello de técnicas de gestión y de signos distintivos propios y siguiendo en lo esencial las instrucciones dictadas por este último, a cambio de una contraprestación económica.

Se trata de un contrato atípico, por lo que reviste especial importancia el contenido pactado por las partes. Con carácter supletorio, habrán de aplicarse las normas reguladoras de los contratos de comisión, de agencia y de mandato. Aunque es un contrato consensual y, por tanto, se perfecciona por el consentimiento de las partes, es recomendable su documentación por escrito, dada su atipicidad y complejidad.

La obligación principal que asume la cadena hotelera es la dirección, administración y explotación de hotel, si bien, con carácter previo, puede obligarse a realizar algunos actos preparatorios (p. ej., formar al personal, proveer de capital o créditos para realizar inversiones, etc.). En el ejercicio de su actividad, la cadena deberá respetar las instrucciones que dicte el titular del hotel, siempre que no alteren la esencia del contrato. Además, sobre la cadena pesan deberes de información (al establecimiento sobre cuestiones relacionadas con la gestión y al titular sobre la marcha de la gestión) y de rendición de cuentas.

A su vez, la prestación principal del titular de hotel gestionado es el abono de la remuneración pactada, la cual suele adoptar la forma de comisión. Igualmente, con carácter preparatorio, puede asumir el cumplimiento de ciertos requisitos técnicos y organizativos, la satisfacción de exigencias administrativas, la suscripción de seguros o, incluso, la provisión de fondos a la gestora. Además, salvo pacto en contrario, el titular deberá abonar a la cadena los gastos en que esta haya incurrido como consecuencia de su labor de gestión.

El contrato de gestión hotelera suele pactarse con una duración de 10 o 15 años, prorrogables por periodos de duración inferior. Además del cumplimiento del término, entre sus causas de extinción se incluyen el desistimiento mutuo, la resolución por incumplimiento de alguna de las obligaciones o el desistimiento unilateral, en caso de duración indefinida.

3. *El contrato de reserva de plazas de alojamiento en régimen de contingente*

El contrato de reserva de plazas de alojamiento en régimen de contingente se celebra entre el titular de una agencia de viajes y el titular de una empresa de alojamiento turístico que pone a disposición del primero un número de plazas de alojamiento (es decir, un «contingente» o «cupo») durante un tiempo determinado para su ocupación por los clientes de la agencia, que se obliga a comercializarlas. En consecuencia, el contrato de contingente se desarrolla en dos fases: i) la celebración del contrato con la reserva de ciertas plazas; y ii) la confirmación de las plazas efectivamente ocupadas.

Es un contrato atípico, de modo que habrá que estar a lo pactado por las partes, habiéndose defendido de forma mayoritaria la aplicación supletoria de la regulación del contrato de comisión. El contrato de contingente se perfecciona por el acuerdo de las partes, por lo que es un contrato consensual, si bien es aconsejable su redacción por escrito.

El titular de la empresa de alojamiento se compromete a poner a disposición de la agencia hasta un número determinado de unidades de alojamiento durante el plazo fijado en el contrato (*release*). Tras la confirmación de las reservas, aquel deberá aceptar los clientes a quienes se les ha vendido el alojamiento, así como prestarles dicho servicio en las condiciones pactadas. Además, el titular de la empresa de alojamiento puede asumir otras obligaciones accesorias, como no celebrar contratos similares con otras agencias, no aplicar precios inferiores a los estipulados con otras agencias o con particulares, comunicar a la agencia cualquier circunstancia que pueda afectar al cumplimiento del contrato, etc.

Por su parte, la primera obligación de la agencia de viajes es promover o comercializar las plazas de alojamiento en el mercado en el que opera. Igualmente, la agencia suele asumir la obligación de informar a la empresa de alojamiento del estado de las reservas. En un momento posterior, la agencia tendrá que enviar la lista definitivamente de plazas reservadas (*rooming list*) con la antelación prevista en el contrato y, por último, pagar el coste de los alojamientos que se ha comprometido a ocupar.

4. *El contrato de hospedaje o alojamiento*

El contrato de hospedaje es aquel contrato mediante el cual el titular de una empresa de alojamiento se obliga frente al huésped a cederle el uso de una o más habitaciones u otro tipo de alojamiento (apartamento, bungaló, etc.), a prestarle ciertos servicios (limpieza, manutención, aparcamiento, piscina o gimnasio, entre otros) y a custodiar los objetos por él introducidos, a cambio de una contraprestación.

Se trata de un contrato atípico y complejo, ya que en él subyacen elementos de distintos contratos típicos: arrendamiento de cosas para la habitación, arrendamiento de servicios para los servicios personales, arrendamiento de obra para la comida y depósito para los efectos o bienes que introduce el huésped. Asimismo, es un contrato consensual, ya que se perfecciona con el acuerdo de voluntades de las partes.

La principal obligación del titular de la empresa es prestar el servicio de alojamiento conforme a las condiciones fijadas en el contrato y según la categoría del hotel, así como realizar los servicios básicos e indispensables (limpieza, cambio de lencería, etc.). Además, si así se ha pactado, aquel tendrá que proporcionar al huésped otros servicios como manutención, lavandería, aparcamiento, entre otros. Del mismo modo, el titular de la empresa de alojamiento deberá velar por la seguridad del huésped, que comprende el uso y disfrute pacífico del alojamiento contratado y la custodia de los objetos introducidos.

Precisamente es la responsabilidad del hotelero una de las cuestiones que presenta mayor controversia en la práctica. Así, con base en los artículos 1783 y 1784 CC, la empresa de alojamiento será responsable de los objetos introducidos por los viajeros si estos cumplen con las prevenciones sobre cuidado y vigilancia de dichos bienes y el titular de la empresa o sus empleados tienen conocimiento de los mismos. Con todo, esta previsión debe modularse teniendo en cuenta la normativa administrativa (art. 78 de la Orden de 19 de julio de 1968, por la que se dictan normas sobre clasificación de los establecimientos hoteleros), que exige la prestación de un servicio de custodia del dinero, alhajas u objetos de valor o la advertencia en las habitaciones de que la empresa de hostelería no responde por los bienes no depositados en aquel servicio. En cualquier caso, dicha responsabilidad comprende los daños producidos en los efectos de los viajeros, tanto por los empleados de la empresa como por terceros extraños, aunque no los que tengan origen en un supuesto de fuerza mayor.

A su vez, la prestación principal del huésped está constituida por el pago del precio pactado por el alojamiento y, en su caso, por los demás servicios complementarios contratados. Del mismo modo, el huésped deberá respetar las normas de conducta establecidas, que incluyen el uso adecuado de las instalaciones. Es más, su incumplimiento puede llevar aparejada su expulsión de la empresa de alojamiento.

5. *Los contratos de aprovechamiento por turno de bienes inmuebles de uso turístico, de adquisición de productos vacacionales de larga duración, de reventa y de intercambio*

El desarrollo del turismo y, en particular, su adaptación a las circunstancias del mercado ha dado lugar a la aparición de contratos especiales de alojamiento como el aprovechamiento por turno de bienes inmuebles de uso turístico, la adquisición de productos vacacionales de larga duración, la reventa y el intercambio. Estos contratos se rigen por lo dispuesto en la Ley 4/2012, de 6 de julio, siempre que se celebren entre un empresario y un consumidor.

El contrato de aprovechamiento por turno de bienes de uso turístico es aquel contrato de duración superior a un año, con base en el cual un consumidor adquiere, a título oneroso, el derecho a utilizar uno o varios alojamientos para pernoctar durante más de un periodo de ocupación (art. 2 LCAPT). Esta definición permite incluir no solo los contratos sobre bienes inmuebles, sino también los contratos relativos a alojamientos en embarcaciones o caravanas, entre otros, siempre que incluyan alojamiento. Precisamente por ello quedan excluidos otros contratos como los de alquiler de terrenos para caravanas o las reservas plurianuales de una habitación de hotel.

A su vez, se entiende por contrato de producto vacacional de larga duración aquel de duración superior a un año en virtud del cual un consumidor adquiere, a título oneroso, esencialmente el derecho a obtener descuentos u otras ventajas respecto de su alojamiento, de forma aislada o en combinación con viajes u otros servicios (art. 3 LCAPT). Esta modalidad contractual comprende los clubes de descuentos vacacionales y productos análogos. En cambio, no incluye los programas de fidelización, que ofrecen descuentos para futuras estancias en establecimientos de una cadena hotelera, los descuentos ofrecidos durante un plazo inferior a un año, los descuentos puntuales o los contratos cuyo propósito inicial no sea ofrecer descuentos o bonificaciones.

El contrato de reventa es aquel en virtud del cual un empresario, a título oneroso, asiste a un consumidor en la compra o venta de derechos de aprovechamiento por turno de bienes de uso turístico o de un producto vacacional de larga duración (art. 4 LCAPT).

Por último, por el contrato de intercambio, un consumidor se afilia, a título oneroso, a un sistema de intercambio que le permite disfrutar de un alojamiento o de otros servicios a cambio de conceder a otras personas un disfrute temporal de las ventajas que suponen los derechos derivados de su contrato de aprovechamiento por turno de bienes de uso turístico (art. 5 LCAPT).

La LCAPT prevé una serie de normas comunes aplicables a los contratos mencionados. De entre ellas destacan las relativas a la publicidad e información precontractual, a la formalización del contrato, al derecho de desistimiento del consumidor, a la prohibición de pagar anticipos durante el plazo de ejercicio del derecho a desistir y a la necesidad de organizar un plan escalonado de pagos para los contratos de productos vacacionales de larga duración. Estas normas son imperativas, por lo que la renuncia a los derechos reconocidos legalmente a los consumidores es nula.

6. *El contrato de viaje combinado*

6.1. RÉGIMEN JURÍDICO, CONCEPTO Y ELEMENTOS

El contrato de viaje combinado es considerado el prototipo de contrato turístico. Se encuentra regulado en los artículos 150 y ss. del TRLGDCU, reformados en el año 2018 para transponer a nuestro ordenamiento la Directiva 2015/2302 sobre viajes combinados y servicios de viaje vinculados.

El viaje combinado es aquel contrato resultado de la combinación de, al menos dos tipos de servicios de viaje (p. ej., transporte, alojamiento, alquiler de vehículos, etc.) para un mismo viaje o vacación por un precio a tanto alzado o global y una duración superior a veinticuatro horas, salvo que incluya alojamiento (arts. 150 y 151 TRLGDCU). Dicha combinación puede ser realizada por un solo empresario, bien por iniciativa propia o a petición del viajero. Pero también existe viaje combinado si el viajero celebra contratos con distintos prestadores de servicios de viaje y estos servicios: i) son contratados en un único punto de venta y seleccionados antes de que el viajero acepte pagar; ii) son ofrecidos, vendidos o facturados a un precio a tanto alzado o global; iii) son anunciados como «viaje combinado» o terminología similar; iv) son combinados después de la celebración de un contrato sobre una selección de distintos tipos de servicios de viaje o v) son contratados con distintos empresarios mediante procesos de reserva en línea conectados con transmisión de datos.

Este contrato debe diferenciarse de los llamados «servicios de viaje vinculados», que se caracterizan por que el empresario se limita a facilitar al viajero, de forma presencial o en línea, la celebración de distintos contratos con cada uno de los prestadores de servicios de viaje para su disfrute en un único viaje o vacación mediante procesos de reserva conectados. Pues bien, a diferencia del contrato de viaje combinado, de cuyo correcto cumplimiento son responsables solidarios organizador y minorista, en los servicios de viaje vinculados cada prestador de servicios es el único responsable de su correcta prestación.

La vigente regulación de los viajes combinados tutela al «viajero», es decir, a toda persona que tiene la intención de celebrar un contrato de viaje combinado o tiene derecho a viajar en virtud de un contrato de viaje combinado. Por tanto, no solo al consumidor, sino también a quien viaja por motivos profesionales o de negocios, salvo si ha organizado su viaje sobre la base de un convenio general. Otros elementos personales de este contrato son el «organizador» o empresario que combina y vende u oferta viajes combinados directamente, a través de o junto con otro empresario o que transmite los datos del viajero a otro empresario y el «minorista» o empresario distinto del primero que se limita a vender u ofertar viajes combinados por un organizador. Tras la reforma, ha desaparecido la exigencia de que organizador y detallista tuvieran la consideración de agencia de viajes de acuerdo con la normativa administrativa.

6.2. Obligaciones de información y contenido del contrato

El TRLGDCU regula minuciosamente la información que debe recibir el viajero antes de la celebración del contrato. Así, el artículo 153.1 TRLGDCU establece que el organizador y el minorista, si el viaje se vende a través de este, deben proporcionar al viajero información normalizada, mediante la utilización de uno de los dos formularios incluidos en su anexo II, uno para contratos de viaje combinados en los que es posible utilizar hiperenlaces y otro para contratos de viaje combinado en los que no. Junto con esta información, el mismo precepto exige que aquellos faciliten información sobre las principales características del viaje, así como otros datos complementarios (precio total, modalidades de pago, número de personas necesario para realizar el viaje o requisitos de pasaporte y visado, entre otros). Esta información es vinculante y debe comunicarse al menos en castellano y de forma clara, comprensible y destacada (arts. 153 y 154 TRLGDCU).

En el momento de celebración del contrato o, posteriormente, sin demora, el organizador tiene que entregar al viajero una copia del contrato o una confirmación en soporte duradero. Si el contrato se ha celebrado en presencia física de las partes, el viajero tiene derecho a una copia del contrato en papel, mientras que, en caso de contrato celebrado fuera de establecimiento, aquel debe recibir una copia del contrato o de su confirmación en soporte papel o, si está de acuerdo, en otro soporte duradero (art. 155.1 TRLGDCU). Además de la información precontractual, el contrato tiene que incluir otras informaciones adicionales relacionadas con la ejecución del viaje (necesidades especiales aceptadas, datos de contacto del representante local del organizador, entidad garante en caso de insolvencia, reclamaciones o posibilidad de cesión del viaje, entre otras). Esta información deberá ser proporcionada de forma clara, comprensible y destacada. Asimismo, el organizador o, en su caso, el minorista está obligado a proporcionar al viajero los recibos, vales y billetes necesarios, la información acerca de la hora de salida programada y, si procede, hora límite para facturar, hora de las escalas, conexiones de transporte y llegada.

6.3. MODIFICACIONES DEL CONTRATO ANTES DEL INICIO DEL VIAJE

El artículo 157 TRLGDCU autoriza al viajero a ceder el contrato de viaje combinado a otra persona, en cuyo caso deberá comunicarlo con una antelación de al menos siete días al inicio del viaje combinado. A su vez, el organizador informará al cedente acerca de los costes efectivos de la cesión, que deberán ser razonables y, en todo caso, no superar los costes efectivamente soportados por el organizador y el minorista como consecuencia de la cesión.

Tras la celebración del contrato, el organizador únicamente podrá incrementar el precio del viaje si se ha reservado este derecho y sólo con base en alguna de las causas previstas en el artículo 158 TRLGDCU (p. ej., cambio en el coste del combustible o de otras fuentes de energía). Además, si el incremento es superior al 8% del precio total o el organizador modifica otros aspectos sustanciales del viaje, el viajero podrá resolver el contrato sin pagar penalización. Por su parte, en caso de disminución del precio, el empresario tendrá derecho a deducir los gastos administrativos reales del reembolso debido al viajero. El TRLGDCU también prevé la posible alteración de otras cláusulas del contrato, que, en caso de ser sustancial, permitirá al viajero aceptar el cambio propuesto o resolver el contrato sin penalización (art. 159 TRLGDCU).

El artículo 160.1 TRLGDCU reconoce el derecho del viajero a resolver el contrato en cualquier momento anterior al inicio del viaje combinado, en cuyo caso, el empresario podrá exigirle que pague una penalización adecuada y justificable. Excepcionalmente, si en el lugar de destino o en sus inmediaciones concurren circunstancias inevitables y extraordinarias que afecten significativamente a la ejecución del viaje (p. ej., atentado terrorista, guerra, pandemia, etc.), el viajero podrá resolver el contrato sin pagar ninguna penalización y tendrá derecho al reembolso completo de cualquier pago realizado, pero no a una compensación adicional.

Por su parte, el organizador y, en su caso, el minorista también disfruta del derecho a cancelar el contrato, en cuyo caso tendrá que reembolsar al viajero la totalidad de los pagos, así como abonar una compensación adicional, que queda excluida en supuestos puntuales (art. 160.3 TRLGDCU).

6.4. LA RESPONSABILIDAD POR INCUMPLIMIENTO DEL CONTRATO DE VIAJE COMBINADO

El artículo 161.1 TRLGDCU declara la responsabilidad solidaria de organizador y minorista frente al viajero por el correcto cumplimiento de los servicios de viaje incluidos en el contrato, con independencia de que estos servicios sean ejecutados por ellos mismos o por otros prestadores. Por su parte, el viajero tiene la obligación de informar de cualquier falta de conformidad que observe durante la ejecución de un servicio de viaje incluido en el contrato (art. 161.2 TRLGDCU).

En principio, el organizador y, en su caso, el minorista tendrá que subsanar la falta de conformidad, salvo que resulte imposible o entrañe un coste desproporcionado. Sin embargo, si no se subsanan en el plazo razonable fijado por el viajero o si aquellos se niegan a subsanar o se requiere una solución inmediata, el viajero también podrá hacerlo y solicitar el reembolso de los gastos necesarios.

A su vez, si una proporción significativa de los servicios de viaje no puede prestarse, el organizador o el minorista deberá ofrecer fórmulas alternativas adecuadas, de calidad equivalente o superior, sin coste adicional alguno. En el supuesto particular de que los servicios alternativos ofrecidos sean inferiores, el viajero tendrá derecho a una reducción adecuada del precio. Ahora bien, si la falta de conformidad afecta sustancialmente a la ejecución del viaje y el organizador o el minorista no la ha subsanado en un plazo razonable establecido por el viajero, este podrá poner fin al contrato sin penalización y solicitar una reducción del precio y una indemnización por los daños y perjuicios.

Asimismo, el viajero tiene derecho a una reducción del precio adecuada por cualquier periodo durante el que haya habido falta de conformidad, salvo que le sea imputable, así como a recibir una indemnización adecuada por cualquier daño o perjuicio que sufra como consecuencia de cualquier falta de conformidad (art. 162 TRLGDCU).

Fuentes legales

Ley 28/1998, de 13 de julio, de Venta a Plazos de Bienes Muebles; Ley 1/1999, de 5 de enero, reguladora de las entidades de capital riesgo y de sus sociedades gestoras; Código civil; Ley de contratos de aprovechamiento por turno de bienes de uso turístico, de adquisición de productos vacacionales de larga duración, de reventa y de intercambio y normas tributarias; Texto Refundido de la Ley General para la Defensa de los Consumidores y Usuarios

Bibliografía seleccionada

LEON SANZ, F./ RECALDE CASTELLS, A., «Concurso y factoring», *Anuario de Derecho Concursal*, núm. 4, 2005.

PUETZ, A., «El contrato de *factoring* o factoraje» en ABRIL, A. (Coord.), *Los contratos mercantiles y su aplicación práctica*, Wolters Kluwer, 2017.

PEINADO GRACIA, J. I. y MÁRQUEZ LOBILLO, P., «Los contratos turísticos», en JIMÉNEZ SÁNCHEZ, G. J. y DÍAZ MORENO, A. (Coords.), *Derecho Mercantil*, Volumen 5.º, *Contratación mercantil*, 15.ª ed., Marcial Pons, Madrid, 2013, págs. 351-424.

PÉREZ MORIONES, A., *Viajes combinados y servicios de viaje vinculados. La protección del viajero*, Thomson Reuters Aranzadi, Cizur Menor, 2022.

Jurisprudencia básica

1. STS 15 de abril de 2010. Modalidades de leasing.

2. STS 30 de diciembre de 2002. Distinción entre el arrendamiento financiero y compraventa a plazos.

3. STS 11 de febrero de 2010. Concepto de leasing.

4. SAP Valencia (Sección 9.ª) núm. 288/2010 de 14 de octubre (JUR 2011\43176). Contrato de gestión hotelera. Sometimiento de la gestión diaria a la supervisión, control e instrucciones del hotel gestionado. Limitaciones a la facultad de gestión de la cadena hotelera.

5. SAP Zaragoza (Sección 2.ª) núm. 407/2015 de 28 de julio (JUR 2015\14862): contrato de hospedaje. Sustracción de una importante cantidad de dinero de caja de seguridad de la habitación: existencia de una caja central de seguridad utilizada con anterioridad por la actora: desconocimiento por el titular del establecimiento de la introducción de tales efectos.

6. SJPI n.º 13 Bilbao núm. 138/2020 de 24 de septiembre de 2020. Contrato de viaje combinado. Responsabilidad de la agencia de viajes por falta de información a los contratantes de la existencia de «sargazo» (plaga de algas), que afectó al uso y disfrute de las playas próximas al hotel. Inexistencia de fuerza mayor. Daño moral.

Materiales de autoevaluación

Preguntas test

1. Indica la respuesta correcta en relación al contrato de leasing:

a) la sociedad de leasing, como propietaria del bien, responde siempre de la entrega tardía o falta de entrega del bien por parte del proveedor al usuario

b) es habitual que la sociedad de leasing se exonere de responsabilidad frente al usuario para los casos de evicción o si el bien presenta vicios ocultos subrogándose el usuario en las acciones que corresponden a la sociedad de leasing

c) si el bien se pierde o se perjudica por culpa o negligencia del usuario la sociedad de leasing podrá resolver el contrato

d) todas las respuestas anteriores son incorrectas

2. Indica la respuesta correcta en relación al contrato de factoring:

a) en el factoring sin recurso la entidad de factoring no asume el riesgo de insolvencia de los créditos cedidos

b) en el factoring con recurso la entidad asume el riesgo el insolvencia de los créditos

c) es habitual configurar el contrato como una cesión global anticipada de créditos con efectos traslativos desde el inicio
d) todas las respuestas son incorrectas

3. Señala la respuesta correcta

a) los contratos de arrendamiento financiero pueden ser inscritos en el Registro Mercantil
b) los contratos de factoring vienen regulados en la normativa fiscal y han tenido un auge considerable gracias a su tratamiento fiscal favorable
c) el contrato de consulting engineering puede asimilarse a un contrato de arrendamiento de servicios
d) todas las respuestas anteriores son incorrectas

4. En el ejercicio de la actividad de gestión, la cadena hotelera:

a) disfruta de plena libertad, ya que se trata de un profesional
b) debe respetar las instrucciones del titular del hotel si no alteran la esencia del contrato de gestión
c) debe respetar todas las instrucciones del titular del hotel
d) aplica el método de gestión previamente creado entre cadena y titular del hotel gestionado

5. La responsabilidad por el correcto cumplimiento de los servicios de viaje que forman un viaje combinado recae sobre:

a) el prestador o ejecutor de cada servicio de viaje
b) el organizador del viaje combinado
c) el minorista con quien el viajero ha contratado el viaje combinado
d) el organizador y el minorista de forma solidaria

Indicar la corrección o incorrección de las siguientes aseveraciones razonando la respuesta:

1.ª El contrato de leasing puede considerarse como un contrato de venta a plazos.

2.ª Resulta conveniente configurar el contrato de factoring como un contrato de cesión global anticipada de créditos futuros con efectos traslativos desde su inicio.

3.ª La empresa de alojamiento es siempre responsable de los daños sufridos por los objetos introducidos por los viajeros.

4.ª La regulación de los viajes combinados tutela al consumidor de viajes, es decir, a quien viaja por motivos ajenos a una actividad profesional.

5.ª El TRLGDCU no permite la cesión del viaje combinado por parte del viajero debido a los importantes inconvenientes prácticos que puede suponer para el organizador.

Lección 5

Contratos relativos a derechos de propiedad industrial: Licencia y cesión de patente, licencia y cesión de marca y licencia de *know-how*. Contratos publicitarios[1]

Sumario. I. Licencia y cesión de patente. 1. Concepto, sujetos y objeto de la licencia. 2. Clases de licencias. 2.1. Contractuales o voluntarias. 2.2. Obligatorias. 2.3. De pleno derecho. 3. Obligaciones de las partes. 3.1. Obligaciones del licenciante. 3.2. Obligaciones del licenciatario. 4. Publicidad registral y eficacia frente a terceros. 5. Extinción del contrato de licencia de patente. 6. Cesión de patente.—II. Licencia y cesión de marca. 1. Concepto y alcance de la licencia. 2. Obligaciones de las partes. 2.1. Obligaciones del licenciatario. 2.2. Obligaciones del licenciante. 3. Publicidad registral y eficacia frente a terceros. 4. Extinción del contrato de licencia de marca. 5. Cesión de marca.—III. Licencia de *know-how.*—IV. Contratos publicitarios. 1. Introducción. 2. Contrato de publicidad. 2.1. Concepto y regulación legal. 2.2. Sujetos de la relación obligatoria. 2.3. Obligaciones y derechos de las partes, objeto y forma. 2.4. Plazo y ejercicio de las acciones. 3. Contrato de difusión publicitaria. 3.1. Concepto y regulación legal. 3.2. Sujetos de la relación obligatoria. 3.3. Obligaciones y derechos de las partes, objeto y forma. 3.4. Plazo y ejercicio de las acciones. 4. Contrato de creación publicitaria. 4.1. Concepto y regulación legal. 4.2. Sujetos de la relación obligatoria, objeto y forma. 4.3. Obligaciones y

---

[1] La lección 5, en su primera parte, ha sido redactada por Nerea Iráculis Arregui, Profesora Titular de Derecho Mercantil. En su segunda parte, ha sido redactada por Elena Leiñena Mendizábal, Profesora Titular de Derecho Mercantil.

derechos de las partes. 5. Contrato de patrocinio. 5.1. Concepto y regulación legal. 5.2. Sujetos de la relación obligatoria, objeto y forma. 5.3. Obligaciones y derechos de las partes.

I. Licencia y cesión de patente

1. *Concepto, sujetos y objeto de la licencia*

Una licencia es el negocio jurídico en virtud del cual el titular de una patente (y de otras creaciones industriales) autoriza a una persona a usar o explotar el objeto protegido por su título dentro de un ámbito geográfico concreto. Normalmente la licencia es retribuida por medio de royalties o regalías, por lo que habitualmente es un contrato oneroso, pero también son posibles las licencias gratuitas, como de hecho existen entre distintas sociedades de un mismo grupo.

Las partes en el contrato son el titular del derecho de propiedad industrial que otorga la licencia (licenciante) y el que contrata esa licencia para explotar el derecho en cuestión (licenciatario).

El objeto de la licencia puede variar tanto por los productos o servicios a los que se refiere el contrato, como por las actividades que comprende. Así, una licencia puede otorgarse bien sobre la totalidad o sobre una parte de los productos o servicios sobre los que recae la protección del derecho de propiedad industrial. Por otro lado, debe tenerse en cuenta que el derecho de exclusiva comprende diversas actividades, como son la fabricación, la importación, la exportación, la comercialización, etc. Y una licencia puede abarcar todas las actividades incluidas en el derecho exclusivo o solamente una parte de ellas (patente de fabricación, de comercialización, de exportación, etc.). La licencia puede también delimitarse geográfica y temporalmente. Así, podría otorgarse una licencia sobre una patente española para solamente una o varias comunidades autónomas, o podría darse la licencia sin limitación geográfica, en cuyo caso el ámbito de la licencia coincidiría con el de la patente: la totalidad del territorio nacional. En el aspecto temporal, la duración de la licencia puede coincidir con la de la patente licenciada, o ser más corta. En este último caso, transcurrida la duración de la licencia, el titular podrá volver a otorgar una nueva licencia, distinta, sobre la patente, durante el plazo restante de vigencia de la patente.

El titular de la patente licenciada puede ejercitar acciones por violación del derecho licenciado frente a cualquier licenciatario que exceda alguno de los límites de la licencia establecidos en el contrato. En caso de silencio en el contrato, se presumen cedidas todas las facultades posibles, durante toda la duración de la patente.

2. Clases de licencias

2.1. CONTRACTUALES O VOLUNTARIAS

La licencia voluntaria, libremente pactada por los interesados, se puede otorgar de modo exclusivo o no exclusivo. Salvo pacto en contrario, las licencias de patente no son exclusivas, por lo que, a falta de pacto, el licenciante podrá conceder licencias a otras personas y explotar por sí mismo la patente. En las licencias exclusivas, el licenciante no puede otorgar otras licencias y tampoco podrá explotar la invención en el ámbito geográfico para el que ha otorgado la licencia, a no ser que se hubiera reservado expresamente ese derecho en el contrato (art. 83.6 LP).

2.2. OBLIGATORIAS

Las licencias obligatorias son las que pueden obtenerse sin el consentimiento del titular de la patente. Se conceden por falta o insuficiencia de explotación de la invención patentada, por necesidad de la exportación, dependencia entre las patentes o por existir motivos de interés público (art. 91 LP).

2.3. DE PLENO DERECHO

En este caso, el titular de la patente hace un ofrecimiento declarando por escrito a la OEPM que está dispuesto a autorizar la utilización de la invención a cualquier interesado, en calidad de licenciatario. Cualquier interesado puede aceptar esa oferta de licencia, que será no exclusiva y, a todos los efectos, licencia contractual (arts. 87, 88 y 89 LP).

3. Obligaciones de las partes

3.1. OBLIGACIONES DEL LICENCIANTE

El licenciante responde por la titularidad y validez de la patente y por su funcionamiento idóneo. Respecto a la primera obligación, el artículo 85 establece dos supuestos en los que debe responder el licenciante: por carecer de la titularidad o de las facultades necesarias para el otorgamiento de la licencia, y cuando se retire o deniegue la solicitud o se declare la nulidad de la patente. Respecto al funcionamiento de la patente, el artículo 86 LP regula una responsabilidad frente a terceros por los daños y perjuicios ocasionados a terceras personas por defectos inherentes a la invención objeto de la solicitud o de la patente.

Además, el licenciante se obliga a poner a disposición del licenciatario, salvo pacto en contrario, los conocimientos técnicos que posea y que resulten necesarios para proceder a una adecuada explotación de la invención. A su vez, el licenciatario deberá adoptar las medidas necesarias para evitar la divulgación de aquellos conocimientos secretos (art. 84 LP).

3.2. Obligaciones del licenciatario

La principal obligación del licenciatario es retribuir al licenciante mediante el pago de regalías. La cuantificación de las regalías normalmente varía según la intensidad del uso que realice el licenciatario sobre el derecho licenciado. El modo de cálculo de esas regalías (sobre volumen de ventas, cifra de negocio, cantidad fija por unidad, etc.) es uno de los puntos más importantes del contrato de licencia, así como la periodicidad con la que han de pagarse.

En las licencias exclusivas, es normal fijar un mínimo a pagar por el licenciatario en concepto de regalías. Es importante prever ese mínimo ante el riesgo de que el licenciatario en exclusiva no realice operaciones de explotación del derecho licenciado, o que la explotación se realice, pero con resultados muy inferiores a los previstos por el licenciante.

El hecho de que la licencia sea exclusiva tiene importancia también para legitimar al licenciatario para el ejercicio de las acciones frente a terceros por infracción de la patente. En virtud del artículo 117.2 LP, salvo pacto en contrario, el licenciatario en exclusiva podrá ejercitar en su propio nombre todas las acciones que en la ley se reconocen al titular de la patente frente a los terceros que infrinjan su derecho, no pudiendo ejercitarlas el concesionario de una licencia no exclusiva.

4. *Publicidad registral y eficacia frente a terceros*

Para que los terceros puedan conocer con seguridad la titularidad y las cargas que recaen sobre el derecho de propiedad industrial registrado, deben inscribirse en el correspondiente registro de la OEPM las transmisiones, negocios jurídicos, derechos reales, embargos y actos de toda clase que afecten a la titularidad y puedan tener efectos frente a terceros. Así, para que el licenciatario de patente pueda invocar frente a terceros de buena fe su condición, es necesario que inscriba esa licencia en el registro de patentes de la OEPM. La licencia que no figure inscrita sólo producirá efectos *inter partes*, pero no frente a terceros.

5. *Extinción del contrato de licencia de patente*

Aparte de las causas específicamente pactadas por las partes en el contrato, también son causas de extinción de la licencia de patente las causas generales de extinción de las obligaciones y contratos. Una de las causas de extinción más frecuente es el incumplimiento del contrato por el licenciatario, bien porque no paga las regalías debidas al licenciante, bien porque no alcanza los niveles mínimos de facturación pactados en el contrato.

6. *Cesión de patente*

La cesión es la transmisión de la titularidad plena sobre el derecho de patente. La transmisión de la propiedad supone la transferencia al cesionario de la totalidad de las facultades que integran el derecho de exclusiva cedido. Y también supone la posibilidad de que el cesionario transmita a su vez la titularidad que ha adquirido. El acto de transmisión de la patente debe inscribirse en el registro de patentes de la OEPM. Aunque la inscripción no afecta a la validez de los actos que se inscriben, es necesaria para invocarlos con eficacia frente a terceros de buena fe (art. 79.2 LP).

El régimen jurídico de obligaciones de las partes es básicamente el mismo que el de la licencia, por lo que el cedente responde por la titularidad y validez de la patente y por su funcionamiento idóneo y, además, se obliga a poner a disposición del adquirente, salvo pacto en contrario, los conocimientos técnicos que posea y que resulten necesarios para proceder a una adecuada explotación de la invención. La principal y prácticamente única obligación contractual del cesionario es pagar al cedente, en los términos pactados, el precio pactado por la solicitud de patente o patente cedida.

En cuanto a la obligación del cedente de abstenerse de impugnar la patente ya cedida, no contemplada en la Ley de Patentes, viene impuesta por la actuación de buena fe del cedente, cuya delimitación objetiva es preferible que conste en el contrato a través de una cláusula en virtud de la cual el cedente se obliga a no impugnar la patente con posterioridad a la cesión.

II. Licencia y cesión de marca

1. *Concepto y alcance de la licencia*

Mediante el contrato de licencia de marca, el licenciatario es autorizado por el titular de la misma para utilizarla, pudiendo designar con esa marca los servicios prestados o los productos fabricados o distribuidos por él mismo.

La licencia puede ser global o parcial y también puede ser exclusiva y simple (art. 48.1 LM). La licencia global comprende todos los productos y servicios para los que está registrada la marca. Por el contrario, la licencia parcial supone la autorización de uso de la marca exclusivamente para una o varias clases de productos o servicios. La licencia será exclusiva cuando se garantice al licenciatario la inexistencia de competencia, tanto por parte del propio licenciante como por parte de terceros licenciatarios. Salvo pacto en contrario, se presume que la licencia es no exclusiva o simple, y que el licenciante podrá conceder otras licencias y utilizar por sí mismo la marca (art. 48.5 LM). Si la licencia se pacta como exclusiva, se precisa que dicha exclusiva también afecta al licenciante, que no podrá usar la marca en el ámbito contratado (art. 48.6 LM).

2. *Obligaciones de las partes*

2.1. OBLIGACIONES DEL LICENCIATARIO

El efecto perseguido por el licenciatario con el contrato de licencia es la posibilidad de utilizar lícitamente la marca. Sin embargo, ello no se configura sólo como un derecho, sino también como una obligación, puesto que el licenciante, por ejemplo, está interesado en que ese uso sea efectivo para evitar la caducidad por falta de uso [art. 54.1.a) LM]. En este sentido, determinadas extralimitaciones en el uso de la marca por el licenciatario no sólo constituirán un supuesto de incumplimiento del contrato, sino también una infracción del derecho de marca del licenciante, perseguible conforme a las acciones por infracción del derecho de marca (arts. 40 y ss. LM).

Asimismo, el uso de la marca por el licenciatario debe realizarse en la forma en que está registrada. Aunque el licenciatario quiera introducir pequeñas variaciones (en el tipo de letra, en los colores, etc.) no puede hacerlo sin el consentimiento del licenciante. Hay que recordar que la marca puede incurrir en caducidad por falta de uso [art. 54.1.a) en relación con el art. 39.3.a) LM] si la forma en que se usa altera significativamente la marca registrada. Igualmente, el uso debe ser adecuado no sólo en cuanto a la forma, sino también en cuanto a las características de los productos o servicios marcados, que deben ser acordes a las normas de calidad impuestas por el licenciante, En este sentido, el artículo 48.2 LM establece como un supuesto de infracción del derecho exclusivo de marca el hecho de no respetar dichas disposiciones contractuales relativas a la calidad de los productos fabricados o de los servicios prestados por el licenciatario.

Por último, la obligación de pago reviste una gran importancia al ser la licencia, en general, onerosa, pudiendo revestir diversas modalidades, según lo pactado por las partes.

2.2. Obligaciones del licenciante

Cabe destacar el pacto de responsabilidad por la titularidad de la marca, por el que el licenciante garantiza que es titular de la marca, y que tiene facultad para conceder la licencia (por ejemplo, no la tendría si ya hubiera concedido una licencia exclusiva para el mismo territorio).

Y, cabe destacar también el pacto de control por parte del titular de que los productos comercializados o los servicios prestados con la marca licenciada cumplen las características de los productos o servicios originales. A pesar de que el artículo 48.2 LM confía a la voluntad del licenciante el establecer normas contractuales relativas a la naturaleza o a la calidad de los productos fabricados o de los servicios prestados por el licenciatario (la LM no exige que el titular controle la calidad de los productos o servicios que se designen con la marca licenciada) es común pactar ese control.

3. *Publicidad registral y eficacia frente a terceros*

A pesar del carácter consensual del contrato, si se pretende que dicho contrato tenga efecto más allá de las partes, deberá inscribirse en el Registro de Marcas. La licencia sólo podrá oponerse a terceros de buena fe una vez inscrita (art. 46.3 LM).

4. *Extinción del contrato de licencia de marca*

Aparte de la terminación del contrato derivada de la existencia de un plazo de duración pactado, la licencia puede extinguirse tanto por las causas generales de terminación de los contratos (por ejemplo, resolución por incumplimiento) como por la extinción del derecho de marca en sí, quedando el contrato sin objeto. En este sentido, la nulidad de la marca (arts. 51 y 52 LM) o la caducidad de la misma (art. 54 LM), así como la renuncia a la marca por parte del titular de la misma (art. 56 LM), producen la extinción del contrato. En el caso de la renuncia, si la licencia está inscrita en el Registro de Marcas, precisa del consentimiento del licenciatario (art. 56.3 LM).

5. *Cesión de marca*

La cesión de la marca supone que el cesionario deviene nuevo titular de la misma. El artículo 46.2 LM expresa la autonomía de la marca, que se refleja en la posibilidad de su transmisión independiente de la transmisión de la totalidad o de parte de la empresa. No obstante, dicha autonomía no es absoluta, lo que se aprecia en la presunción *iuris tantum* de cesión de la marca en el caso de cesión de la empresa en su totalidad (art. 47.1 LM).

Es importante también la referencia a la inscripción registral de la cesión. La inscripción de la transmisión en el Registro de Marcas es necesaria para hacerla oponible frente a terceros de buena fe.

En cuanto a las obligaciones del cesionario, la fundamental consiste en el pago de un precio a cambio de la transmisión de la marca adquirida. En cuanto a las obligaciones del cedente, son básicamente transmitir la titularidad de la marca y garantizar la posesión legal y pacífica de la marca transmitida.

III. Licencia de *know-how*

El contrato de licencia de *know-how* es un contrato atípico, que se puede definir como aquel negocio jurídico en virtud del cual una de las partes (el licenciante), titular de un *know-how* (saber cómo hacer) autoriza a su contraparte (el licenciatario) a explotarlo durante un tiempo determinado y, con ese fin, se obliga a ponerlo en su conocimiento, Asimismo, el licenciatario se obliga a satisfacer un precio por el uso de una tecnología o unos conocimientos que no están al alcance de terceros.

En este contrato intervienen dos partes: por un lado, el licenciante, o normalmente un empresario que, a través de su experiencia en un determinado ámbito de negocio, ha conseguido una serie de conocimientos técnicos o comerciales difícilmente patentables o que, sencillamente, prefiere mantener protegidos mediante el secreto. En cualquier caso, debe ser quien haya obtenido dichos conocimientos de forma lícita y está facultado para compartirlos con terceros. A diferencia del titular de patente o de marca, el licenciante de *know-how* carece de un derecho exclusivo respecto del que realizar actos de disposición. Por ello, no se habla de un registro del contrato, ni de la oponibilidad a terceros, ni de nulidad o caducidad de un derecho, etc. Aquí, el objeto de la negociación es el propio secreto, por lo que las obligaciones derivadas del contrato son básicamente obligaciones de hacer, incluyendo en algunos casos prestaciones de asistencia técnica, por ejemplo, cuando la tecnología licenciada es compleja. Por otro lado, está el licenciatario o alguien interesado en conocimientos empresariales, aunque no estén patentados, que deberá colaborar con el licenciante en el mantenimiento del secreto, puesto que sin ello el *know-how* dejaría de tener valor.

La licencia será más o menos amplia, pudiendo extenderse a todos los productos o servicios para los que es utilizado por el titular; la licencia será exclusiva o no exclusiva, implicando en el primer caso una obligación de no hacer por parte del licenciante. Al no tratarse aquí de derechos exclusivos, es difícil considerar la idea de «cesión o transmisión» de *know-how*, ya que realmente no cabe la cesión en el sentido de cambiar la titularidad del *know-how*, como se haría en el caso de la cesión de patente, puesto que el secreto se puede compartir pero no cabe desprenderse de un secreto, a diferencia de los bienes inmateriales como la patente o la marca, que sí son de titularidad exclusiva y transmisibles implicando que uno se desprenda de ellos.

Una causa especial de terminación del contrato es la pérdida del secreto de manera sobrevenida, sin culpa del licenciatario, por lo que este no estaría obligado a seguir cumpliendo con su contraprestación y podría denunciar el contrato. En caso de culpa del licenciatario, deberá indemnizar al licenciante no sólo por el lucro cesante (los ingresos que habría tenido si el contrato se hubiera mantenido), sino también por el daño emergente (el valor del secreto que se ha perdido).

Con ocasión de la extinción del contrato, surge para el licenciatario la obligación de cesación en el uso del *know-how* del licenciante, manteniéndose su obligación de secreto en tanto en cuanto el *know-how* siga siendo secreto y teniendo un valor empresarial. Finalmente, al igual que sucede cuando se extingue un contrato de licencia de patente o de marca, para conocer lo que ocurre con el stock remanente de productos obtenidos mediante la técnica o conocimiento licenciado, habrá que estar a lo pactado por las partes.

IV. **Contratos publicitarios**

1. *Introducción*

Los contratos publicitarios son negocios jurídicos a través de los cuales se desarrolla la actividad publicitaria y se establece la relación entre los sujetos jurídico publicitarios (anunciante, agencia y medios), con objeto de que el mensaje publicitario llegue a la persona consumidora o usuaria, quien en ningún caso es parte de los mencionados contratos.

Cada uno de los sujetos jurídico-publicitarios participa en la contratación publicitaria desde su posición. Así, el anunciante es la persona en cuyo interés se realiza la publicidad, de ahí que sea el sujeto emisor del mensaje. La agencia, es el sujeto que elabora técnicamente el mensaje o campaña publicitaria y los medios son el instrumento para la difusión de ese menaje.

Los contratos publicitarios están regulados en los artículos 8 a 22 de la Ley 34/1988, General de Publicidad, de 11 de noviembre (LGP) y su contenido general está articulado conforme a las siguientes previsiones:

1) Responsabilidad por daños a terceros. El artículo 11 LGP prohíbe incluir en los contratos publicitarios cláusulas de exoneración o limitación de responsabilidad, en el caso de responsabilidad extracontractual por daños derivados de la campaña publicitaria. En este sentido, también se prohíbe la inclusión de cualquier cláusula que, directa o indirectamente, garantice el rendimiento económico o los resultados comerciales de la publicidad o se prevea la exigencia de responsabilidad por esta causa (art. 12 LGP).

2) Derecho de control del anunciante sobre la ejecución de la campaña publicitaria (art. 10 LGP). Organizaciones sin fines lucrativos de anunciantes, agencias de publicidad y medios de difusión garantizan este derecho, comprobando la difusión de los medios, tiradas y ventas de publicaciones.

3) Obligación de los anunciantes de desvelar inequívocamente la naturaleza publicitaria de los anuncios. Asimismo, los medios deslindarán perceptiblemente las afirmaciones informativas de las alegaciones publicitarias (art. 9 LGP).

Son contratos sinalagmáticos, onerosos, bilaterales, nominados, típicos, complejos y normalmente son contratos de naturaleza mercantil.

En relación con la extinción de estos contratos, la LGP no prevé un régimen de la extinción de estos contratos. Por lo tanto, serán de aplicación las reglas generales de terminación del contrato de obra. Esto es, se extinguirán por mutuo acuerdo de las partes, por el cumplimiento del contrato o por expiración del plazo de vigencia.

2. Contrato de publicidad

2.1. Concepto y regulación legal

El contrato de publicidad es el contrato por el que una de las partes, el anunciante encarga a una agencia de publicidad, a cambio de una contraprestación, la preparación o programación, creación y la ejecución de la publicidad (art. 13 LGP).

2.2. Sujetos de la relación obligatoria

Las partes del contrato son el anunciante y las agencias de publicidad: a) El anunciante, es la persona natural o jurídica en cuyo interés se realiza la publicidad; b) Las agencias de publicidad, son las personas naturales o jurídicas que se dedican profesionalmente y de manera organizada a crear, preparar, programar o ejecutar la publicidad por cuenta de un anunciante (art. 8 LGP).

2.3. Obligaciones y derechos de las partes, objeto y forma

El objeto del contrato es la creación, programación y ejecución de la publicidad y la contraprestación que deberá de abonar el anunciante. En el caso de que la agencia realice también la creación publicitaria, ésta quedará regulada también por las normas del contrato de creación publicitaria, de forma que la naturaleza del contrato sería mixta.

Entre las obligaciones de las partes, es de interés subrayar que tanto el anunciante como la agencia deberán de abstenerse de utilizar cualquier idea, información o material publicitario suministrado *inter partes* para fines distintos de los pactados en el contrato (art. 14 LGP).

En ese sentido, si la agencia no realiza la publicidad conforme a los elementos esenciales, instrucciones expresas del anunciante o términos del contrato, el anunciante podrá exigir una rebaja de la contraprestación pactada o la repetición total o parcial de la publicidad en los términos pactados y, en ambos casos, la indemnización de daños y perjuicios (art. 15 LGP). Igualmente, si la agencia injustificadamente no realiza la publicidad o lo hace extemporáneamente, el anunciante podrá resolver el contrato y exigir la devolución de lo pagado, además de la indemnización correspondiente (art. 16 LGP). Ahora bien, si es el anunciante quien incumple o resuelve el contrato de forma injustificada y unilateral, la agencia tendrá derecho a exigirle la correspondiente indemnización de daños y perjuicios causados, quedando a salvo los derechos de la agencia por la publicidad realizada antes del cumplimiento (art. 16 LGP).

En la mayoría de los casos el contrato de publicidad se celebra por escrito, sin perjuicio de que sea válido verbalmente, planteando en este caso un problema de prueba (arts. 1254, 1278 CC) [Sentencia del Tribunal Supremo (Sala de lo Civil), de 24 mayo 1980 (RJ 1980\1964)].

2.4. Plazo y ejercicio de las acciones

El plazo de prescripción para el ejercicio de las acciones es el general para las acciones personales (art. 1964 CC) que, conforme a la modificación de la Ley 42/2015 de 5 de octubre (RCL 2015, 1525) es de 5 años.

3. *Contrato de difusión publicitaria*

3.1. CONCEPTO Y REGULACIÓN LEGAL

El contrato de difusión publicitaria es aquél por el que una parte, el medio de publicidad, se obliga a favor de otra, cliente o agencia, a permitir la utilización publicitaria de unidades de espacio o de tiempo disponibles y a desarrollar la actividad técnica necesaria para lograr el resultado publicitario, a cambio de una contraprestación fijada en tarifas preestablecidas (art. 17 LGP).

3.2. SUJETOS DE LA RELACIÓN OBLIGATORIA

Unas de las partes es el anunciante o agencia de publicidad y la otra el medio de publicidad. Así, pueden contratar con el medio: a) El anunciante o persona natural o jurídica en cuyo interés se realiza la publicidad; b) Las agencias de publicidad, personas naturales o jurídicas que se dedican profesionalmente y de manera organizada a crear, preparar, programar o ejecutar la publicidad por cuenta de un anunciante (art. 8 LGP).

El medio de difusión será la otra parte del contrato de difusión y son aquellas personas naturales o jurídicas, públicas o privadas, que, de manera habitual y organizada, se dediquen a la difusión de publicidad a través de los soportes o medios de comunicación social cuya titularidad ostenten.

3.3. OBLIGACIONES Y DERECHOS DE LAS PARTES, OBJETO Y FORMA

La obligación principal del medio es que ha de cumplir con la obligación contraída, sin que exista alteración, defecto o menoscabo de los elementos esenciales de la publicidad pactada. Si incumpliera la obligación contraída, estará obligado a ejecutar de nuevo la publicidad en los términos convenidos y, si la repetición no fuere posible, el anunciante o la agencia podrán exigir la reducción del precio y la indemnización de los perjuicios causados (art. 18 LGP).

Salvo causa de fuerza mayor, en el supuesto de que el incumplimiento se corresponda con la falta de difusión de la publicidad, el anunciante o la agencia podrán optar entre exigir la difusión posterior en las mismas condiciones pactadas o denunciar el contrato con devolución de lo pagado. En todo caso, se tendrá derecho a la indemnización de los daños y perjuicios.

Por otra parte, si la falta de difusión es imputable al anunciante o a la agencia, estos sujetos deberán de satisfacer el precio íntegro al medio, así como abonar la correspondiente indemnización, salvo que el medio hubiera podido ocupar total o parcialmente los espacios y unidades de tiempo.

La inserción de la publicidad en el medio correspondiente y conforme a las condiciones de unidades de tiempo o espacio pactadas, constituye el objeto del contrato. De ahí que, conforme al resultado publicitario buscado, su naturaleza es próxima a la de un arrendamiento de obra.

Habitualmente es un contrato que se realiza por escrito. Ahora bien, sería igualmente válido si se celebrase de cualquier otra forma, en cuyo caso podría darse un problema de prueba. Por ello lo pertinente es la forma escrita y que se definan con la mayor exactitud posible las obligaciones asumidas por cada una de las partes, en particular, aquellas que se refieran a la franja horaria en que se emita la publicidad, en el caso de la radio o televisión, el tipo de página en que se insertará el anuncio, así como el tamaño y la periodicidad si es un medio de comunicación escrito y, finalmente, el plazo y el precio por el que ambas partes se vinculan por esta modalidad contractual.

Se entiende que hay incumplimiento cuando la difusión es absolutamente ineficaz para los fines de difusión de la actividad que pretenda el contratante. Así, por ejemplo, cuando haya un cúmulo de errores, como puede ser recurrir a profesionales que no pertenecen al servicio, omitir otros que sí pertenecen, fotografiar con defectos el grupo profesional o no actualizar apartados de productos, servicios y/o instalaciones.

3.4. PLAZO Y EJERCICIO DE LAS ACCIONES

A falta de norma expresa, la prescripción de las acciones derivadas de este contrato, están sujetas al plazo de prescripción de cinco años, que es el plazo previsto para las acciones personales que no tengan señalado un término especial (art. 1964 CC)

(Sentencia n.º 39/2013 AP de Madrid, Sección 8.ª, de fecha 4 de febrero de 2013).

4. Contrato de creación publicitaria

4.1. CONCEPTO Y REGULACIÓN LEGAL

El contrato de creación publicitaria es aquél por el que, a cambio de una contraprestación, una persona física o jurídica se obliga a favor del anunciante o agencia a idear y elaborar un proyecto de campaña publicitaria, una parte de la misma o cualquier otro elemento publicitario (art. 20 LGP) [(Sentencia n.º 70/2015 AP de Barcelona, Sección 15.ª, de 24 de marzo de 2015 (JUR 2015, 124759)].

4.2. Sujetos de la relación obligatoria, objeto y forma

Las partes del contrato son el anunciante o la agencia de publicidad y el creador, que puede ser una persona física o jurídica. Así, pueden contratar con el creador: a) El anunciante o persona natural o jurídica en cuyo interés se realiza la publicidad; b) Las agencias de publicidad, personas naturales o jurídicas que se dedican profesionalmente y de manera organizada a crear, preparar, programar o ejecutar publicidad por cuenta de un anunciante (art. 8 LGP).

El objeto del contrato es la creación publicitaria, esto es, el diseño, proyecto o definición del contenido de un anuncio (mensaje, eslogan, símbolos). Sin embargo, el objeto no es la ejecución del contrato, dado que si así fuera se estaría ante un contrato de publicidad.

Al igual que para el resto de los contratos, no se exige forma específica alguna, esto es, rige el principio de libertad de forma. De ahí que se puedan formalizar de forma verbal o escrita. El Tribunal Supremo, como se ha adelantado, resolvió en sentencia de 24 de mayo de 1080 (RJ 1980, 1964) que los contratos publicitarios verbales se prueban por cualquier medio, y su existencia y amplitud se confirma con la conducta del anunciante que se aquieta ante toda la actividad desplegada en su provecho.

4.3. Obligaciones y derechos de las partes

La obligación fundamental del creador es realizar la obra en tiempo y conforme a las condiciones pactadas. Tomando en consideración que la obra publicitaria es una creación del espíritu y tiene una finalidad comercial en relación a un producto o servicio. Por ello, la creación abarcará todas las actuaciones técnicas necesarias para realizar la comunicación publicitaria: bocetos, proyectos iniciales y obra completa o acabada. Asimismo, el creador ha de seguir las instrucciones la otra parte contractual (anunciante o agencia) relativas a la construcción del mensaje y los productos o servicios que se comercializan.

El pacto de confidencialidad impedirá a las partes difundir a terceros la creación publicitaria, correspondiendo al creador la cesión de los derechos de explotación de la creación publicitaria en exclusiva al anunciante o a la agencia, siempre para los fines previstos en el contrato y salvo que se pacte en sentido contrario (art. 21 LGP).

Las creaciones publicitarias podrán gozar de los derechos de propiedad industrial o intelectual, cuando reúnan los requisitos exigidos por las disposiciones vigentes.

5. *Contrato de patrocinio*

5.1. CONCEPTO Y REGULACIÓN LEGAL

La LGP dedica un único artículo a este tipo de contrato, a través del cual recoge el concepto de este contrato y remite a las disposiciones del contrato de difusión publicitaria en todas aquéllas cuestiones que resulten de aplicación supletoria. En este sentido, el artículo 22 LGP define el contrato de patrocinio publicitario a la relación mediante la cual el patrocinado, a cambio de una ayuda económica para la realización de su actividad deportiva, benéfica, cultural, científica o de otra índole, se compromete a colaborar en la publicidad del patrocinado.

El patrocinador no ha de ser necesariamente un empresario o profesional. Puede serlo cualquiera. Es suficiente con que se haga explícita la colaboración del patrocinador en las comunicaciones publicitarias o difundidas por medios publicitarios. Igualmente, el patrocinado puede serlo cualquiera que lleve a cabo una actividad deportiva, benéfica, cultural, científica o de otra índole.

5.2. SUJETOS DE LA RELACIÓN OBLIGATORIA, OBJETO Y FORMA

Las partes que intervienen en el contrato son dos y en ambos casos pueden ser personas físicas o jurídicas: a) El patrocinador, que es el sponsor o anunciante; b) El patrocinado, que es el sujeto que se compromete a colaborar en la publicidad en la forma pactada.

El objeto del contrato es la realización de la publicidad, susceptible de materializarse de distintas formas: equipamiento, materiales o como ocurre en el patrocinio televisivo, la asociación de la marca o producto de un anunciante a los distintos programas que integran la parrilla de los programas de una cadena de televisión concreta.

También en este contrato publicitario rige la libertad de forma y puede celebrarse por escrito o de forma verbal, siempre que integre los elementos esenciales de los contratos (consentimiento, objeto y causa) (art. 1254 CC).

5.3. OBLIGACIONES Y DERECHOS DE LAS PARTES

El patrocinador asume las siguientes obligaciones mediante esta relación jurídica: a) Abonar o satisfacer la contraprestación económica; b) Controlar los actos publicitarios conforme a los dispuesto en la LGP; c) Proteger la imagen del patrocinado evitando actos que le perjudiquen o dañen.

Por otra parte, el patrocinado asume las siguientes: a) Estar a disposición del patrocinador colaborando con la publicidad y promoción en la forma pactada (llevando los logos del patrocinador, por ejemplo); b) Atender a las normas de la cesión de los derechos de imagen, derecho este último que es individual, inalienable e indisponible. En el caso de que el patrocinado rescindiera la cesión, el patrocinador puede solicitar una indemnización de daños y perjuicios, acreditando los mismos especialmente en relación al lucro cesante; c) no realizar actos que lesionen la imagen o marca del patrocinador. Es un contrato desarrollado fundamentalmente en el ámbito deportivo.

En todo caso, la resolución por incumplimiento, estará supeditada al incumplimiento de una obligación esencial del contrato.

Fuentes legales

Ley 24/2015 de Patentes; Ley 17/2001 de Marcas. Ley 34/1988, General de Publicidad, de 11 de noviembre; Ley 3/1991, de 10 de enero, de Competencia Desleal; Código Civil.

Bibliografía seleccionada

BERCOVITZ, A., «Introducción a la problemática jurídica de las licencias», en AA.VV., *Estudios sobre el futuro Código Mercantil. Libro homenaje al profesor Rafael Illescas Ortiz*, Universidad Carlos III, Madrid, 2015.

MARTÍNEZ ESCRIBANO, C. – HERRERO SUÁREZ, C. – MARTÍN GARCÍA, L. – HERNÁNDEZ RICO, J.M., Derecho de la Publicidad, Thomson Reuters, Cizur Menor (Navarra), 2015.

Practicum Contratos Mercantiles, 2019, Thomson Reuters, Cizur Menor (Navarra), 2019

Jurisprudencia básica

1. SAP de Burgos núm. 392/2017 de 27 de julio (AC 2017|1216). La demandada carece de legitimación pasiva para soportar la acción de violación de la patente europea ejercitada en la demanda, al limitarse a ejecutar un modelo de utilidad en virtud de contrato de licencia.

2. SAP de Granada núm. 17/2018 de 25 de enero (AC 2018\573). Resuelto el contrato de licencia de patente, se continuó elaborando el producto (embutidos de huevas de pescado) según la patente de la actora.

3. Sentencia del Tribunal Supremo (Sala de lo Civil), de 24 mayo 1980 (RJ 1980\1964), resolviendo que los negocios publicitarios, en cuanto que consensuales, se perfeccionan por el mero acuerdo de los contratantes, sin que exista disposición alguna que imponga la forma escrita.

4. Sentencia n.º 39/2013 AP de Madrid, Sección 8.ª, de 4 de febrero de 2013 (JUR 2013\73048), sobre reclamación de cantidad por la publicidad realizada consistente en la elaboración de cuñas y emisión de facturas por las mismas.

5. Sentencia n.º 70/2015 AP de Barcelona, Sección 15.ª, de 24 de marzo de 2015 (JUR 2015, 124759), resolviendo la falta de legitimación pasiva de la demandada a la que no une vínculo contractual alguno con el demandante creativo sino con una tercera empresa, que fue la que recurrió a los servicios del publicista creativo.

Materiales de autoevaluación

Preguntas test

1. La licencia de patente:

a) transmite al licenciatario la titularidad de la patente
b) ofrece al licenciante, a cambio de una regalía, la titularidad de la patente
c) autoriza al licenciatario para explotar la invención patentada
d) autoriza al licenciatario a otorgar otras licencias

2. ¿En qué caso el licenciante podrá explotar por sí mismo la patente?:

a) en todo caso
b) en ningún caso
c) en la licencia exclusiva
d) en la licencia no exclusiva

3. La agencia de publicidad Publis, SL ha contratado a una prestigiosa creativa para realizar, programar y ejecutar una campaña publicitaria de gafas de sol para la temporada de nieve de este año, por cuenta de una empresa anunciante, Sunglasses, SA, con el que la agencia ha suscrito:

a) Un contrato de creación. De ahí que la agencia haya contratado a la prestigiosa creativa para realizar la campaña.
b) Un contrato de publicidad, dado que no sólo tiene que crear una campaña sino también ha de programarla y ejecutarla.

4. La agencia de publicidad Publis, SL ha contratado con la televisión autonómica la difusión de una campaña de publicidad para promocionar gafas de sol para la temporada de nieve de este año del anunciante Sunglasses, SA, campaña que comienza el 15 de diciembre y cuya cuña publicitaria ha de emitirse antes de las noticias nocturnas. Sin embargo, la entidad televisiva autonómica ha emitido el anuncio antes de las noticias del mediodía. De ahí que la agencia y el anunciante decidan reclamar a la televisión autonómica por incumplimiento, con objeto de exigir a la televisión autonómica:

a) Que difunda de nuevo la publicidad en el horario previsto (antes de las noticias nocturnas) o, si no fuera posible, el anunciante o la agencia exigirán la resolución del contrato con devolución de lo pagado por la publicidad incorrectamente difundida, más la correspondiente indemnización.

b) Que difunda de nuevo la publicidad en el horario previsto (antes de las noticias nocturnas) o, si no fuera posible, el anunciante o la agencia exigirán la reducción del precio y la indemnización por los perjuicios causados.

5. Un jugador de fútbol patrocinado por Adidas cumple sus compromisos contractuales usando botas de fútbol de Adidas. Sin embargo, un día sale al campo con botas de fútbol Nike. Estaríamos:

a) Ante un incumplimiento total del contrato de patrocinio y se le aplicarán las normas de responsabilidad del contrato de difusión.

b) Ante un incumplimiento defectuoso del contrato de patrocinio y se le aplicarán las normas de responsabilidad del contrato de difusión.

Indicar la corrección o incorrección de las siguientes aseveraciones razonando la respuesta

1.ª «Por el contrato de cesión de marca, el titular de la marca transmite un derecho de uso de la misma, a cambio de un precio».

2.ª «En el contrato de licencia de marca es ineficaz el pacto de control por parte del titular de las características de los productos o servicios que se designen con la marca licenciada».

3.ª «En el caso del licenciatario de *know-how*, la obligación de secreto puede subsistir incluso tras la finalización del contrato».

4.ª En el contrato de publicidad suscrito entre un fabricante de raquetas de tenis y una agencia de publicidad, se recoge una cláusula relativa a la contraprestación por la programación, diseño y ejecución de una campaña, contraprestación que depende de la cifra de ventas que tenga el fabricante durante el periodo de difusión de la campaña.

5.ª Un fabricante de perfume encarga a una agencia de publicidad la proyección, planificación y ejecución de una campaña publicitaria. Teniendo en cuenta la especificidad de la campaña, la agencia contrata para ello un creativo especialista en campañas de perfumes. Sin embargo, una vez difundida la campaña, el creativo es demandado por un competidor del fabricante que ha encargado la publicidad, fundamentando su demanda en que se han vulnerado los derechos de autor de su campaña publicitaria.

Lección 6

El contrato de transporte (I): el contrato de transporte terrestre. El contrato de transporte multimodal[1]

Sumario. I. Introducción. consideraciones previas.—II. Concepto, naturaleza y modalidades de transporte.—III. El contrato de transporte terrestre. 1. La regulación del contrato de transporte terrestre: rasgos principales. 2. La forma del contrato: la carta de porte. 3. Los sujetos del contrato de transporte terrestre. 4. Las obligaciones del cargador y del porteador. 5. La responsabilidad del porteador terrestre: fundamento, supuestos de exoneración, limitación y pérdida del derecho al límite resarcitorio. 6. Ejercicio y plazo de las acciones de reclamación.—IV. El contrato de transporte multimodal. 1. Características específicas del contrato de transporte multimodal. 2. Régimen aplicable.

I. Introducción: consideraciones previas

el transporte es una actividad esencial en el desarrollo económico de un país. El traslado y la distribución de productos constituye una necesidad ineludible en la vida económica, que permite que las ciudades y pueblos cuenten con los productos necesarios para abastecer a su población, y que ésta pueda transitar de un lugar a otro cualquiera que sea la razón que

---

[1] La lección 6 ha sido redactada por Alberto Emparanza Sobejano, Catedrático de Derecho Mercantil.

lo motive. Sin una red de transporte que posibilite dichos intercambios, no sería factible que la sociedad actual dispusiera del nivel de prestaciones y calidad que se ha logrado. Y dicho sistema requiere una organización jurídica que, por una parte, vele por la adecuada oferta de tales servicios en régimen de libre competencia, de forma que los usuarios puedan contar con transportes de calidad, rápidos y fiables y, por otra parte, disponga de un marco de referencia normativo que regule la relación contractual entre los operadores del transporte y los usuarios, que haga posible que los servicios prestados sean satisfactorios para ambas partes.

La importancia económica del transporte explica la intervención de la regulación jurídico-pública en su ordenación, para que regule de forma abierta y transparente el mercado de servicios de transporte. La consecución de dicho objetivo se ha logrado en el ámbito terrestre con la Ley de Ordenación del Transporte Terrestre de 1987 (en adelante, LOTT) y, en menor medida con la Ley 39/2003, de 17 de noviembre, del Sector Ferroviario modificada por la Ley 38/2015, de 29 de septiembre. Estas normas han pretendido generar las condiciones necesarias para que pueda implantarse un mercado de transporte terrestre eficiente, que proteja los intereses de los usuarios, y en el que los operadores han de contar con la autorización administrativa correspondiente para poder intervenir en el mismo.

II. Concepto, naturaleza y modalidades de transporte

El contrato de transporte se define como aquel contrato en cuya virtud un sujeto, denominado porteador, se compromete, a cambio de un precio, a realizar un transporte de mercancías o de viajeros, y a responder de que el traslado se ejecute debidamente con la entrega de las mercancías al destinatario, o con la llegada de los viajeros al destino acordado. La regulación del contrato de transporte, que fija las relaciones entre el porteador o transportista y el cargador o usuario, se encuentra contemplado inicialmente en los arts. 1601 al 1603 CC, aunque como se trata de una regulación abiertamente insuficiente, es necesario acudir a la normativa específica.

Así, en el ámbito del transporte terrestre de mercancías destaca la Ley 15/2009 de 11 de noviembre del contrato de transporte de mercancías terrestre (en adelante, LCTTM) que regula el régimen aplicable a dicha modalidad de transporte. Y, por lo que se refiere al transporte de viajeros, su regulación se encuentra recogida de forma fragmentaria en la Ley 16/1987, de 30 de julio, de Ordenación de los Transportes Terrestres (en adelante, LOTT), y en el Reglamento 1211/1990, de 28 de septiembre, de Ordenación de Transportes Terrestres (en adelante, ROTT), sin olvidar el régimen del contrato de transporte ferroviario de viajeros previsto en el art. 59 de la Ley 39/2003, de 17 de noviembre, del Sector Ferroviario (en adelante, LSF) y en los arts. 86 y ss. del Real Decreto 2387/2004, de 30 de diciembre, por el que se aprueba el Reglamento del Sector Ferroviario (en adelante, RSF).

El contrato de transporte de mercancías se inscribe dentro de la categoría de los contratos de arrendamiento de obra, en los que el contratista asume una obligación de resultado consistente en la realización de la tarea que se le ha encomendado. La prestación de desplazamiento de las mercancías constituye el objeto central del contrato de transporte. El porteador asume una obligación de resultado, esto es, la realización del desplazamiento y entrega de las mercancías al destinatario, que, de no realizarse debidamente, hace recaer sobre el porteador la responsabilidad por dicho incumplimiento. La obligación de resultado inherente a su caracterización como arrendamiento de obra supone que las mercancías deben ser entregadas incólumes al destinatario. De ahí que se haya querido deducir de dicha exigencia la existencia de una obligación de custodia sobre las mercancías por parte del porteador durante el tiempo en que transcurra el envío. De todos modos, dicha obligación de custodia no constituye un rasgo esencial de su carácter de arrendamiento de obra, sino una manifestación de la obligación del porteador de proteger la mercancía hasta su entrega al destinatario.

Su pertenencia a la categoría del arrendamiento de obra explica que el contrato de transporte presente una serie de rasgos comunes cualquiera que sea el medio por el que tenga lugar. Sin embargo, la regulación aplicable difiere dependiendo del medio de transporte en que se desarrolle. La evolución histórica de su regulación, la distinta intervención de los estados en su configuración y la complejidad creciente de su organización y realización explican, entre otros motivos, que cada uno de los medios de transporte cuente con una regulación específica, aunque estén presentes ciertos elementos comunes a todas las modalidades de transporte. Este carácter heterogéneo de la regulación de los contratos de transporte se ahonda aún más en el ámbito internacional en el que los convenios reguladores incluyen normalmente las características propias de la normativa de cada medio de transporte.

a) Transporte por carretera: es el contrato de transporte realizado por vehículos que transitan por carretera y que tiene objeto el traslado de mercancías en su interior. En el ámbito interno, el contrato de transporte se regula en la LCTTM, y, en el plano internacional, en el Convenio de Ginebra sobre transporte internacional de mercancías por carretera de 19 de mayo de 1956 (en adelante, CMR). Ambas normas tienen bastantes características en común, ya que el

CMR ha servido de referencia incuestionable para el legislador nacional a la hora de redactar la LCTTM.

b) Transporte ferroviario: el contrato de transporte por ferrocarril es aquel que tiene lugar a través del traslado de las mercancías por líneas ferroviarias, siendo su régimen aplicable en el ámbito interno la mencionada LCTTM, sin olvidar la aplicación de la normativa de ordenación recogida en la LSF. En el ámbito internacional rige el Protocolo de Vilnius de 3 de junio de 1999, que ha entrado en vigor en nuestro país el 1 de julio de 2006 después de su publicación en el BOE (en adelante, CIM-COTIF)

c) Transporte marítimo: es el transporte realizado por mar a través del traslado de mercancías en barco. Su importancia económica queda fuera de toda duda, por el volumen de negocio que genera, ya que más del 80 % del transporte de mercancías se traslada por mar. En el ámbito interno, el contrato de transporte marítimo se rige por la regulación contenida en la Ley 14/2014 de 24 de julio de Navegación Marítima (en adelante, LNM) para los fletamentos y transportes, esto es, tanto para los contratos que regulan la relación entre el propietario y el titular de la explotación del buque, como aquellos que plasman expresamente la relación entre el cargador y el porteador marítimo. En el ámbito internacional, el contrato de transporte marítimo se regula por el Convenio de Bruselas de 25 de de 1924, modificado por el Protocolo de Bruselas de 23 de febrero de 1968 y por el de 21 de diciembre de 1979, cuyo resultado final ha dado lugar a las denominadas Reglas de La Haya Visby. En los últimos tiempos conviene destacar la aprobación de las Reglas de Hamburgo de 1978, no ratificadas por España, y que, pese a haber entrado en vigor en 1992, han desplegado una escasa incidencia por la reducida entidad de los países firmantes; y, por último, cabría aludir asimismo al Convenio de Naciones Unidas sobre el contrato de transporte internacional de mercancías total o parcialmente marítimo, denominado las Reglas de Rotterdam, acordado el 23 de septiembre de 2019, y que todavía no ha entrado en vigor porque ha sido ratificado por un número escaso de países.

d) Transporte aéreo: es el contrato de transporte que tiene por objeto el traslado de mercancías o pasajeros en avión. El régimen jurídico de transporte de pasajeros está previsto en el Reglamento UE 889/2002 de 13 de mayo, que ha derogado en gran parte la Ley 48/1960 de 21 de julio sobre Navegación Aérea, quedando esta norma circunscrita casi exclusivamente al transporte de mercancías. Por lo que se refiere al ámbito del transporte de mercancías rige el Convenio de Montreal de 28 de mayo de 1999 (BOE de 20 de mayo de 2004).

e) Transporte multimodal: es el contrato de transporte celebrado entre el cargador y el porteador para trasladar mercancías a través de más de un medio de transporte. De este modo, con un único contrato se acuerda la realización de un transporte por distintos medios. Es una modalidad habitual en el ámbito internacional siendo su problema más relevante el determinar el régimen aplicable a la vista de que se lleva a cabo por distintos medios que poseen su propia regulación. Carece de un marco normativo específico ya que el Convenio de las Naciones Unidas de Ginebra de 24 de mayo de 1980 no está en vigor, porque no ha recibido las ratificaciones necesarias para ello, ni está prevista que las reciba a medio plazo.

III. El contrato de transporte terrestre

1. *La regulación del contrato de transporte terrestre: rasgos principales*

La LCTTM tiene como objeto y ámbito de aplicación los contratos de transporte terrestre de mercancías realizados por medios mecánicos con capacidad de tracción propia. Bajo esta regulación se incluyen todos los transportes de mercancías que se realicen por carretera o ferrocarril, y cuya realización tenga lugar a través de medios que tienen capacidad autónoma de movimiento. De este modo la LCTTM se aplica a todo contrato de transporte terrestre, con independencia de la condición profesional que revistan los intervinientes en dicho contrato. En la regulación del contrato de transporte terrestre, por tanto, lo relevante es que el contrato suponga la asunción del compromiso de la realización de un transporte terrestre de mercancías, sin que se tenga en cuenta la condición del operador que lo asume.

La LCTTM es una normativa de carácter eminentemente dispositiva, que puede ser desplazada por acuerdo de las partes intervinientes en el contrato de transporte. La razón de este carácter dispositivo reside en que la autonomía de la voluntad constituye en el ámbito del transporte terrestre de mercancías la instancia superior que mejor concilia los intereses de las partes cuando ambas están en condiciones de negociar el contenido del contrato. De esta forma, los aspectos que sean objeto de acuerdo expreso entre las partes podrán hacer que no resulte aplicable la regulación prevista a tal efecto en la LCTTM. Ese «alejamiento» de la regulación legal podrá provenir de un acuerdo expresamente pactado por las partes, o del régimen derivado de las condiciones generales incorporadas en el contrato. Sin embargo, en este último caso para que pueda admitirse la aplicación prioritaria de tales condiciones generales sobre el régimen legal dispositivo, se requiere que la aplicación de dicho régimen contractual genere al adherente una situación más beneficiosa.

El carácter dispositivo de la norma presenta una doble excepción. Por una parte, se declara expresamente que la regulación del régimen de responsabilidad del porteador (arts. 46 ss LCTTM) es de carácter imperativo, al reputarse inválida cualquier cláusula que pretenda reducir el régimen de responsabilidad del porteador previsto legalmente. Por otra parte, también se declara imperativo el régimen de prescripción previsto en el art. 78 LCTTM. De esta forma se evita que las partes puedan negociar un sistema de responsabilidad que se aparte del que se establece legalmente, o que se fije un plazo de prescripción más breve que pueda reducir las posibilidades de ejercitar una reclamación.

2. La forma del contrato: la carta de porte

El contrato de transporte terrestre es consensual pues se perfecciona a través de la concurrencia de las voluntades de las partes. No es necesario, por tanto, que para que el contrato adquiera todo su vigor, se plasme en un documento, como se deduce del art. 13.1.º LCTTM, que declara expresamente que la ausencia o irregularidad de la carta no producirá la nulidad o inexistencia del contrato. De cualquier forma, la LCTTM promueve claramente la utilización de la carta de porte, entendido como documento en el que se incluyen las condiciones del contrato de transporte. Por un parte, porque declara que deberá ser emitida en los casos en que así lo exija cualquiera de las partes (art. 10 LCTTM). Y, por otra, porque da fe de la conclusión y del contenido del contrato (art. 14 LCTTM). Esta apuesta a favor de la consagración documental del contrato tiene también su reflejo en el hecho de que si la parte requerida para emitir la carta no lo hiciera, se le entenderá desistida del contrato (art. 10.6.º LCTTM), con los indudables perjuicios que ello le puede suponer para quien no haga caso al requerimiento recibido.

La carta de porte reflejará, por tanto, el contrato de transporte celebrado con el objeto de trasladar unas determinadas mercancías. A efectos de que quede debidamente documentado, caso de que así se decida, se deberá emitir una carta de porte por cada envío (art. 10.4.º LCTTM), que contendrá las mercancías que lo integran. También debe destacarse la posibilidad de que la carta de porte se emita por medios electrónicos (art. 15 LCTTM), para lo cual las partes deberán haberse previamente puesto de acuerdo, y su formulación deberá ser respetuosa con el régimen legal previsto a tal efecto en nuestro ordenamiento.

En caso de que se emita la carta de porte, deberán redactarse tres ejemplares originales (art. 11.1.º LCTTM), de los cuales el primero será entregado al cargador; el segundo viajará con las mercancías, que podrá ser entregado al destinatario, si éste se lo exige, a fin de verificar la correspondencia de la mercancía recibida con la descrita en la carta; y el tercero quedará en poder del porteador, que podrá exigir al destinatario que le extienda en su ejemplar de la carta de porte un recibo de las mercancías entregadas (art. 12 LCTTM). Tales ejemplares deberán estar firmados por el cargador y por el porteador, de forma que quede acreditada la identidad de cada firmante.

La carta de porte incluirá las menciones contenidas en el art. 10.1.º LCTTM. Estas menciones se refieren principalmente a los datos personales de los sujetos que participan en el contrato (cargador y porteador), al lugar de emisión del documento, al lugar y fecha de recepción y de posterior entrega de las mercancías, al número de bultos y naturaleza de las mercancías reflejando el peso que revisten y el embalaje que presentan, y por último, al precio del transporte y a la identidad de quien se va a hacer cargo de su pago. A través de estas indicaciones se reflejan los datos mínimos a tener en cuenta para la realización del transporte, que sirven, además de referencia inequívoca para dirimir las controversias que puedan suscitarse con ocasión de la realización del transporte. El listado de datos que figura en la carta de porte puede, no obstante, ampliarse dependiendo de la voluntad de las partes de prever documentalmente otros pactos acordados en el seno del contrato de transporte. Así, el art. 10.2.º LCTTM contempla otras menciones que pueden incluirse en la carta de porte, siempre que las partes así las hayan pactado.

La carta de porte no es un requisito necesario para la existencia del contrato de transporte terrestre de mercancías. El RD Ley 14/2022, no obstante, ha introducido un nuevo precepto (art. 10 bis LCTTM) en el que se establece la obligatoriedad de que en los contratos celebrados con el porteador efectivo deberá emitirse una carta de porte por cada envío siempre que el precio del transporte sea superior a 150 €. Con esta exigencia se pretende que las obligaciones que asume el porteador efectivo se documenten adecuadamente para que exista constancia escrita del alcance de su compromiso. En cualquier caso, la carta de porte constituye un documento muy útil para el tráfico porque cumple una serie de funciones de gran relevancia. En primer lugar, cumple una función probatoria, ya que da fe de la conclusión y del contenido del contrato de transporte (art. 11 LCTTM). De esta forma a través de este documento se pueden conocer las cláusulas del contrato suscrito entre el cargador y el porteador que rigen las relaciones jurídicas entre ambos. Y, a su vez, en segundo lugar, permite conocer el estado en que se entregaron las mercancías al porteador ya que, según indica el art. 14.2.º LCTTM, se presumirá que están en el estado descrito en la carta de porte, salvo que el porteador formule alguna reserva a tal respecto. En tal sentido la carta de porte puede desempeñar un papel trascendental porque acredita que las mercancías han sido entregadas al destinatario y que el compromiso contractual asumido por el porteador ha sido consumado, sin perjuicio de las posibles reclamaciones que el destinatario pueda formular por su disconformidad con el estado de las mercancías transportadas, o con la puntualidad de su entrega (art. 34 LCTTM). Por último, pese a ciertos titubeos doctrinales, debe afirmarse que la carta de porte no cumple una función representativa de las mercancías porque no es un título valor, conforme a la concepción dominante en nuestra doctrina de dicha categoría dogmática, al no ser un documento de presentación obligatoria para poder ejercer el derecho que está en él incorporado, esto es, el derecho a la entrega de la mercancía transportada. El destinatario puede exigir que se le entregue la mercancía mediante cualquier documento o prueba que lo acredite, sin estar en posesión de ningún ejemplar de la carta de porte que legitime su requerimiento, por lo que queda patente que la titularidad de los derechos del destinatario no tiene relación directa con la titularidad de la carta de porte.

III. **Los sujetos del contrato de transporte terrestre**

a) El cargador o remitente

Es el sujeto que contrata en nombre propio la realización de un transporte y frente al cual el porteador se obliga a realizarlo (art. 4.1.º LCTTM). A tenor de esta noción, resulta patente que el cargador es el acreedor de la prestación de transporte. Es quien celebra en nombre propio el contrato de transporte con el porteador indicando las mercancías y destino al que ha de dirigirse el traslado. Y es, por tanto, quien soporta las consecuencias de que el envío no se realice siguiendo sus indicaciones.

Para su consideración como cargador es indiferente que éste entregue o no las mercancías al porteador. En este sentido el art. 4.4.º LCTTM alude a la figura del expedidor, que se define como aquel sujeto que entrega las mercancías al porteador actuando por cuenta del cargador. De esta forma, se reconoce expresamente que el cargador no tiene necesariamente que hacer entrega al porteador de las mercancías, pudiendo hacerlo otro sujeto que actúe por cuenta del cargador. Esta aclaración es importante porque pone de relieve que, aunque el cargador no haga la entrega de las mercancías al porteador, responde de quien lo lleve a cabo, ya que el expedidor actúa siempre por cuenta del cargador. Si no hace la entrega puntualmente, o no cumple las indicaciones previstas en el contrato, el cargador deberá responder ante el porteador de la actuación negligente del expedidor, y hacer frente a las consecuencias que dicha conducta pueda generar.

El cargador es el acreedor de la prestación de transporte en su fase inicial. En un momento posterior deja de serlo porque es el destinatario quien tendrá derecho a reclamar al porteador la entrega de las mercancías y a requerirle, por tanto, para conseguir hacer efectiva su derecho sobre las mismas. La situación de acreedor de la prestación de transporte sólo puede recaer al mismo tiempo sobre un único sujeto. Le corresponde al cargador o al destinatario, pero nunca podrá corresponder a ambos a la vez.

b) EL DESTINARIO

Es el sujeto a quien el porteador ha de entregar las mercancías en el lugar de destino (art. 4.3.º LCTTM). Es, por tanto, el acreedor en la fase ejecutiva del contrato de transporte y quien tiene derecho a requerir la entrega de la mercancía una vez que se ha producido el transporte. Es, en suma, el beneficiario del contrato de transporte de mercancías porque a él va dirigido el envío. Sin embargo, no forma parte del contrato de transporte. No celebra con el porteador ningún contrato ni puede influir en su configuración, sino que solo puede exigir su entrega en el momento en que la mercancía llegue a destino o debía haber llegado. En concreto, el art. 35.1.º LCTTM señala que podrá ejercitar los derechos derivados del contrato de transporte «desde el momento en que, habiendo llegado las mercancías a destino, o transcurrido el plazo en el que deberían haber llegado, solicite su entrega». Es a partir, por tanto, de ese momento cuando puede ejercitar los derechos inherentes al acreedor del transporte, entre los que destaca el de plantear las acciones indemnizatorias que puedan resultar procedentes en caso de incumplimiento o de cumplimiento defectuoso de la obligación de transportar.

Cuando las mercancías han llegado a destino y el destinatario solicita su entrega, adquiere, además del derecho a reclamar la indemnización por los daños causados en las mercancías, la obligación de hacer efectivo el precio del transporte y los gastos producidos, cuando así se hubiera pactado en el contrato (art. 37 LCCTM). Esta obligación de pago del porte queda supeditada a la entrega de la mercancía, de tal forma que ésta no se ha de producir hasta que el destinatario proceda a realizar el pago. En estas circunstancias el porteador podrá retener las mercancías en su poder hasta que el destinatario afronte el pago (art. 40.1.º LCTTM).

c) EL PORTEADOR O TRANSPORTISTA

El porteador o porteador contractual es la persona física o jurídica que asume la obligación de realizar el transporte en nombre propio y en las condiciones pactadas (art. 4.2.º LCTTM). Normalmente ejecutará el transporte con sus propios medios, pero puede hacerlo confiando su ejecución a sus auxiliares o a otros operadores. En cualquier caso, recae sobre el porteador las consecuencias que se deriven de la ejecución del transporte, con independencia de que lo haga con sus propios medios, o a través de otros operadores encargados a tal fin para llevarlo a cabo.

Pero la LCTTM incorpora también la figura del porteador efectivo (art. 6 LCTTM), entendido como aquel que, sin ser porteador contractual, ha llevado a cabo una parte o la integridad del transporte a requerimiento de aquél. Su consagración obedece a la necesidad de delimitar con precisión los criterios de responsabilización de los sujetos que participan de una u otra forma en la realización del transporte, ya que el porteador contractual responderá de las actuaciones efectuadas por el porteador efectivo que hayan causado cualquier tipo de perjuicio a las mercancías transportadas.

Esta dualidad conceptual de la noción de porteador está presente en la realidad en el denominado transporte con subtransporte, esto es, aquel transporte en el que un porteador es quien asume la obligación de realizar la totalidad del transporte y de responder de su correcta realización, si bien confía a otros sujetos la ejecución total o parcial del transporte que ha asumido. El porteador principal aparece frente al cargador como único responsable de la correcta ejecución del transporte sin que, en principio, los porteadores empleados en la ejecución del transporte puedan ser objeto de reclamación contractual por el cargador. El porteador es quien responde ante el acreedor de la prestación de transporte, con independencia de que lo lleve a cabo directamente, o encomiende su ejecución a otros operadores. Esta responsabilidad es patente, según lo declara el art. 4 LCTTM y, sobre todo, el art. 6.2.º LCTTM, en el que al porteador contractual se le hace expresamente responsable del transporte, ya lo haga en su totalidad, ya confíe a otro porteador su realización.

4. *Las obligaciones del cargador y del porteador*

a) LAS OBLIGACIONES DEL CARGADOR

El cargador tiene la obligación, en primer lugar, de entregar las mercancías al porteador para que éste pueda llevar a cabo el transporte. Es un presupuesto esencial del contrato de transporte terrestre. Dicha obligación corresponde al cargador (art. 19 LCTTM) que es quien a través de la celebración del contrato ha mostrado su interés en que se trasladen unas determinadas mercancías al destino acordado. La entrega al porteador supone en tal sentido una condición imprescindible para que el transporte pueda tener lugar. Se debe entender como una obligación contractual en toda su extensión, porque en caso de que el cargador no la cumpla, o lo haga de forma parcial, deberá indemnizar al porteador por los perjuicios ocasionados por dicho incumplimiento. A estos efectos, el cargador ha de presentar la mercancía acondicionada para el transporte, de forma que esté en condiciones idóneas de poder ser trasladada (art. 21 LCTTM). Para ello deberá suministrar la información y documentación relativa a las mercancías objeto de transporte a fin de que el porteador pueda saber de antemano las condiciones bajo las cuales debe llevar a cabo el transporte solicitado (art. 23 LCTTM).

Además, el cargador deberá realizar las operaciones de carga y estiba de las mercancías a bordo del vehículo designado a tal efecto por el porteador (art. 20.1.º LCTTM). La atribución de esta obligación es una de las cuestiones más controvertidas de la regulación del contrato de transporte terrestre porque desde una perspectiva operativa, esta fase de la actividad juega un papel esencial en las exigencias de rapidez y seguridad demandadas por el mercado del transporte. Pero es que, además, desde una perspectiva jurídica, la determinación del sujeto obligado a hacer tales operaciones reviste gran importancia a efectos de precisar su coste y las consecuencias patrimoniales que su cumplimiento defectuoso puede generar. Así, el art. 22.1 LCTTM establece como principio general que el cargador es quien debe proceder a realizar la carga, salvo en los transportes de paquetería, en los que es el porteador quien deberá llevarla a cabo (art. 20.3.º LCTTM). Esta regulación es, no obstante, dispositiva ya que permite la modificación de la inicial atribución. El RD Ley 3/2022 ha modificado parcialmente dicha regulación al obligar a que la alteración de dicha atribución exigiendo que la lleve a cabo el porteador habrá de ser pactada por ambas partes de forma expresa por escrito con anterioridad a que se presente efectivamente el vehículo para realizar la carga y conllevará un suplemento al precio de transporte que percibirá el porteador que deberá reflejarse en la factura diferenciada respecto del precio de transporte (art. 20.1.º.2 LCTTM). Adicionalmente el nuevo art. 20.1.º.3 LCTTM establece que las operaciones de estiba y desestiba de las mercancías corresponderán al cargador o al destinatario, salvo que expresamente se asuman por el porteador, diferenciando así las obligaciones de carga y estiba, y haciendo posible que puedan desdoblarse, de forma que la carga corresponde a un sujeto y la estiba, a otro, aunque lo normal será que quien asuma la carga y descarga también se comprometa a realizar la estiba.

La segunda obligación del cargador consiste en abonar el porte, esto es, el precio del transporte, que constituye la contraprestación que debe satisfacerse al porteador por la realización del transporte comprometido. Dicho importe debe ser abonado, en principio, por el cargador (art. 37 LCTTM), por ser él quien contrata el transporte y, por tanto, quien asume, en principio, la obligación de abonar al porteador la contraprestación acordada. No obstante, es posible que el cargador y porteador acuerden en el contrato de transporte que sea el destinatario quien afronte el pago (art. 37.2.º LCTTM), aunque ello no quiere decir que el cargador quede exento en tal caso de toda responsabilidad. En efecto, si el destinatario rechaza la mercancía, o simplemente no quiere proceder al pago, el cargador tendrá que afrontarlo, aunque se hubiera acordado en el contrato que el destinatario era el obligado a dicho pago (art. 37.2.º in fine LCTTM).

b) LAS OBLIGACIONES DEL PORTEADOR

El porteador tiene que poner a disposición del cargador un vehículo destinado a realizar el transporte de las mercancías confiadas en el lugar y en la fecha acordada (art. 18 LCTTM). El vehículo de transporte deberá ser adecuado para el tipo de transporte encargado, atendiendo a las informaciones que haya suministrado el cargador (art. 17 LCTTM). Dicha idoneidad se valorará teniendo en cuenta las mercancías que se pretenden trasladar y las circunstancias que pueden rodear la realización del transporte. El vehículo ha de ser adecuado para el desplazamiento de la carga concreta, atendiendo a su peligrosidad, fragilidad, peso, dimensiones y, sobre todo, a cualquier circunstancia que derive de la naturaleza propia de las mercancías.

Una vez que el porteador haya puesto el vehículo correspondiente a disposición del cargador y éste directamente, o a través del expedidor, le haga entrega de las mercancías objeto de transporte, corresponde al porteador la obligación de verificar su estado a través de su reconocimiento. Se trata de una verificación externa, que tendrá por objeto la inspección superficial de la apariencia de la mercancía y, en su caso, del embalaje, y de la corrección de las indicaciones de la carta de porte relativas al número de bultos (art. 25 LCTTM).

Finalmente el porteador está obligado a realizar el transporte de la mercancía hasta su llegada a destino con el fin de entregarla al destinatario (art. 28 LCTTM). Esa obligación de transporte lleva consigo la custodia de las mercancías en el sentido de que durante el desplazamiento pesa sobre el porteador la obligación de conservarla debidamente, de acuerdo a las condiciones del contrato. Ciertamente dicha obligación de custodia es inherente a la obligación de transporte, puesto que el desplazamiento de la mercancía debe realizarse siempre con el compromiso de mantenerla incólume, con independencia de que dicha custodia sea efectivamente realizada por el porteador que ha asumido la realización del transporte, o sea llevada a cabo por otros operadores contratados por el porteador para ejecutar ese envío. Cualquier incidencia que pueda impedir al porteador llevar a cabo el transporte por el itinerario pactado o razonable, en caso de ausencia expresa de acuerdo que esté debidamente justificada y que no sea imputable a él, le obliga a pedir instrucciones al cargador sobre la mejor forma de solventar el obstáculo planteado, y a seguir las indicaciones que el cargador pudiera proporcionarle en tal sentido (art. 31 LCTTM).

La entrega, entendida como acto de recepción de la mercancía por el destinatario, constituye un acto jurídico con el que el porteador culmina su obligación de transporte y supone el punto final de la responsabilidad asumida como consecuencia de la celebración del contrato de transporte. Sin embargo, puede haber circunstancias que impidan la realización de dicha entrega. Se trataría de los denominados «impedimentos a la entrega» que constituyen situaciones en las cuales la entrega no se realiza por no hallarse el destinatario en el domicilio indicado, por no hacerse cargo de las mercancías en las condiciones establecidas en el contrato; por no realizar la descarga correspondiéndole hacerlo, o por negarse a firmar el documento de entrega (art. 36.1.º LCTTM)

5. La responsabilidad del porteador terrestre: fundamento, supuestos de exoneración, limitación y pérdida del derecho al límite resarcitorio

El porteador se obliga a realizar el transporte de las mercancías y a entregarlas al destinatario incólumes en el plazo acordado. Cuando esta obligación de transporte y entrega de las mercancías no se cumple debidamente, surgen los supuestos de incumplimiento del contrato de transporte. Dentro de la regulación del contrato de transporte de mercancías, el elemento fundamental que es objeto de tratamiento prioritario es la responsabilidad del porteador, porque constituye el aspecto decisivo a la hora de establecer el régimen jurídico del contrato de transporte de mercancías. Su tratamiento, además, es detallado, porque se aparta de las reglas generales de la responsabilidad contractual, al establecer para el porteador un régimen de responsabilidad más benigno que para el deudor en general, producto de las singularidades propias del contrato de transporte.

El fundamento del régimen de responsabilidad del porteador terrestre se consagra en el art. 47.1.º LCTTM, que establece una responsabilidad rigurosa para el porteador al declararle responsable tanto de la pérdida total o parcial de las mercancías, como de las averías que sufran hasta su entrega en destino, así como de los daños derivados del retraso en dicha entrega. Se consagra, en suma, un principio de responsabilidad objetiva en el que el porteador es responsable de los daños derivados del retraso en la entrega, de la pérdida de la mercancía, así como de las averías que sufran, independientemente de que haya actuado o no con culpa o negligencia. Se presume, por tanto, que el porteador es el responsable de tales contingencias, de manera que el reclamante sólo deberá demostrar que la pérdida, avería o retraso ocurrió durante el periodo temporal y espacial en el que el porteador es responsable de las mercancías, sin que deba tener que demostrar que éste ha actuado con culpa o negligencia.

El porteador, no obstante, podrá quedar exonerado de su responsabilidad. Así, según el art. 48 LCTTM no responderá de las pérdidas o averías causadas en las mercancías o del retraso en su entrega, cuando hayan sido ocasionadas por alguno de los cuando las causas que pueden motivar tales daños se hayan producido «por culpa del cargador o destinatario, por una instrucción de éstos no motivada por una acción negligente del porteador, por vicio propio de las mercancías o por circunstancias que el porteador no pudo evitar y cuyas consecuencias no pudo impedir».

Para poder quedar liberado de su responsabilidad, el porteador deberá probar la concurrencia de la causa exoneradora de responsabilidad y su relación de causalidad con el daño o retraso sufrido por la mercancía. Dicho pronunciamiento está previsto en el art. 48.1.º LCTTM, pero se ve, a su vez, modulado por el art. 49 LCTTM, en el que se establece una presunción de exoneración de responsabilidad cuando acredite que concurra alguna de las causas enumeradas en dicho precepto. Dicho sistema, por tanto, supone la existencia de dos tipos de causas exoneradoras de responsabilidad del porteador: las denominadas causas ordinarias (art. 48 LCTTM) y las causas privilegiadas (art. 49 LCTTM), que se distinguen por su distinta distribución del régimen probatorio. Mientras que las primeras, requieren que el porteador demuestre no sólo la concurrencia del hecho exonerador, sino también que dicho hecho fue el causante del daño o retraso en la mercancía, las segundas, esto es, las privilegiadas, permiten que el porteador pueda quedar exonerado de responsabilidad demostrando únicamente la concurrencia de la causa en cuestión, sin que sea necesario que acredite nexo de causalidad alguno entre su presencia y el daño efectivamente causado.

Cuando el porteador es responsable de la causación de daños a las mercancías transportadas, porque así se ha declarado judicial o arbitralmente, o porque él lo ha reconocido, es preciso determinar el importe de la indemnización que tiene que abonar al perjudicado por dicha actuación. En la regulación del transporte de mercancías resulta habitual que el porteador no tenga que responder íntegramente de los daños que su actuación haya generado en las mercancías transportadas, sino que el resarcimiento que debe satisfacer por los perjuicios causados se limite cuantitativamente. No se trata, en puridad, de una limitación de responsabilidad, sino de una limitación de deuda resarcitoria lo que tiene una significación bien distinta, ya que mientras que la limitación de deuda resarcitoria también afecta a terceros que puedan invocar dicha reclamación en sustitución del porteador, como, por ejemplo, los aseguradores, que podrán, por tanto, valerse de estos límites, la limitación de la responsabilidad es una institución que sólo se extiende al propio beneficiario.

En efecto, una vez valorado el daño producido, teniendo en cuenta el valor de la mercancía (art. 55 LCTTM) y calculado la suma indemnizatoria equivalente al daño causado, la LCTTM establece un límite de deuda resarcitorio al que tendrá que hacer frente el porteador y que constituye la cifra máxima con la que tendrá que indemnizar al perjudicado. Como lo hacen todas las regulaciones nacionales e internacionales de transporte de mercancías, se utiliza el peso como magnitud de cálculo del límite. Así, en el supuesto de pérdida total o parcial, o de avería de la mercancía, el art. 57.1.º LCTTM establece como límite la cuantía resultante de multiplicar cada kilogramo de mercancía perdida o averiada por un tercio del Indicador Público de Renta de Efectos Múltiples por día. Por lo que se refiere al supuesto de retraso en la entrega, deberá, en primer lugar, acreditarse que dicho retraso ha ocasionado un perjuicio al reclamante (art. 56 LCTTM), y la indemnización correspondiente por dicho retraso no podrá superar, en todo caso, el precio del transporte (art. 57.2.º LCTTM).

Sin embargo, cabe que voluntariamente no se aplique dicho límite resarcitorio cuando así lo hayan decidido las partes:

a) Mediante la declaración de valor, previsto en el art. 61.1.º LCTTM, en cuya virtud las partes fijan un valor para las mercancías, de modo que el valor declarado sustituye la aplicación del límite de responsabilidad y se erige en la cuantía con la que el porteador deberá indemnizar al acreedor del transporte, si las mercancías se pierden o deterioran significativamente. Esta declaración, que deberá figurar obligatoriamente en la carta de porte, supone que ambas partes están de acuerdo en pactar tales condiciones, y por ello, el porteador tendrá derecho a solicitar un porte más elevado que el que percibiría de llevar a cabo el transporte en las condiciones ordinarias de responsabilidad.

b) Mediante la declaración de interés especial en la entrega, prevista en el art. 61.2.º LCTTM, el acreedor del transporte podrá reclamar, además de la indemnización ordinaria en caso de que las mercancías se pierdan o deterioren gravemente, el resarcimiento de los demás perjuicios que pruebe el perjudicado, teniendo como límite el importe del interés especial declarado. El montante del interés especial deberá figurar en la carta de porte, en la que, además, deberá constar cuáles son los concretos incumplimientos contractuales a los que las partes han atribuido el interés especial.

La limitación de responsabilidad del porteador también decae cuando la pérdida, avería o retraso hayan sido causados por éste o por sus auxiliares intencionadamente, o con una infracción consciente y voluntaria del deber jurídico asumido que produzca daños que sean consecuencia necesaria de la acción (art. 62 LCTTM). La regulación de este aspecto es hoy en día de enorme importancia. Eso explica que la LCTTM haya querido delimitar adecuadamente este aspecto para definir con precisión en qué circunstancias el transportista pierde el privilegio del límite de responsabilidad. Pues bien, se entiende que esto sucede cuando el porteador haya ocasionado intencionadamente tales daños, o hayan tenido lugar a consecuencia de «una infracción consciente y voluntaria del deber jurídico asumido que produzca daños que, sin ser directamente queridos, sean consecuencia necesaria de la acción» (art. 62 LCTTM). Esta alocución, en cualquier caso, ha generado una intensa polémica porque no aclara satisfactoriamente cómo ha de interpretarse este importante aspecto. En este sentido, conviene destacar que la jurisprudencia está interpretando de manera amplia su alcance lo que puede traer consigo una cierta degradación del régimen de responsabilidad del porteador, por la consiguiente inaplicación creciente del límite de responsabilidad, santo y seña del régimen jurídico del porteador.

6. *Ejercicio y plazo de las acciones de reclamación*

Cuando las mercancías objeto de transporte llegan al destino previsto, lo normal es que el destinatario proceda a recogerlas, sin que se suscite controversia alguna porque los bienes en cuestión han llegado en correcto estado. Sin embargo, cabe que presenten algún tipo de desperfecto o daño que genere la correspondiente protesta del destinatario insatisfecho con el estado de las mercancías que se le han entregado (art. 79 LCTTM). Para que esta situación pueda ser advertida es necesario que el destinatario cumpla su obligación de comprobar el estado de las mercancías y hacer constar, en su caso, los daños que éstas puedan presentar a través de la correspondiente reserva (art. 60 LCTTM). El destinatario, por tanto, está obligado a inspeccionar visualmente las mercancías para poder elevar la correspondiente queja, ya que, si no lo hace, se entenderá que han sido entregadas en perfecto estado. En tal caso, si posteriormente quiere ejercer una reclamación contra el porteador, le corresponderá al destinatario acreditar que los daños denunciados son imputables al porteador. Por lo tanto, la falta de reserva no afecta más que a la validez de la presunción manifestada por la carta de porte sobre el estado de la mercancía (art. 14.1.º LCTTM). El destinatario, según el art. 35 LCTTM, podrá ejercitar frente al porteador los derechos derivados del contrato de transporte desde el momento en que solicite su entrega, habiendo llegado las mercancías a destino, o transcurrido el plazo en que deberían haberlo hecho. Dichas reclamaciones, según el art. 79 LCTTM, no requieren la previa interposición de ningún tipo de reserva, salvo en el supuesto de que se trate de una reclamación por retraso, en cuyo caso la formulación de la reserva será preceptiva (art. 60.3.º LCTTM).

El art. 78 LCTTM establece que el régimen de la prescripción, esto es, del plazo en el que pueden ejercitarse las acciones derivadas del contrato de transporte, es imperativo. Se evita de esta manera que las partes puedan alterarlo, ni siquiera cuando los intervinientes en el contrato lo hubieran acordado expresamente. Se ha consagrado un plazo único de un año (art. 79 LCTTM), que puede ser de dos años cuando la reclamación tenga su origen en un comportamiento doloso. El cómputo de dicho plazo comenzará cuando se produzca el supuesto incumplimiento. Así, se iniciará dicho cómputo a partir de la fecha de la llegada de la mercancía averiada, o de la fecha en que debería haber llegado, en caso de pérdida de la mercancía, o de los tres meses transcurridos a partir de la celebración del contrato de transporte, para el resto de supuestos de incumplimiento del contrato de transporte.

El plazo de reclamación o prescripción de las acciones derivadas del contrato de transporte es un periodo limitado de tiempo, pero puede quedar paralizado por determinadas circunstancias que lo justifiquen. La prescripción podrá quedar suspendida por la mera reclamación escrita y sólo se reanudará su cómputo cuando el reclamante «rechace la reclamación por escrito y devuelva los documentos que acompañaron a la reclamación» (art. 79.3.º LCTTM). La paralización de la prescripción hace que se detenga su cómputo hasta la desaparición de la causa que la motivó, momento a partir de la cual se reanudará en el mismo instante en que había dejado de correr por la interposición de la reclamación. Si no se contesta a la reclamación, la prescripción queda suspendida indefinidamente, lo que explica que si el reclamado no quiere mantener viva las posibilidades de reclamación, lo mejor que puede hacer es proceder a contestarla a fin de que nuevamente se ponga en marcha el cómputo del plazo de prescripción.

IV. El contrato de transporte multimodal

1. *Características específicas del contrato de transporte multimodal*

El contrato de transporte multimodal es aquel contrato en el que se acuerda que las mercancías serán trasladadas por diferentes medios de transporte. La peculiaridad, por tanto, de este tipo de transportes es que su realización tendrá lugar por medios distintos, que cuentan con una regulación específica. Esta modalidad de transportes goza de una gran presencia en el tráfico actual gracias al empleo del contenedor como receptáculo idóneo para trasladar mercancías, cualquiera que sea el medio de transporte utilizado. Con el uso del contenedor se aminoran los riesgos que el cambio de medio de transporte puede generar, evitando los posibles perjuicios asociados a este tipo de operaciones. La utilización del contenedor ha impulsado significativamente el desarrollo del transporte multimodal al reducir los riesgos inherentes al intercambio de medios de transporte.

Ahora bien, el empleo del contenedor ha propiciado una dificultad jurídica añadida al transporte multimodal. En esta modalidad, el régimen aplicable, a salvo de que se prevea una regulación específica para todo el envío, será el del medio de transporte en el que se hayan generado los daños, teniendo en cuenta que cada medio de transporte cuenta con una regulación específica. El problema reside en determinar el régimen aplicable cuando se ignore el lugar en el que se han originado los daños en las mercancías transportadas.

2. *Régimen aplicable*

Nuestro ordenamiento regula el transporte multimodal en el art. 67 LCTTM en el que se entiende por tal, al contrato de transporte celebrado por el cargador y el porteador para trasladar mercancías por más de un modo de transporte, siendo uno de ellos terrestre, con independencia del número de porteadores que intervengan en su ejecución.

De este modo, un transporte multimodal, uno de cuyos tramos sea terrestre, está sometido a la nueva regulación del transporte terrestre aquí expuesta, con la excepción del régimen de responsabilidad que será el que rija para cada modo de transporte. De este modo, el problema del desconocimiento del lugar en el que se ha producido el daño se resuelve en nuestro ordenamiento previendo la aplicación subsidiaria del transporte terrestre cuando se ignore el lugar exacto en el que se produjo dicho daño.

Fuentes legales

Ley 15/2009 de 11 de noviembre del contrato de transporte de mercancías terrestre

Bibliografía destacada

DUQUE/MARTÍNEZ SANZ (dir.) Comentarios a la Ley de Transporte Terrestre, Cizur Menor 2010

MARTINEZ SANZ, La responsabilidad del porteador en el transporte internacional de mercancías por carretera (CMR), Granada 2002.

REVISTA DE DERECHO DEL TRANSPORTE 6 (2010), Número monográfico sobre la Ley de Contrato de Transporte Terrestre.

EMPARANZA SOBEJANO, El transporte multimodal de contenedores y la dificultad de la determinación del régimen de la acción de reclamación de daños, Revista de Derecho del Transporte 28 (2021), p. 13 ss.

Jurisprudencia básica

STS (Sala Primera) de 9 de julio de 2015; STS (Sala Primera) de 28 de septiembre de 2020;

Preguntas test

1. La carta de porte

a) es el documento en el que se incluyen las condiciones del contrato de transporte
b) debe ser emitida para que el contrato de transporte sea válido
c) refleja el estado de las mercancías en el momento en que son entregadas al destinatario
d) deviene nula si no incluye todas las menciones previstas en el art. 10 LCTTM

2. El cargador

a) es quien está obligado a pagar el porte al transportista
b) es el sujeto que contrata en nombre propio la realización de un transporte y frente al cual el porteador se obliga a realizarlo
c) debe encargarse de entregar al porteador la mercancía objeto de transporte
d) no está obligado a embalar la mercancía que va a ser transportada

3. El porteador no responde de los daños que se produzcan en las mercancías:

a) cuando demuestre que tales daños han sido causados por culpa del cargador o destinatario, por vicio propio de las mercancías o por circunstancias que el porteador no pudo evitar y cuyas consecuencias no pudo impedir.
b) cuando acredite que ha actuado diligentemente a la hora de realizar el transporte de dichas mercancías.
c) cuando hayan sido cargadas y estibadas por el cargador en el vehículo encargado de realizar el transporte
d) cuando hayan sido causados por circunstancias acaecidas antes o después del transporte.

4. La responsabilidad del porteador se limita a un determinado importe por Kg. salvo:

a) cuando haya actuado negligentemente en cuyo caso responderá íntegramente de los daños causados.

b) cuando haya acordado con el cargador que va a responder del valor íntegro de las mercancías a cambio de percibir un porte superior al habitual.

c) cuando haya confiado la ejecución del envío a un transportista efectivo, y sea éste quien haya causado los daños en las mercancías transportada, en cuyo caso responderá íntegramente de los daños causados.

d) cuando las mercancías no hayan sido cargadas debidamente por el porteador, en cuyo cao responderá íntegramente de los daños causados.

5. El contrato de transporte multimodal

a) es aquel contrato en el que se acuerda que la realización del transporte se efectúe a través de distintos medios.

b) es aquel contrato de transporte que se realiza por distintos medios a pesar de que no se hubiese acordado contractualmente así.

c) es aquel contrato de transporte en el que cada porteador interviniente responde de la realización del transporte en su totalidad.

d) es aquel contrato de transporte que tiene lugar cuando la mercancía se traslada en contenedor, aunque no se lleve a cabo por distintos medios de transporte.

Indicar la corrección o incorrección de las siguientes aseveraciones razonando la respuesta

1.ª «La regulación del contrato de transporte terrestre de mercancías contenido en la LCTTM es de carácter imperativo».

2.ª «El porteador está obligado a realizar el transporte personalmente con sus propios medios materiales».

3.ª «La carga de la mercancía en el vehículo de transporte corresponde siempre al porteador».

4.ª «El porteador siempre responde de los daños que sufran las mercancías durante el transporte, salvo si demuestra que se produjeron por causas ajenas a su voluntad».

5.ª «En el transporte multimodal si no se conoce el lugar en el que se produjo el daño en la mercancía se aplicará el régimen del transporte terrestre».

Lección 7

El contrato de transporte (II): el contrato de transporte marítimo. El contrato de transporte aéreo[1]

---

[1] La lección 7 ha sido redactada por José Manuel Martín Osante, Catedrático de Derecho Mercantil.

b) Supuestos de responsabilidad y fundamento. c) Responsabilidad limitada. 6. Contrato de pasaje.—II. Contrato de transporte aéreo. 1. Regulación. 2. Transporte aéreo de pasajeros. 3. Transporte aéreo de mercancías.

I. Contrato de transporte marítimo

1. *El contrato de fletamento como contrato de transporte*

La LNM contempla un tipo contractual unificado como es el contrato de fletamento y lo equipara con el contrato de transporte marítimo de mercancías. En este sentido, la definición del contrato de fletamento prevista en la LNM se identifica con la del transporte, en los siguientes términos: «Por el contrato de transporte marítimo de mercancías, también denominado fletamento, se obliga el porteador, a cambio del pago de un flete, a transportar por mar mercancías y entregarlas al destinatario en el puerto o lugar de destino» (art. 203 LNM).

El legislador ha tomado partido en el debate doctrinal existente en torno a la consideración del fletamento, bien como contrato autónomo cuyo objeto es la puesta a disposición de un buque para navegar, pudiendo efectuarse esta navegación con fines diversos, no limitados exclusivamente al transporte (investigación, prevención de la contaminación, perforación, tendido de cables...), o bien como contrato de transporte marítimo de mercancías, decantándose por esta segunda opción.

2. *Diferentes clases de fletamento*

Bajo esta figura genérica del contrato de fletamento, la LNM refleja y regula diferentes subtipos o clases de fletamento, atendiendo a la práctica habitual del sector: a) fletamento por tiempo (art. 204 LNM), b) fletamento por viaje (art. 204 LNM), c) fletamento para el transporte de mercancías determinadas en régimen de conocimiento de embarque (art. 205 LNM), d) subfletamento (art. 206 LNM), e) contratos de volumen (art. 208 LNM).

El subfletamento queda admitido, salvo que se disponga expresamente lo contrario en la póliza de fletamento. Por lo tanto, el fletador por tiempo o viaje del buque podrá subrogar a un tercero en los derechos y obligaciones derivados de la póliza de fletamento. Ahora bien, en estos casos de subfletamento, el fletador seguirá siendo responsable del cumplimiento del contrato de fletamento ante el porteador (art. 206 LNM).

La regulación del fletamento por viaje resulta de aplicación a los contratos de volumen. En efecto, salvo pacto en contrario, dicha regulación se aplicará a cada uno de los viajes pactados en el marco de un contrato de transporte de un conjunto de mercancías en varios buques o varios viajes (art. 208 LNM).

Igualmente, a los contratos de utilización del buque para fines distintos al transporte de mercancías (investigación, tendido de cables…) les serán aplicables las disposiciones sobre el fletamento «que se refieren a la puesta a disposición y empleo del buque, así como al flete y su extinción anticipada, en tanto en cuanto sean compatibles con la finalidad del contrato celebrado» (art. 210 LNM). Habría que entender aplicables las disposiciones sobre el fletamento por viaje cuando el objeto del contrato sea la puesta a disposición del buque para realizar uno o varios viajes determinados, mientras que será de aplicación la disciplina del fletamento por tiempo cuando se contrate la disponibilidad del buque para un periodo de tiempo concreto.

En esta línea, en los supuestos de contrato de transporte multimodal de mercancías, es decir, en los contratos que comprendan la utilización de medios de transporte distintos al marítimo (combinación de medios terrestre y marítimo, o terrestre, marítimo y aéreo, etc.), la normativa sobre el fletamento se aplicará únicamente a la fase marítima del transporte (art. 209 LNM).

Por otra parte, la regulación del contrato de fletamento prevista en la LNM permite acoger bajo la misma a modalidades de fletamento como el fletamento por viajes consecutivos (al admitir el legislador que el fletamento por viaje se efectúe en «varios viajes determinados», art. 204.1 LNM) y el fletamento por contenedor o *slot charter* (al permitir la ley que el fletamento tenga por objeto «toda o parte de la cabida del buque», art. 204.1 LNM).

3. *El contrato de fletamento por viaje*

3.1. Definición

En virtud del contrato de fletamento por viaje una de las partes (fletante, porteador o armador) se compromete a realizar uno o varios viajes determinados, poniendo un buque a disposición de otra (fletador o cargador), a cambio de un precio, denominado flete, con el objeto de llevar a cabo el transporte por mar de las mercancías acordadas, empleándose toda o parte de la cabida del buque. Partiendo de la configuración legal unificada del fletamento como contrato de transporte marítimo de mercancías (art. 203 LNM), la modalidad específica del fletamento por viaje constituye un contrato de transporte marítimo de mercancías caracterizado por el compromiso que asume el porteador de realizar uno o varios viajes determinados, por la posibilidad de referirse a toda o parte de la cabida del buque —toda o parte de la bodega o bodegas, o de todo o parte de los espacios reservados para los contenedores— (art. 204.1 LNM), y por ser de cuenta del porteador los gastos variables de explotación del buque, salvo que se haya pactado lo contrario (art. 204.2 LNM).

Esta modalidad contractual tiene gran presencia en los transportes de cargas completas y homogéneas, como puede ser el transporte de graneles sólidos (*bulk cargo*: cereales, cemento, carbón, madera...) y líquidos (gas, productos químicos, petróleo...), que se lleva a cabo en los denominados buques *tramp,* caracterizados por no efectuar un transporte de línea regular sino por realizar los diferentes viajes que se fijen en los contratos de fletamento.

La diferencia entre el fletamento por viaje y el fletamento por tiempo radica en la delimitación de la puesta del buque a disposición del fletador. En el fletamento por viaje la puesta del buque a disposición del fletador se realiza para uno o varios viajes determinados, mientras que en fletamento por tiempo el buque se pone a disposición del fletador durante un período de tiempo.

3.2. Regulación

Los arts. 203 a 286 LNM son los encargados de regular las diferentes modalidades de fletamento y, por lo tanto, resultan aplicables, con carácter general, al fletamento por viaje. Esta normativa, en principio, es dispositiva, de tal suerte que son los propios contratantes quienes pactan el contenido de su relación jurídica. Así resulta de lo dispuesto en el preámbulo de la LNM, al advertir que «Cuando exista póliza de fletamento el régimen legal tendrá carácter derogable, dada la posición de igualdad entre fletadores y armadores» (apartado VI) y de la redacción empleada por el legislador, en la que se contempla de forma reiterada la admisión del pacto en contrario. Sin embargo, determinados preceptos presentan un carácter imperativo, como el art. 218.3 LNM en materia de responsabilidad del porteador por las consecuencias derivadas de una estiba defectuosa que comprometa la seguridad del viaje, y el art. 277.1 LNM en lo que se refiere a la responsabilidad del porteador por daño, pérdida o retraso en la entrega de las mercancías en caso de incurrir dicho porteador en dolo o culpa grave.

En este sentido, es frecuente la utilización de formularios o modelos de pólizas de fletamento, en definitiva, contratos con condiciones generales, elaborados por asociaciones de navieros para regular las condiciones en las que se han de prestar los servicios que encierra el contrato de fletamento. De entre las abundantes pólizas-tipo de fletamento por viaje existentes destaca, sobre todo, la *Gencon*, en su versión de 1994, redactada por BIMCO (*The Baltic and International Maritime Council*), y que contiene un régimen bastante favorable a los intereses de los navieros; y la *Multiform*, redactada en 1982 por la FONASBA (*Federation of National Associations of Ship Brokers and Agents*) y cuyo clausulado resulta mucho más equilibrado. Todo ello sin olvidar pólizas como *Cemenco, Norgrain, Gasvoy, Asbatankvoy*, etc.

En esta línea, la regulación del fletamento por viaje resulta de aplicación a los contratos de volumen y a los contratos de utilización del buque para fines distintos al transporte de mercancías (investigación, perforación…), conforme se ha indicado en el apartado anterior.

3.3. Forma y perfección del contrato

El contrato de fletamento por viaje es un contrato consensual que se perfecciona por el mero consentimiento de las partes. Ahora bien, en la práctica este contrato se formaliza en un documento denominado póliza (*charter party*, en la terminología anglosajona), motivo por el que el legislador prevé que las partes en los contratos de fletamento (por viaje o por tiempo) puedan exigirse mutuamente la suscripción de una póliza de fletamento (art. 204.3 LNM). A pesar de ello, puede afirmarse que la póliza no es un documento cuya emisión sea imprescindible para que surja válidamente el contrato de fletamento (*ad solemnitatem*), sino que se exige únicamente a efectos de prueba de su existencia y contenido (*ad probationem*).

En el marco del contrato de fletamento por viaje suele expedirse además de la póliza de fletamento otro documento denominado conocimiento de embarque (*bill of lading*), que tiene como función principal acreditar la recepción de las mercancías a bordo del buque. Es un documento que se suscribe por el capitán en un momento posterior a la póliza. Así, mientras ésta se firma en el momento de la celebración del contrato, el conocimiento se suscribe cuando las mercancías que están siendo transportadas, merced al fletamento celebrado, han sido cargadas a bordo del buque.

3.4. Elementos personales

El fletante es quien, teniendo la titularidad sobre un buque, asume la obligación de realizar uno o varios viajes, para transportar mercancías, con un buque determinado, que es el que pone a disposición del fletador. El fletante es un sujeto que tiene la condición de naviero, en la medida que ostenta una titularidad (como propietario, arrendatario o fletador por tiempo) sobre el buque, que le permite explotarlo poniéndolo a disposición de otro sujeto, para uno o varios viajes. Al fletante la LNM le denomina *porteador*, al asumir la obligación de transportar las mercancías embarcadas por el fletador.

En materia de responsabilidad por pérdidas, daños o retraso la LNM diferencia entre el porteador contractual, refiriéndose a quien se compromete a realizar el transporte, y el porteador efectivo, en referencia a quien lo ejecuta de forma efectiva con sus propios medios (art. 278 LNM). Asimismo, el fletador por viaje (o por tiempo) puede celebrar en su propio nombre contratos de fletamento para el transporte de mercancías determinadas en régimen de conocimiento de embarque con terceros, siendo el porteador y el fletador responsables solidariamente por pérdidas, daños y retraso frente al tercero (art. 207 LNM)

El *fletador,* también denominado *cargador,* es la persona que contrata con el fletante, solicitando tener a su disposición el buque para transportar en él mercancías propias o de un tercero. El fletador, por tanto, es un sujeto interesado en contar con un buque para trasladar mercancías de un lugar a otro. Puede ser el propietario de las mercancías que van a ser objeto del transporte por mar, pero cabe igualmente que no lo sea y que la contratación del fletamento se realice con el fin de disponer de un buque en el que transportar mercancías de otros sujetos interesados en su desplazamiento.

El *destinatario* es la persona que se encuentra legitimada para solicitar la entrega de las mercancías en el puerto de destino y a quien deben entregarse dichas mercancías. La póliza de fletamento regula la relación entre el fletante y el porteador o fletador, por lo que en el supuesto de que se entregue la mercancía a un tercero distinto del fletador, la póliza se complementa con el conocimiento, en el cual el destinatario figura como tenedor.

3.5. CONTENIDO DEL CONTRATO: OBLIGACIONES DEL PORTEADOR

a) *Obligación de puesta a disposición del buque*

La obligación que asume el porteador (o fletante) de transportar las mercancías a destino se materializa en la puesta inicial del buque a disposición del fletador o cargador en el puerto y fecha convenidos (art. 211 LNM). Si el contrato de fletamento se refiriese a un buque determinado, éste no podrá ser reemplazado por otro, salvo pacto expreso admitiendo esta posibilidad de sustitución.

Presenta una gran relevancia práctica para el fletador la determinación del momento de la puesta a disposición del buque, porque determina cuándo va a poder comenzar a utilizarlo, cargar las mercancías y emprender el correspondiente viaje. Por ello, el art. 214 LNM dispone que, si no se cumple con la fecha pactada para la puesta a disposición, el fletador está facultado para resolver el contrato unilateralmente, sin tomar en consideración la causa del incumplimiento, a lo que debe añadirse el derecho que le asiste al fletador para reclamar indemnización por los perjuicios sufridos cuando el incumplimiento sea debido a culpa del porteador.

Para intentar evitar este tipo de problemas, las pólizas de fletamento fijan las fechas de puesta a disposición de forma más razonable. Se incluyen una primera fecha de llegada del buque a puerto para que esté disponible (*lay days*) y una segunda de cancelación (*cancelling date*), de tal forma que si el buque no ha llegado para ese día el fletador podrá dar por cancelado el contrato, con independencia de la causa —fortuita o culposa— que haya propiciado el incumplimiento por parte del fletante. A fin de que esa rescisión del fletador no perjudique en exceso al fletante, se incorpora a las pólizas de fletamento una cláusula (cl. 9 Gencon) en virtud de la cual el fletante puede requerir al fletador que le comunique lo antes posible que no tiene interés en mantener el contrato de fletamento, a la vista de que no ha llegado el buque a puerto en el plazo fijado.

Por lo que se refiere al lugar de puesta a disposición, la LNM, al igual que las pólizas-tipo, contempla dos opciones, bien que las partes de común acuerdo designen expresamente el puerto de puesta a disposición, o bien que se deje en manos del fletador su designación en un momento posterior (arts. 215 y 216 LNM).

b) *Obligación de navegabilidad del buque*

La puesta del buque a disposición del fletador debe efectuarse en el lugar y momento pactados, pero además dicho buque debe encontrarse en un adecuado estado de navegabilidad. Esta exigencia de navegabilidad conlleva que el buque debe reunir las aptitudes técnico-náuticas precisas para recibir el cargamento a bordo y para trasladarlo con seguridad a destino, atendiendo a las circunstancias del viaje proyectado, sus fases y la naturaleza de la mercancía que deba ser transportada.

Un aspecto fundamental de la obligación de navegabilidad es el relativo al momento en que debe cumplirse la misma. A este respecto, el buque debe encontrarse en estado de navegabilidad en el momento de emprender el viaje, o cada uno de los viajes que incluya el contrato (en referencia a los supuestos de escalas en puertos intermedios). Cuando, con anterioridad al momento en que va a zarpar el buque, se reciba el cargamento a bordo, el buque deberá encontrarse, al menos, en un estado que lo haga capaz de conservar las mercancías con seguridad. Asimismo, la obligación de asegurar un adecuado estado de navegabilidad del buque debe mantenerse durante el tiempo de vigencia del contrato de fletamento (art. 212.3 LNM)

La obligación de navegabilidad se configura como una obligación de diligencia o de medios, no como una obligación objetiva de garantía o de resultado, de forma que el porteador sólo es responsable de los daños causados por falta de navegabilidad cuando ésta se haya producido por su negligencia o por la de sus auxiliares.

c) Obligaciones de carga, estiba, desestiba y descarga

La colocación de las mercancías al costado del buque y la realización de las operaciones de carga y estiba de las mismas son asumidas por el fletador o cargador, a su costa y riesgo, salvo pacto en contrario (art. 218.1 LNM). Para llevar a cabo tales actuaciones, empleará la diligencia adecuada que requiera la naturaleza de las mercancías y el viaje a realizar. En todo caso, el porteador será responsable de las consecuencias que se deriven de una defectuosa estiba que comprometa la seguridad del viaje, incluso cuando se haya pactado que la carga y estiba fuesen realizadas a costa y riesgo del fletador o cargador.

La desestiba y descarga de las mercancías, sin demora y a su costa y riesgo, deben realizarse por el fletador o destinatario, así como la retirada de las mismas del costado del buque, salvo pacto expreso en contrario.

d) Obligación de realizar el viaje pactado

El porteador fletante asume la obligación de realizar el viaje pactado (art. 220 LNM). En este sentido, el viaje tiene que ser emprendido con prontitud y debe ser realizado hasta el puerto de destino sin demora innecesaria, siendo el porteador responsable por los daños y perjuicios que genere el retraso injustificado en el inicio del viaje, dando lugar a una responsabilidad subjetiva o por culpa del porteador.

Asimismo, el viaje debe realizarse siguiendo la ruta pactada o, en su defecto, de la más apropiada de acuerdo con las circunstancias (art. 222 LNM). En el ámbito marítimo, la realización del viaje por la ruta pactada es un aspecto de gran relevancia porque llevar a cabo la expedición por otro recorrido puede hacer que el fletamento se convierta en una operación carente de rentabilidad. Por eso, resulta tan importante ya no sólo que el viaje se realice, sino que se efectúe por la ruta pactada en la póliza, y que, si no se ha previsto nada, se lleve a efecto por la más adecuada, atendiendo a las circunstancias de la expedición. El art. 222 LNM trae a colación el problema del incumplimiento de la ruta, el denominado desvío, que tradicionalmente ha sido visto con notable desconfianza por atisbar en él conductas sospechosas de intereses personales del naviero porteador. En concreto, el porteador es responsable de los daños y perjuicios derivados del desvío de ruta, salvo en aquellos casos en que el desvío se realice para el salvamento de vidas humanas o por cualquier otra causa razonable y justificada. No se considera justificada la desviación que resulte del estado de innavegabilidad inicial del buque.

Durante la realización del viaje el porteador tiene el deber de custodiar las mercancías a transportar, siendo responsable por la pérdida o daños que sufran las mercancías por la infracción del citado deber de custodia, al igual que por el retraso en la entrega, responsabilidad que será tratada con detenimiento al examinar el transporte de mercancías en régimen de conocimiento de embarque.

La LNM contempla el régimen aplicable a los supuestos de arribada del buque a puerto diferente del de su destino por inhabilitación del buque para navegar (art. 224). Efectivamente, cuando el curso del viaje se viese interrumpido por avería del buque o por otra causa que lo inhabilite para continuar el viaje, dando lugar a la arribada del buque a puerto distinto al de su destino, el porteador tiene el deber de intentar subsanar las causas que dieron lugar a dicha arribada, manteniendo también el deber de custodiar las mercancías durante esta arribada, mientras se intenta la subsanación de esas causas. Si la inhabilitación del buque fuese definitiva o si el retraso fuese de tal entidad que pudiese perjudicar gravemente la mercancía, el porteador deberá proveer un transporte hasta el destino pactado, asumiendo su coste. En caso de no hacerlo, las mercancías transportadas no devengarán flete alguno. Todo ello sin perjuicio de que resulten aplicables las disposiciones sobre avería gruesa y sobre responsabilidad del porteador, cuando la causa de la innavegabilidad del buque le fuese imputable.

e) Obligación de entrega en destino

La obligación de entrega de la mercancía transportada en el puerto de destino se hace recaer sobre el porteador, quien debe efectuar la entrega, sin demora y conforme a lo pactado, al destinatario legitimado para recibirla (art. 228 LNM). Este sujeto estará determinado en la póliza de fletamento, en la carta de porte o en el conocimiento de embarque, en el que figurará como legítimo tenedor que exigirá con su presentación la entrega de las mercancías. Una vez entregadas las mercancías, el destinatario devolverá al capitán el conocimiento con el recibo de las mercancías consignadas.

Cuando la entrega no pueda efectuarse porque el destinatario no se presente o rechace la misma, el porteador quedará facultado para almacenar las mercancías hasta su entrega o para proceder a su depósito, a costa del destinatario. En concreto, este depósito constituye un expediente notarial de certificación pública para el depósito y venta de las mercancías transportadas (arts. 512 a 515 LNM).

El puerto de destino, así como el muelle o lugar de descarga, se designarán por las partes, de mutuo acuerdo, en el contrato o se facultará al fletador para que efectúe su designación en un momento posterior (art. 225 y 226 LNM).

3.6. CONTENIDO DEL CONTRATO: OBLIGACIONES DEL FLETADOR

a) Obligación de suministrar la mercancía

El fletador está obligado a declarar las mercancías a transportar y su estado, siendo responsable frente al porteador por los daños y perjuicios que ocasione la inexactitud de dicha declaración. Se trata de la conocida como *garantía legal del cargador* (art. 260 LNM).

Igualmente, el fletador debe proporcionar las mercancías comprometidas para su transporte, como presupuesto para la realización del mismo. En efecto, el fletador debe entregar las mercancías para su transporte, en la forma que se haya pactado (art. 229.1 LNM). En ausencia de pacto al respecto, la entrega se efectuará poniendo las mercancías al costado del buque para su embarque. Si el fletador no entrega o pone el cargamento a disposición del porteador, éste podrá resolver el contrato una vez transcurrido el plazo de plancha y reclamar además la indemnización por los perjuicios sufridos.

El embarque de mercancías de clase distinta a la manifestada, en la póliza, al tiempo de contratar, puede realizarse siempre que se le notifique previamente al porteador y que no suponga perjuicio alguno para el porteador y resto de cargadores. Si se realizase un embarque de mercancías distintas a las pactadas, sin notificárselo al porteador, lo que se conoce como embarque *clandestino*, el fletador sería responsable de todas las consecuencias perjudiciales que se pudiesen derivar para el porteador o demás cargadores, a lo que debe añadirse la obligación de abonar el flete que corresponda. Asimismo, el porteador tendrá derecho a desembarcar las mercancías si resultase conveniente para evitar perjuicios graves al buque o al cargamento (art. 231.2 LNM).

La razón de esta regulación del embarque *clandestino* se basa, por una parte, en los perjuicios que tales mercancías pueden generar tanto en el buque como en el resto de la carga, cuando el porteador, al ignorar el cambio de mercancía, no puede poner los medios pertinentes para evitar los posibles riesgos derivados del transporte. Y, por otra parte, en que el flete se calcula frecuentemente tomado como referencia la mercancía embarcada, de forma que cobra una particular relevancia la fijación de la misma en el contrato y su alteración podrá determinar la exigencia del flete que corresponda.

Si el fletador no cargara la totalidad de la mercancía que ha contratado, deberá abonar también el flete de la parte de mercancía no embarcada, lo que se conoce como *flete sobre vacío*, salvo que el porteador haya tomado otra carga para completar la capacidad del buque (art. 230 LNM). De esta manera, el embarque por el fletador de una cantidad de mercancía inferior a la pactada, no disminuirá la rentabilidad a obtener por el porteador.

El embarque de mercancías peligrosas deberá realizarse previa declaración de su naturaleza al porteador, con el consentimiento de éste para su transporte y oportunamente etiquetadas y marcadas por el cargador de conformidad con la normativa vigente para cada clase de estas mercancías (art. 232 LNM).

b) Obligación de pagar el flete

El fletador es el obligado al pago del flete, en cuanto sujeto que demanda la puesta a su disposición de un buque y que efectivamente contrata el fletamento (art. 235.1 LNM). No obstante, en el transporte aparece el destinatario como beneficiario directo del contrato, razón por la que no resulta extraño que se le atribuya la obligación de pago del transporte. En este sentido, la LNM prevé que sea precisamente el destinatario quien asuma el pago del flete, cuando así se haya pactado, haciéndolo constar en el conocimiento de embarque o en la carta de porte. En concreto, el destinatario quedará obligado al pago del flete cuando acepte o retire las mercancías en destino, mientras que si rehúsa o no retira las mercancías el flete lo deberá abonar el fletador (art. 235.2 LNM).

El flete se calculará conforme se haya pactado en el contrato. En la práctica, el flete se fija en función de criterios económicos que tienen relación con los costos del buque y con la situación del mercado de fletes. De entre las diferentes modalidades para la determinación del flete que se utilizan en la actualidad, cabe destacar las siguientes: en primer lugar, fijar una cantidad alzada por viaje (*lumpsum freight*) con independencia de la cantidad de cargamento embarcado; en segundo lugar, calcular el flete por el peso o medida de los efectos embarcados entendido como peso bruto; en tercer lugar, el llamado flete *ad valorem*, pensado para cargamentos de especial gran valor que, sin embargo, no es nada frecuente en el fletamento por viaje; y, por último, establecer el flete por parámetros unificados, que tiene su máxima expresión en los contenedores en el «TEU», que es la medida estándar de un contenedor de 20 pies. La LNM presta especial atención a la segunda de las modalidades indicadas, precisando en su art. 233 que, si se pacta calcular el flete por el peso o volumen de las mercancías, se fijará de conformidad con el peso o volumen declarado en el conocimiento de embarque, salvo fraude o error.

El flete se devenga una vez realizado el desplazamiento. En este sentido, salvo pacto en contrario, no se devengará flete cuando las mercancías se hubieren perdido durante el viaje, a no ser que la pérdida se debiese a su naturaleza, vicio propio o defecto de embalaje. Por otra parte, cuando la pérdida fuese parcial y se hubiese pactado calcular el flete conforme al peso o medidas de las mercancías, no devengará flete la parte de mercancía perdida (art. 234.1 LNM). Al contrario, las mercancías averiadas sí devengarán el flete acordado, quedando inadmitida como forma de pago al porteador el abandono de las mercancías.

El derecho del porteador a cobrar el flete goza de una particular protección en la LNM (arts. 236 y 237). En concreto, el porteador tendrá el derecho de retención, depósito y venta notarial de las mercancías transportadas, en caso de impago del flete, demoras y demás gastos ocasionados por su transporte. Igualmente, tiene reconocido a su favor el privilegio del crédito por el flete, de modo que las mercancías transportadas quedarán afectas con preferencia al pago del flete, demoras y otros gastos derivados de su transporte.

c) Plancha y demoras (estadías y sobreestadías)

El transporte de las mercancías en que se materializa el fletamento por viaje implica la carga y descarga de las mimas, con la consiguiente detención del buque para llevar a cabo tales actuaciones. Si estas detenciones se prolongasen en exceso se generarían costes suplementarios, tanto de carácter portuario, a causa del pago de mayores tarifas portuarias, como de reducción de rentabilidad, por obtener una menor explotación del buque. En este sentido, los contratos de fletamento prevén un tiempo de duración determinado para efectuar la carga y la descarga de las mercancías que se denomina «plancha» o «estadía», y que no genera coste adicional alguno al fletador, entendiéndose que cuando se abona el flete se incluye el coste del tiempo de plancha. Al contrario, la «demora» o «sobreestadía» constituye un plazo complementario al de la plancha, en el que el fletador tiene el buque detenido a su disposición, por no haber realizado en el tiempo pactado (en la plancha) las operaciones de carga y descarga, y cuyo empleo genera un coste adicional para este fletador. También se le denomina demora a dicho coste adicional, de forma que el término demora se emplea para referirse, tanto a esa tasa complementaria, como al período de tiempo adicional a la plancha.

Las pólizas regulan con precisión las cuestiones relativas a la plancha y a las demoras. En todo caso, la LNM contempla el régimen jurídico de la plancha y demoras, para los supuestos en que las partes no hubiesen fijado en el contrato dicho régimen (arts. 239 a 245 LNM).

3.7. EXTINCIÓN DEL CONTRATO

La LNM contempla varias causas de extinción anticipada del contrato de fletamento que pueden tener lugar antes del viaje, durante el viaje y con ocasión de la venta del buque (arts. 272 a 276).

Antes del inicio del viaje, el contrato de fletamento quedará extinguido en los supuestos de pérdida o inhabilitación definitiva del buque para navegar sin culpa de ninguna de las partes, cuando el contrato se refiera a un buque concreto y no pueda ser sustituido por otro. Igualmente, cuando las mercancías se perdiesen antes del embarque sin culpa del fletador o del cargador.

Con anterioridad a que el buque se haga la mar, la extinción del contrato también puede producirse en los supuestos en que el transporte pactado no pueda realizarse por acaecimientos naturales, por conflicto armado en el que estén comprometidos el país del puerto de carga o el de descarga, por disposiciones de las autoridades o por causas ajenas a la voluntad de las partes (bloqueos, hielo…).

En todos estos casos de extinción del contrato antes del viaje, el porteador tendrá, en su caso, que descargar y devolver las mercancías cargadas, asumiendo el fletador el coste de dicha operación (art. 272.2 LNM).

El retraso prolongado en el inicio del viaje provocado por algún impedimento temporal, ajeno a la voluntad de alguna de las partes, habilita a cualquiera de ellas para solicitar la extinción del contrato, siempre que, por lo prolongado del retraso, no fuese exigible a las partes esperar a la desaparición de dicho impedimento (art. 273 LNM).

La extinción anticipada del contrato puede tener lugar, igualmente, *durante el viaje*. En efecto, una vez iniciado el viaje pueden sobrevenir circunstancias fortuitas que hagan imposible, ilegal o prohibida su continuación, o un conflicto armado que someta al buque o cargamento a riesgos no contemplados al contratar. En estos supuestos, el porteador podrá arribar al puerto más conveniente al interés común y descargar allí las mercancías, exigiendo al fletador que se haga cargo de ellas en ese lugar. Asimismo, el porteador tendrá derecho al flete en proporción a la distancia recorrida, para cuyo cálculo se tomarán en consideración el espacio recorrido, el coste, el tiempo y los riesgos de la parte recorrida en proporción al viaje total (art. 274 LNM).

A pesar de que no constituye propiamente un supuesto de extinción del contrato de fletamento, el art. 275 LNM dispone, para los fletamentos del buque completo por viaje, que el fletador podrá ordenar la descarga en puerto distinto del pactado, siempre que ello no exponga al buque a riesgos superiores de los previstos al contratar, abonando el flete total contratado y los mayores gastos que se generen.

En el caso de *venta del buque* con anterioridad a que el fletador hubiese comenzado a cargarlo, el comprador no tiene la obligación de respetar los contratos celebrados por el vendedor, dando lugar a la extinción del contrato de fletamento, cuando este contrato hiciese referencia al buque vendido (art. 276 LNM). Todo ello sin perjuicio del derecho del fletador a ser indemnizado por el vendedor.

3.8. Responsabilidad del porteador

El régimen jurídico de la responsabilidad del porteador se unifica en la LNM, de forma que la misma regulación (arts. 277 a 286 LNM) resulta aplicable —imperativamente— al fletamento por viaje, así como al fletamento por tiempo y en régimen de conocimiento de embarque. Efectivamente, la responsabilidad del porteador por los daños o pérdida de las mercancías, o por el retraso en la entrega, en todos los contratos de transporte marítimo nacional e internacional, se rige por lo dispuesto en las RHV y en la propia LNM, conforme advierte el art. 277 LNM.

Ahora bien, a pesar de esta unificación con carácter imperativo del régimen de responsabilidad, la LNM admite, a modo de excepción, la validez de las cláusulas que atenúen o excluyan la responsabilidad del porteador, cuando se incluyan en pólizas de fletamento y no contemplen la exoneración por dolo o culpa grave del porteador. La validez queda circunscrita a las relaciones entre el porteador y el fletador, no pudiendo oponerse, en ningún caso, al destinatario que sea persona diferente del fletador. En todo caso, el régimen de responsabilidad del porteador será examinado con mayor detenimiento en relación con el fletamento en régimen de conocimiento de embarque.

4. *Contrato de fletamento por tiempo*

4.1. Definición y regulación

El fletamento por tiempo (*time charter*) se entiende como aquel contrato, en virtud del cual, el fletante pone a disposición del fletador, a cambio de un flete, un buque durante cierto tiempo, obligándose a realizar los viajes que el fletador le ordene realizar. Así lo establece el art. 204.1

LNM: «Cuando el fletamento se refiera a toda o parte de la cabida del buque podrá concertarse por tiempo o por viaje. En el fletamento por tiempo el porteador se compromete a realizar todos los viajes que el fletador vaya ordenando durante el periodo pactado, dentro de los límites acordados.»

La puesta del buque a disposición del fletador durante un tiempo determinado, período en el cual el fletante se compromete a transportar a los lugares que le indique el fletador, los cargamentos que éste le proporcione, constituye la nota característica del presente contrato. Esto significa que en el momento en que se contrata el fletamento el fletante desconoce los viajes concretos que el buque va a tener que realizar y las mercancías que llevará a bordo. Esas incógnitas hacen que el *time charter* posea una serie de peculiaridades que le separan en gran parte del fletamento por viaje.

La regulación legal aplicable al *time charter* se encuentra en los arts. 203 a 286 LNM. En concreto, al configurar esta Ley el contrato de fletamento (por viaje y por tiempo) como un contrato de transporte marítimo de mercancías y al adoptar una disciplina unitaria para las diferentes modalidades de fletamento, el régimen jurídico del fletamento por viaje examinado *supra* resulta de aplicación, igualmente, al fletamento por tiempo, salvo las especialidades que se indicarán a continuación.

En este sentido, la normativa de la LNM sobre el contrato de fletamento por tiempo es dispositiva, excepto en lo relativo a la responsabilidad del porteador por las consecuencias derivadas de una estiba defectuosa que comprometa la seguridad del viaje (art. 218.3 LNM) y a la responsabilidad del porteador por daño, pérdida o retraso en la entrega de las mercancías en caso de incurrir dicho porteador en dolo o culpa grave (art. 277.1 LNM). Dado este carácter dispositivo de la normativa interna y ante la ausencia de una regulación internacional uniforme, las partes se acogen a los modelos-tipo de pólizas de fletamento por tiempo existentes en el tráfico. Entre estas pólizas tipo pueden destacarse, la NYPE (*New York Produce Exchange Form Time Charter*) en sus versiones de 1993 y de 2015, y la GENTIME (*General Time Charter Party*), aprobada por BIMCO en 1999, diseñada para sustituir tanto a la clásica BALTIME (*Uniform Time Charter*) elaborada también por la BIMCO en 1909, con revisiones posteriores en 1939 y en 2001, como a la LINERTIME (*Deep Sea Time Charter*) de la BIMCO, publicada en 1968 y revisada en 1974 y en 2015.

Los contratos de utilización del buque por tiempo para fines distintos al transporte de mercancías (investigación, tendido de cables...) quedarán sometidos a las disposiciones sobre el fletamento «que se refieren a la puesta a disposición y empleo del buque, así como al flete y su extinción anticipada, en tanto en cuanto sean compatibles con la finalidad del contrato celebrado» (art. 210 LNM).

4.2. Características

Entre las características del fletamento por tiempo cabe destacar las siguientes:

a) La *gestión comercial del buque le corresponde al fletador* y, salvo que se acuerde lo contrario, serán de su cuenta los gastos variables de explotación (art. 204.2 LNM). Gastos como el combustible o los gastos portuarios no se pueden incluir en el flete, porque se desconocen los viajes que el buque va a realizar durante el contrato y, por tanto, no son computables. Y por ello, corresponderá al fletador correr con dichos gastos «variables», surgidos propiamente de la navegación, aunque él no sea quien los realice, porque es él quien va a decidir los destinos y frecuencias del buque.

b) Como consecuencia del desconocimiento inicial por el fletante del empleo futuro del buque, *el flete* se calcula por el tiempo en que el buque esté a disposición del fletador. En efecto, y salvo que se pacte de otra forma, el flete se devengará día a día durante el periodo de tiempo que el buque se encuentre a disposición del fletador en condiciones que le faculten para su efectivo empleo (art. 233.b LNM). En principio, resultan irrelevantes los viajes que se realicen o el volumen de mercancías que sean objeto de transporte. Como el fletante no los conoce en el momento de contratar, no puede tenerlos en cuenta a la hora de calcular el flete. Por eso, el tiempo es la única magnitud con la que puede contar para fijar el precio de la utilización del buque.

c) Como el fletador es quien decide el rumbo del buque, en las pólizas de los fletamentos por tiempo se establece que *el fletador podrá dar directamente al capitán las órdenes* relativas a viajes, puertos y cargamentos a transportar. Esta previsión se formula a través de la cláusula llamada «empleo» del buque, en la que se establece de forma expresa que las decisiones del fletador sobre los viajes se imparten directamente al capitán. Dicho desde otra perspectiva, se puede afirmar que el capitán se pone a las órdenes del fletador en todo lo relacionado con la gestión comercial del buque. Esta forma de proceder responde a razones prácticas y no puede servir para creer que el capitán se convierte en dependiente del fletador. Se trata del receptor contractualmente designado para recibir la concreción de sus tareas cuyo control siempre corresponde al fletante porteador, siendo éste quien se obliga a realizar los viajes y no el capitán.

d) *El fletador podrá embarcar mercancías de su propiedad, o bien ordenar el embarque de mercancías de terceros.* Esta segunda posibilidad es la que explica que en muchas ocasiones se celebren contratos de *time charter*, porque precisamente se hacen para tener la disposición de un buque durante un determinado tiempo y poder afrontar de ese modo compromisos de transporte asumidos con terceros. En estas situaciones en las que el fletador ha celebrado un contrato de transporte con un tercero, hay una superposición simultánea de varios contratos de disposición sobre el buque, que en la práctica complica enormemente el alcance e integridad de los compromisos existentes.

4.3. Contenido del contrato: obligaciones del porteador

a) *Obligación de puesta a disposición del buque*

El porteador fletante se compromete a poner el buque a disposición del fletador o cargador, en el puerto y fecha convenidos en la póliza de fletamento (art. 211 LNM), como requisito previo para poder transportar las mercancías a destino. Si el contrato de fletamento se refiriese a un buque concreto, éste no podrá ser sustituido por otro, salvo pacto expreso admitiendo esta posibilidad.

Si el buque no estuviese a disposición del fletador en la fecha pactada, el fletador podrá resolver el contrato. Además, el fletador queda legitimado para reclamar la oportuna indemnización de los perjuicios sufridos cuando el incumplimiento fuese imputable a culpa del porteador (art. 214 LNM).

La particularidad en el fletamento por tiempo, en cuanto a la puesta a disposición del buque, radica en que la responsabilidad del fletador por las averías que puedan ocasionarse al buque por la designación de un puerto inseguro, se aplica a todos los puertos que el fletador vaya designando durante la vigencia del contrato (art. 216.2 LNM).

b) *Obligación de navegabilidad del buque*

Con el término navegabilidad se alude en el *time charter* a que el buque se encuentre preparado y listo para realizar los viajes encomendados, sin estar sometido a más riesgos que los derivados de toda navegación marítima. En concreto, el porteador fletante se compromete a poner el buque en perfecto estado de navegabilidad a disposición del fletador. Dicha obligación se exige en el momento de la puesta a disposición del buque y deberá mantenerse, con posterioridad, durante toda la vigencia del contrato (art. 212 LNM). Al igual que sucede en el fletamento por viaje, la presente obligación de navegabilidad se configura como una obligación de diligencia o de medios, no como una obligación objetiva de garantía o de resultado, de forma que el fletante sólo es responsable de los daños causados por falta de navegabilidad cuando ésta se haya producido por culpa o dolo.

Por otra parte, la inadecuación de las características del buque (nacionalidad, clasificación, velocidad, consumo, capacidad...) a las condiciones fijadas en la póliza constituye el incumplimiento de una garantía que genera la responsabilidad del fletante, con independencia de la causa culpable o fortuita del mismo. A la hora de precisar qué grado de inadecuación del buque puede propiciar la resolución del contrato, hay que hacer constar que sólo podrá instarse dicha resolución cuando las inadecuaciones del buque en relación a lo prometido revistan la gravedad suficiente en sus consecuencias prácticas como para frustrar la finalidad perseguida al contratar (art. 213 LNM). Cuando no concurra esta gravedad, no será posible resolver el contrato, pero el fletador podrá reclamar indemnización por los daños sufridos.

No resulta de aplicación al fletamento por tiempo la obligación del porteador de asumir a su costa el transporte de la mercancía hasta el destino pactado, en los supuestos de inhabilitación definitiva del buque para navegar o de retraso —derivado de la arribada por inhabilitación provisional del buque— que pueda perjudicar gravemente al cargamento (art. 224.3 LNM).

c) Obligación de mantenimiento del buque en buenas condiciones

Las pólizas de fletamento por tiempo (cl. 3 BALTIME, cl. 4 LINERTIME, cl. 6 NYPE) obligan al fletante a mantener el buque puesto a disposición del fletador en buenas condiciones, en lo relativo al casco, maquinaria y equipo durante el tiempo que dure el contrato (*maintenance clause*). Por lo tanto, son de cuenta del fletante gastos de explotación del buque como sueldos de la tripulación, provisiones, contratación de seguros, etc. (cl. 1 BALTIME). La presente obligación se configura como una obligación de diligencia, por lo que los navieros cumplen siempre que ejerzan una razonable diligencia en vigilar el buen estado del buque, sometiéndolo a inspecciones periódicas y reparando cualquier defecto que se produzca.

d) Obligación de efectuar los viajes con celeridad y diligencia

De la definición del fletamento por tiempo se desprende que la obligación esencial del porteador reside en realizar los viajes que le ordene el fletador con la máxima celeridad (*utmost dispatch*) y diligencia posibles (cl. 9 BALTIME, cl. 8 NYPE). Esta exigencia obedece a que el fletador pretende conseguir una utilización óptima del buque, reduciendo al mínimo las detenciones del buque y maximizando su explotación. Para ello, será necesaria la colaboración del fletador en la identificación y puesta en conocimiento del porteador de los viajes que se pretende realizar. En esta línea, la LNM (arts. 220 a 222) ordena que el viaje sea iniciado con prontitud y que se realice hasta el puerto de destino sin demora innecesaria, siguiendo la ruta pactada o, en su defecto, la más apropiada de acuerdo con las circunstancias.

En cuanto a la custodia del cargamento, las operaciones de carga, descarga, estiba y desestiba, nos remitimos a las afirmaciones ya realizadas en relación con el fletamento por viaje. La especialidad del fletamento por tiempo estriba en que la responsabilidad del fletador por daños al buque como consecuencia de la designación de un muelle o lugar de carga inseguro, será aplicable a todos los muelles o lugares de carga que el fletador vaya designando durante la vigencia del contrato (art. 217.3 LNM).

4.4. Contenido del contrato: obligaciones del fletador

a) Obligación de pagar el flete

El flete lo debe abonar el fletador, salvo que se acuerde el pago por el destinatario de las mercancías (art. 235 LNM). Asimismo, - (art. 233.b LNM).

En principio, resultan irrelevantes los viajes que se realicen o el volumen de mercancías que sean objeto de transporte.

Como la gestión comercial del buque le corresponde al fletador, salvo que se acuerde de forma diferente, serán de su cuenta los gastos variables de explotación como el combustible o los gastos portuarios (art. 204.2 LNM).

En el fletamento por tiempo, el porteador podrá ejercitar el derecho de retención o depósito de las mercancías por impago de fletes, cuando pertenezcan al fletador. Si las mercancías fuesen de propiedad de terceros que hubiesen pactado el transporte con el fletador, el porteador solamente podrá retener o depositar las mercancías por el importe de los fletes que aquéllos deban aún al fletador (art. 238 LNM).

b) La utilización del buque por el fletador

El fletador puede ordenar directamente al capitán todo lo relativo a la explotación comercial del buque, esto es, cargamentos a embarcar, viajes a realizar, velocidad de realización, etc. Por ello se dice que la gestión comercial del buque se traslada al fletador, quedándose el porteador exclusivamente con la gestión náutica.

4.5. Extinción del contrato

La vigencia del contrato de fletamento por tiempo se extiende desde la puesta del buque a disposición del fletador hasta la finalización del plazo pactado. Las pólizas al uso suelen contemplar los plazos de duración del fletamento por meses, debiendo computarse de fecha a fecha.

En cuanto a las causas de extinción de los contratos el fletamento por tiempo cabe destacar, en primer lugar, la concurrencia de causas fortuitas (no culposas) que produzcan la pérdida o la inhabilitación definitiva del buque para navegar (art. 272.1.a LNM). De modo similar, constituyen causas de extinción los conflictos armados, las disposiciones de autoridades u otras circunstancias fortuitas que hagan imposible o dificulten notablemente el cumplimiento del contrato. También será causa de extinción del contrato, la modificación sobrevenida de las circunstancias de la contratación que imposibilite el cumplimiento del mismo, situación que no es infrecuente en el contrato de *time charter* dado su carácter duradero.

A este respecto, debe mencionarse que no resulta aplicable al fletamento por tiempo la extinción por pérdida de las mercancías antes del embarque sin culpa del fletador (art. 272.1.b LNM).

5. *Contrato de transporte marítimo de mercancías en régimen de conocimiento de embarque*

5.1. Aproximación

La aparición en el siglo XIX de las líneas regulares de transporte marítimo, con rutas y escalas fijas, en cuya delimitación ya no intervienen los cargadores, permitió al naviero-porteador la formalización de una pluralidad de contratos de transporte marítimo con un gran número de cargadores, que aportan cargas parciales hasta que se completa la capacidad de carga del buque. A diferencia de las líneas regulares, en el fletamento el naviero fletante, normalmente, pone a disposición del fletador la totalidad de la capacidad de carga del buque. Una segunda diferencia entre ambas modalidades de transporte es que en las líneas regulares el contrato se plasma en el conocimiento de embarque al que se incorporan las condiciones generales del transporte, en sustitución de la póliza de fletamento. En tercer lugar, cabe señalar que en el transporte en línea regular el porteador ostenta una posición dominante frente a la de los múltiples y dispersos cargadores que contratan con él, lo que en la práctica dio lugar a la incorporación de cláusulas abusivas en materia de responsabilidad del porteador.

La aparición y progresiva consolidación de esta modalidad de transporte marítimo formalizado en conocimiento de embarque, necesitaba de una normativa específica que diese una respuesta adecuada a los múltiples problemas prácticos que generaba, en particular, a las cláusulas abusivas impuestas por los porteadores, ante la inexistencia de una regulación legal que disciplinase dicha nueva modalidad de transporte.

5.2. DEFINICIÓN

Para la LNM el transporte marítimo de mercancías determinadas en régimen de conocimiento de embarque constituye una modalidad concreta de fletamento. Así lo dispone el art. 205 LNM: «El fletamento también puede referirse al transporte de mercancías determinadas por su peso, medida o clase. En este caso, las condiciones del contrato podrán figurar en el conocimiento de embarque u otro documento similar».

En efecto, la LNM parte de un tipo contractual unificado como es el contrato de fletamento, que acoge diferentes clases o modalidades (fletamento por viaje, por tiempo, en régimen de conocimiento de embarque...) y que identifica con el contrato de transporte marítimo de mercancías. En este sentido, el fletamento para el transporte de mercancías determinadas en régimen de conocimiento de embarque es un contrato de transporte (art. 203 LNM).

5.3. REGULACIÓN

El primer acuerdo internacional en el campo del transporte marítimo de mercancías se remonta al Convenio internacional para la unificación de ciertas reglas en materia de conocimiento de embarque, de 25 de agosto de 1924 (conocido como «Reglas de La Haya», por su similitud con su precedente, la Reglas de La Haya de 1921). Este acuerdo original de 1924 fue modificado por los Protocolos de 23 de febrero de 1968 (conocido como «Reglas de Visby») y de 21 de diciembre de 1979, dando lugar al Derecho uniforme conocido como «Reglas de La Haya-Visby» (en adelante, RHV) y que goza de una amplia acogida a nivel internacional, siendo España Estado parte.

En el ámbito interno, la LNM establece que «los contratos de transporte marítimo de mercancías, nacional o internacional, en régimen de conocimiento de embarque y la responsabilidad del porteador, se regirán por el Convenio Internacional para la Unificación de Ciertas Reglas en Materia de Conocimientos de Embarque, firmado en Bruselas el 25 de agosto de 1924, los protocolos que lo modifican de los que España sea Estado parte y esta ley» (art. 277.2 LNM). De este modo, el transporte marítimo nacional o doméstico en régimen de conocimiento de embarque pasa a quedar regulado por las RHV (a pesar de que tales Reglas fueron pensadas, fundamentalmente, para el transporte internacional), con las matizaciones previstas en la propia LNM en relación con este contrato.

Entre estas matizaciones cabe destacar que la LNM prevé la posibilidad de embarcar mercancía sobre cubierta (arts. 219 y 248.1.3.º) y el transporte de animales vivos (art. 281), mientras que las RHV excluyen la carga sobre cubierta y el transporte de animales vivos (art. 1.c). Igualmente, la LNM contempla la responsabilidad por retraso (arts. 277 y 280 LNM), responsabilidad que no reflejan las RHV.

Asimismo, el periodo temporal de aplicación de la LNM se amplía con respecto a las RHV. En el caso de las RHV su aplicación se extiende desde el comienzo de las operaciones de carga en el puerto de origen hasta la finalización de las operaciones de descarga en el puerto de destino, lo que se representa con las expresiones «tackle to tackle». Sin embargo, en la LNM el periodo temporal es más amplio, ya que la responsabilidad del porteador comprende «el período desde que se hace cargo de las mismas en el puerto de origen, hasta que las pone a disposición del destinatario o persona designada por este en el puerto de destino», acogiendo así la conocida regla «puerto a puerto» prevista en las Reglas de Hamburgo de 1978.

Por otra parte, la aplicación de esta normativa (RHV con las matizaciones de la LNM) requiere que las condiciones del contrato de transporte queden reflejadas en un conocimiento de embarque o en otro documento similar (art. 205 LNM). Igualmente, resultará de aplicación a los contratos documentados en carta de porte marítimo, y cuando el fletador por viaje o por tiempo celebren en su propio nombre contratos de fletamento en régimen de conocimiento de embarque con terceros, pero únicamente en lo que se refiere a las relaciones entre el porteador y el tercero (art. 207 LNM).

5.4. Contenido del contrato

La normativa reguladora de las obligaciones de las partes del contrato de transporte marítimo de mercancías en régimen de conocimiento de embarque se encuentra prevista en los arts. 211 a 238 LNM. Aquí se recogen las disposiciones comunes sobre obligaciones del porteador y deberes del fletador aplicables a las diferentes modalidades de fletamento, sin perjuicio de las particularidades concretas adoptadas para cada clase concreta de fletamento. En este sentido, nos remitimos al contenido del contrato de fletamento por viaje examinado *supra*.

5.5. Régimen de responsabilidad del porteador

a) Carácter imperativo mínimo y unificado

La responsabilidad del porteador por los daños o pérdida de las mercancías, o por el retraso en la entrega, queda sometida a lo dispuesto en las RHV y en la propia LNM. En concreto, ambas normativas contemplan el carácter imperativo mínimo del régimen de responsabilidad del porteador, con la finalidad de proteger los intereses de los cargadores frente a los porteadores. Así se deduce de lo previsto en el art. 277.1 LNM (y, de modo similar, en el art. 3.8 RHV), en el que se establece que las disposiciones sobre responsabilidad del porteador «se aplicarán imperativamente a todo contrato de transporte marítimo», añadiendo que carecerá de eficacia toda cláusula del contrato de transporte que pretenda atenuar o anular la responsabilidad impuesta al porteador. Por lo tanto, *a contrario sensu*, la LNM admite la validez de las cláusulas que aumenten los niveles de responsabilidad con respecto a lo previsto legalmente.

Este régimen imperativo mínimo es objeto de unificación en la LNM, al resultar de aplicación a todos los contratos de transporte marítimo de mercancías, nacional e internacional (fletamento por viaje, fletamento por tiempo, fletamento en régimen de conocimiento de embarque...), tal y como señala el art. 277 LNM. No obstante, a modo de excepción, se admite la validez de las cláusulas que atenúen o excluyan la responsabilidad del porteador, cuando se incluyan en pólizas de fletamento y no contemplen la exoneración por dolo o culpa grave del porteador. La validez de estas cláusulas queda circunscrita a las relaciones entre el porteador y el fletador, no pudiendo oponerse, en ningún caso, al destinatario que sea persona diferente del fletador.

b) Supuestos de responsabilidad y fundamento

Los supuestos de hecho generadores de la responsabilidad del porteador son los daños a las mercancías, la pérdida de las mismas y el retraso en su entrega (art. 277.1 LNM). En concreto, la responsabilidad se atribuye al porteador durante el tiempo en que las mercancías se encuentren bajo su custodia, de forma que la infracción de dicho deber de custodia genera la responsabilidad del porteador (arts. 223 y 279 LNM).

En lo que se refiere a la responsabilidad por retraso (por los daños y/o perjuicios del retraso), la LNM precisa que tal responsabilidad surgirá cuando el cargamento no sea entregado en destino en el plazo convenido, o en ausencia de este, en el plazo razonable exigible según las circunstancias de hecho del transporte en cuestión (art. 280 LNM).

Se configura en la LNM una responsabilidad con fundamento subjetivo, es decir, por culpa del porteador, pero presumiéndose dicha culpa, debiendo el porteador probar la concurrencia de alguna causa de exoneración, para eludir su responsabilidad.

Sin embargo, este principio general de responsabilidad aparece debilitado por una serie de excepciones enumeradas en el art. 4.2 RHV, que posibilitan auténticas exoneraciones de responsabilidad para el porteador, sobre todo porque se trata, en ocasiones, de hechos que se encuentran dentro de su esfera de riesgo. En este grupo llaman la atención los supuestos de falta náutica (art. 4.2.a RHV), entre los que se inscriben los errores cometidos por el personal al servicio del porteador en el empleo y manejo del buque, basándose en su lejanía de las costas y en la peligrosidad inherente a la navegación marítima.

La responsabilidad será solidaria en el supuesto de intervención de una pluralidad de porteadores. En primer lugar, cuando concurran un porteador contractual, que se compromete a realizar el transporte, y un porteador efectivo, que lo realiza efectivamente por sus propios medios (art. 278 LNM). En segundo lugar, cuando el transporte sea realizado por varios porteadores sucesivos bajo un único título (art. 284 LNM).

c) Responsabilidad limitada

La responsabilidad del porteador por pérdida o daños a la mercancía, y por retraso en la entrega, se encuentra limitada cuantitativamente (arts. 282 y 283 LNM).

Por lo que se refiere a los supuestos de pérdida o daño, los límites máximos de responsabilidad del porteador marítimo se aplican siempre, salvo que se haya hecho constar en el conocimiento de embarque el valor real de las mercancías transportadas. En tal caso, el valor declarado será el montante de la indemnización en caso de pérdida total de la mercancía, siendo el resarcimiento proporcional al valor declarado en caso de daño parcial.

Conforme al régimen previsto en el art. 4.5 RHV, al que se remite el art. 282.1 LNM, el porteador, si es declarado responsable por daños o pérdida, deberá indemnizar al interesado en la carga, como máximo, con 666,67 derechos especiales de giro por bulto, o 2 derechos especiales de giro por kilogramo de peso bruto de la mercancía perdida o dañada, aplicándose el más elevado de estos límites. En el caso de que las mercancías se transporten en contenedores, bandejas de carga u otros medios similares de agrupación de mercancías, existirán tantos bultos como se especifiquen en el conocimiento, pero si no se enumeran, se considera que el recipiente en cuestión es un solo bulto.

La limitación de responsabilidad por retraso alcanza a una suma equivalente a dos veces y media el flete pagadero por las mercancías afectadas por el retraso, pero sin que dicha suma pueda exceder del importe total del flete que deba abonarse en virtud del contrato de fletamento (art. 283.1 LNM).

6. Contrato de pasaje

El contrato de transporte por mar de personas y, en su caso, sus equipajes, a cambio del pago de un precio, recibe la denominación de contrato de pasaje en la LNM (art. 287.1). Ahora bien, la regulación del contrato de pasaje también será de aplicación cuando se trate de un transporte gratuito realizado por un porteador marítimo de pasajeros.

El contrato de pasaje interno o doméstico se encuentra regulado, fundamentalmente, en los arts. 287 a 300 LNM, disposiciones que presentan un carácter imperativo (art. 298.2 LNM). Por lo que se refiere al contrato de pasaje internacional resultan de aplicación, entre otras normas, el Convenio de Atenas relativo al transporte de pasajeros y sus equipajes por mar de 13 de diciembre de 1974, conforme a su modificación por el Protocolo de Londres de 1 de noviembre de 2002, del que España es Estado parte.

El porteador debe extender, de forma inexcusable, un billete de pasaje, en el que consten, como mínimo, una serie de menciones recogidas en el art. 288.1 LNM (lugar y fecha de emisión, nombre y dirección del porteador, nombre del buque...). No obstante, este billete puede ser sustituido por un tique en el que figuren únicamente el nombre del porteador, el servicio efectuado y su importe, en aquellos casos de embarcaciones que presten servicios portuarios y regulares en el interior de zonas delimitadas por las autoridades marítimas (art. 288.2 LNM).

La principal obligación del porteador es la de comenzar el viaje y realizarlo hasta el punto de destino sin demora injustificada, siguiendo la ruta pactada y, en ausencia de pacto, por la ruta más apropiada según las circunstancias. De modo similar, el porteador se obliga a prestar los servicios complementarios y la asistencia médica conforme a la normativa reglamentaria o los usos (art. 291 LNM). Igualmente, el porteador debe poner y conservar el buque en estado de navegabilidad y convenientemente armado, equipado y aprovisionado para realizar el transporte pactado y para garantizar la seguridad y la comodidad de los pasajeros a bordo (art. 290.1 LNM).

Al pasajero le corresponde el deber de pagar el precio del pasaje, presentarse en el lugar y momento oportunos para su embarque y observar las disposiciones fijadas para conservar el orden y la seguridad a bordo (art. 293 LNM). En cuanto a los derechos de los pasajeros, el art. 293.1 LNM viene a reconocer los derechos reconocidos por la normativa de la Unión Europea, remitiéndose así al Reglamento (UE) núm. 1177/2010, del Parlamento Europeo y del Consejo, de 24 de noviembre de 2010, sobre los derechos de los pasajeros que viajan por mar y por vías navegables.

La responsabilidad del porteador por muerte o lesiones de los pasajeros o por daños a los equipajes, se rige, imperativamente, por lo dispuesto en el mencionado Convenio de Atenas de 1974 conforme a la modificación del Protocolo de 2002, por la normativa de la Unión Europea (en particular, el Reglamento (CE) n°. 392/2009, del Parlamento Europeo y del Consejo, de 23 de abril de 2009, sobre la responsabilidad de los transportistas de pasajeros por mar en caso de accidente) y por la propia LNM.

Asimismo, cabe señalar que el porteador debe suscribir un seguro obligatorio de responsabilidad por la muerte y lesiones corporales de los pasajeros que transporte (art. 300.1 LNM). En concreto, esta suscripción es obligatoria para los porteadores efectivos que ejecuten el transporte y siempre que se realice en un buque que transporte más de doce pasajeros. El límite indemnizatorio de dicho seguro, por cada pasajero y cada accidente, no podrá ser inferior a lo que establezcan los convenios y las normas de la Unión Europea. Por otra parte, se reconoce al perjudicado la acción directa contra el asegurador hasta el límite de la suma asegurada (art. 300.2 LNM).

II. Contrato de transporte aéreo

1. *Regulación*

El transporte aéreo nacional de personas y mercancías se encuentra regulado en la Ley 48/1960, de 21 de julio, sobre navegación aérea (en adelante, LNA), en particular, en el capítulo XII: «Del contrato de transporte» (arts. 92 y ss.). Ahora bien, las disposiciones de esta Ley sobre responsabilidad contractual en el transporte aéreo de pasajeros deben considerarse derogadas implícitamente por el Reglamento (CE) n.° 889/2002, de 13 de mayo, de modo que la vigencia de la LNA en materia de contrato de transporte aéreo queda limitada, fundamentalmente, al transporte de mercancías.

El transporte aéreo internacional de pasajeros y mercancías queda sometido a lo establecido en el Convenio de Montreal de 28 de mayo de 1999, para la unificación de ciertas reglas para el transporte aéreo internacional (en lo sucesivo, CM), en vigor para España desde el 28 de junio de 2004. Este Convenio pretende sustituir al Convenio de Varsovia de 12 de octubre de 1929 y sus protocolos modificativos. No obstante, el Convenio de Varsovia sigue siendo de aplicación en la actualidad en diferentes supuestos, por ejemplo, cuando el punto de partida y de destino del transporte aéreo se encuentren en Estados parte en el Convenio de Varsovia y no en el de Montreal. Igualmente, presentan una gran relevancia práctica las condiciones generales de la asociación privada de compañías aéreas IATA «*International Air Transport Association*».

2. *Transporte aéreo de pasajeros*

El porteador aéreo de personas debe emitir y entregar el billete al pasajero, en el que se incluirán las menciones exigidas por la LNA (art. 92). Este *billete de pasaje* constituye un documento nominativo e intransferible, cuya utilización se limita únicamente al viaje para el que fue expedido y en el lugar del avión que, en su caso, establezca (art. 93 LNA). En el mismo billete o en el talón de equipajes se hará constar el equipaje facturado, documento que legitima para su posterior retirada (art. 99 LNA). A pesar de que se imponga la expedición del billete de pasaje (o del *documento de transporte* en el CM, art. 3.1), el contrato de transporte aéreo de personas es consensual, de modo que dichos documentos no se exigen para la validez del contrato.

El porteador queda obligado a transportar al pasajero y su equipaje. El incumplimiento de esta obligación puede generar la responsabilidad del porteador. A este respecto, debe advertirse que la responsabilidad de una compañía aérea comunitaria en relación con el transporte (interno e internacional) de pasajeros y su equipaje se regirá por lo dispuesto en el Convenio de Montreal sobre dicha responsabilidad (art. 3.1 Reglamento (CE) n.º 2027/97). En este sentido, el porteador responderá, entre otros supuestos, por la pérdida o deterioro del equipaje, pero el pasajero tendrá que realizar la oportuna protesta o reclamación previa, para posteriormente poder ejercitar la acción por deterioro o pérdida del equipaje contra el porteador (art. 31 CM y art. 100 LNA). Otros supuestos que pueden dar lugar a la responsabilidad del porteador aéreo son los de denegación de embarque (*overbooking* y otros), cancelación o gran retraso de los vuelos, a los que resulta de aplicación lo previsto en el Reglamento (CE) n.º 261/2004, de 11 de febrero.

3. *Transporte aéreo de mercancías*

El contrato de transporte aéreo nacional de mercancías se perfecciona con la entrega de las mismas al porteador (art. 102 LNA), de lo que se deduce que se trata de un contrato de carácter real, si bien la normativa internacional se decanta por el carácter consensual de dicho contrato.

El porteador debe extender el *talón* de recepción de la mercancía sobre la base de la declaración del expedidor, de forma nominativa, a la orden o al portador (art. 102 LNA). Este talón constituye prueba de la existencia del contrato y legitima a su tenedor para solicitar la retirada de la mercancía (art. 103 LNA). En el Convenio de Montreal el documento que debe emitirse es la *carta de porte aéreo*, siendo el expedidor el encargado de tal emisión y cumpliendo una función probatoria privilegiada de la celebración del contrato, de la recepción de las mercancías y de las condiciones del transporte (arts. 4 y 11 CM).

Entre las obligaciones del porteador cabe destacar las de custodia de la mercancía entregada, desplazamiento en el tiempo y forma pactados y entrega al destinatario. Asimismo, el expedidor tiene un amplio derecho de disposición sobre la mercancía objeto de transporte (arts. 112 LNA y 12 CM). En cuanto a la responsabilidad, limitada, del transportista aéreo por el daño causado en caso de destrucción o pérdida o avería de la carga, resultan de aplicación los arts. 18 y ss. CM, y 115 y ss. LNA.

Fuentes legales

Ley 48/1960, de 21 de julio, sobre navegación aérea; Ley 14/2014, de 24 de julio, de navegación marítima; Convenio internacional para la unificación de ciertas reglas en materia de conocimientos de embarque, firmado en Bruselas el 25 de agosto de 1924 y Protocolos de 23 de febrero de 1968 y 21 de diciembre 1979 (Reglas de la Haya-Visby); Convenio para la unificación de ciertas reglas para el transporte aéreo internacional, hecho en Montreal el 28 de mayo de 1999.

Bibliografía seleccionada

ARROYO MARTÍNEZ, I. y RUEDA MARTÍNEZ, J.A., *Compendio de Derecho marítimo*, Tecnos, Madrid, última edición.

BERCOVITZ ÁLVAREZ, G., EMPARANZA SOBEJANO, A., GARCÍA ÁLVAREZ, B., IRIBARREN BLANCO, M., PETIT LAVALL, M.V. y PILOÑETA ALONSO, L.M., «Contratación del transporte y la navegación», en BERCOVITZ RODRÍGUEZ-CANO, R. (dir.), *Tratado de contratos*, t. V, 3.ª ed., Tirant lo blanch, Valencia, 2020.

BROSETA PONT, M. y MARTÍNEZ SANZ, F., Capítulo 31: «El contrato de transporte (II)», en *Manual de Derecho Mercantil, II*, Tecnos, Madrid, última edición.

EMPARANZA SOBEJANO, A. y MARTÍN OSANTE, J.M., Capítulos III y IV: «El transporte marítimo (I) y (II)», en MARTÍNEZ SANZ, F. (dir.), PÜETZ, A. (coord.), *Manual de Derecho del transporte*, Marcial Pons, Madrid-Barcelona-Buenos Aires, 2010.

GABALDÓN GARCÍA, J.L., *Curso de Derecho marítimo internacional. Derecho marítimo internacional público y privado y contratos marítimos internacionales con apéndice en cada capítulo sobre legislación marítima española*, 2.ª ed., Marcial Pons, Madrid-Barcelona-Buenos Aires, 2024.

JIMÉNEZ SÁNCHEZ, G.J. y DÍAZ MORENO, A. (coords.), *Derecho mercantil, vol. 8, Transportes mercantiles*, 15.ª ed., Marcial Pons, Madrid-Barcelona-Buenos Aires-Sao Paulo, 2014.

MORILLAS JARILLO, M.J., PETIT LAVALL, M.V. y GUERRERO LEBRÓN, M.J., *Derecho aéreo y del espacio*, Marcial Pons, Madrid-Barcelona-Buenos Aires-Sao Paulo, 2014.

PULIDO BEGINES, J.L., *Curso de Derecho de la navegación marítima*, Tecnos, Madrid, 2015.

SALINAS ADELANTADO, C., *Manual de Derecho marítimo*, Tirant lo blanch, Valencia, 2021.

SÁNCHEZ CALERO, F. y SÁNCHEZ-CALERO GUILARTE, J., Capítulos 68 y 69: «Los contratos de explotación del buque (I) y (II), en *Instituciones de Derecho mercantil, II*, 37.ª ed., Thomson Reuters Aranzadi, Cizur Menor, 2015.

SIERRA NOGUERO, E., *Manual de Derecho aeronáutico*, 2.ª ed., Tirant lo blanch, Valencia, 2024.

ZUBIRI DE SALINAS, M., «Los contratos de pasaje, remolque y arrendamiento náutico», en EMPARANZA SOBEJANO, A. y MARTÍN OSANTE, J.M. (dirs.), *Comentarios sobre la Ley de navegación marítima*, Marcial Pons, Madrid-Barcelona-Buenos Aires-Sao Paulo, 2015.

Jurisprudencia básica

1. SAP de Islas Baleares (Sección 5.ª) núm. 395/2016, de 30 de diciembre (AC 2017\95). Fletamento por tiempo. Fletamento por viaje. Obligaciones del fletador.

2. SAP de Valencia (Sección 9.ª) núm. 108/2018, de 14 de febrero (AC 2018\1072). Transporte marítimo de mercancías en régimen de conocimiento de embarque. Retraso.

3. SAP de Barcelona (Sección 15.ª) núm. 593/2020, de 17 de marzo (JUR 2020\159239). Contrato de pasaje. Lesiones de pasajera. Ley de navegación marítima. Convenio de Atenas.

4. SAP de Islas Baleares (Sección 5.ª) núm. 252/2018, de 11 de junio (AC 2018\1613). Transporte aéreo de pasajeros. Denegación de embarque (*overbooking*). Retraso. Reglamento (CE) 261/2004.

5. SAP de Barcelona (Sección 15.ª) núm. 377/2017, de 21 de septiembre (AC 2017\1265). Transporte aéreo de pasajeros. Retraso. Convenio de Montreal. Daño moral.

Materiales de autoevaluación

Preguntas test

1. En el fletamento por viaje, las operaciones de carga y estiba de las mercancías se realizarán a costa y riesgo de:

a) El fletador o cargador, salvo pacto en contrario.
b) El porteador, salvo pacto en contrario.
c) El fletador o cargador, siempre, sin que pueda pactarse lo contrario.
d) El porteador, siempre, sin que pueda pactarse lo contrario.

2. En el fletamento por tiempo, salvo pacto en contrario, los gastos variables como combustible o tasas portuarias serán de cuenta del:

a) Porteador.
b) Fletador.
c) Destinatario.
d) Porteador y fletador a partes iguales.

3. De acuerdo con la Ley de navegación marítima, el periodo temporal de responsabilidad del porteador se extiende:

a) Desde el comienzo de las operaciones de carga en el puerto de origen hasta la finalización de las operaciones de descarga en el puerto de destino (*«tackle to tackle»*).
b) Desde que el porteador se hace cargo de las mercancías en el puerto de origen, hasta que las pone a disposición del destinatario o persona designada por este en el puerto de destino («puerto a puerto»).
c) Desde que las mercancías salen del almacén en origen hasta que entran en almacén en destino («almacén a almacén»).
d) La Ley de navegación marítima no contempla el periodo temporal de responsabilidad del porteador.

4. La responsabilidad del porteador marítimo por el retraso en la entrega de las mercancías, se contempla:

a) En la Ley de navegación marítima y en las Reglas de La Haya-Visby.
b) Solamente en la Ley de navegación marítima.
c) Solamente en las Reglas de La Haya-Visby.
d) La responsabilidad por retraso no se contempla ni en la Ley de navegación marítima, ni en las Reglas de La Haya-Visby.

5. El Reglamento (CE) n.º 261/2004, de 11 de febrero, contempla la responsabilidad del porteador aéreo:

a) En relación con los daños causados a las mercancías transportadas.
b) Por los daños causados a las infraestructuras aeroportuarias.
c) En los supuestos de accidentes sufridos por los empleados de las compañías aéreas.
d) En caso de denegación de embarque y de cancelación o gran retraso de los vuelos de pasajeros.

Indicar la corrección o incorrección de las siguientes aseveraciones razonando la respuesta:

1.ª Si el fletador por viaje no cargara la totalidad de la mercancía que ha contratado, deberá abonar también el flete de la parte de mercancía no embarcada, lo que se conoce como flete sobre vacío.

2.ª En el fletamento por tiempo, el flete se fijará normalmente en función de los viajes que se realicen y del volumen de mercancías que sean objeto de transporte.

3.ª El régimen de responsabilidad del porteador marítimo de mercancías previsto en la Ley de navegación marítima es imperativo.

4.ª Todos los porteadores marítimos de pasajeros tienen la obligación de suscribir un seguro de responsabilidad por muerte y lesiones corporales de los pasajeros.

5.ª Para poder exigir responsabilidad al transportista aéreo por pérdida o daño al equipaje, el pasajero tendrá que plantear una protesta previa al ejercicio de la acción.

Lección 8

Entidades de crédito y contratación bancaria[1]

Sumario. I. Definición y régimen jurídico.—II. Operaciones pasivas. El contrato de depósito de dinero. 1. Naturaleza del contrato y obligaciones de las partes. 2. Clases.—III. Operaciones activas. 1. El préstamo bancario. 2. La apertura de crédito. 3. El descuento bancario.—IV. Operaciones neutras. 1. Transferencia bancaria. 2. Tarjetas bancarias. 3. Apertura de crédito documentario. 4. Garantías a primer requerimiento. 5. Contratos vinculados al mercado de valores.—V. Anexo.

I. Definición y régimen jurídico

Se entiende por contratos bancarios aquéllos en los que una de las partes tiene la condición de entidad de crédito. El art. 1.1 de la Ley de 10/2014, de ordenación, supervisión y solvencia de entidades de crédito (LOSSEC), las define como aquellas entidades autorizadas previamente por el Estado, si cumplen los requisitos previstos en la ley, para realizar actividades consistentes en «*recibir del público depósitos u otros fondos reembolsables y en conceder créditos por cuenta propia*». Esto es, intermedian en las actividades de crédito, captando por un lado el ahorro de unos, que es además el que les permite conceder crédito a otros, obteniendo los correspondientes beneficios en dicha intermediación.

---

[1] La lección 8 ha sido redactada por Aitor Zurimendi Isla, Catedrático de Derecho Mercantil.

Tienen la consideración de entidades de crédito los bancos, las cajas de ahorro y las cooperativas de crédito. No son consideradas tales los establecimientos financieros de crédito, puesto que no pueden captar fondos del público en forma de depósito. No obstante, pueden realizar y realizan otro tipo de operaciones y contratos similares a las entidades de crédito que no tengan que ver con captar depósitos, a las que se les acabará aplicando un régimen jurídico idéntico que si las hace una entidad de crédito.

Los contratos bancarios son considerados mercantiles porque son actos de comercio citados en el art. 175 CCom, si bien carecen de regulación alguna en dicho cuerpo legal, por lo que son, en principio, atípicos. Se rigen por tanto por el principio de autonomía de la voluntad del art. 1255 CC, si bien dicha libertad viene limitada posteriormente por otras normas de derecho imperativo aplicables en cada caso. Efectivamente, por un lado, es muy usual en los contratos bancarios el uso de cláusulas predispuestas e impuestas por parte de la entidad de crédito, por lo que resultará de aplicación la Ley de Condiciones Generales de la Contratación. Por otro lado, cuando la otra parte contractual tenga la condición de persona consumidora o usuaria existen diferentes preceptos de derecho imperativo que tienden a proteger a ésta frente a la entidad de crédito, ante la situación de debilidad negociadora en que se encuentra. Así por ejemplo, la Ley de protección de la persona consumidora o la Ley de crédito al consumo establecen una serie de obligaciones de información precontractual, especialmente en lo referente a la determinación del tipo de interés, tendentes a garantizar que la persona consumidora conozca de manera clara el alcance de sus obligaciones y pueda comparar las distintas ofertas de manera sencilla.

Además de lo anterior, resulta de aplicación normativa administrativa sobre las operaciones de banca y sobre el funcionamiento de las entidades de crédito, al ser considerada su actividad esencial para la economía. Esta normativa administrativa pretende garantizar la solvencia de las entidades de crédito, incrementar la transparencia y fortalecer el derecho a la información. Por ejemplo, la ya mencionada LOSSEC, o la Ley 13/1994, de autonomía del Banco de España, que es el principal encargado de velar por el cumplimiento de esta normativa administrativa y por la solvencia y buen funcionamiento de las entidades de crédito, pudiendo incluso llegar a solicitar o recomendar su intervención.

Tradicionalmente los contratos de banca se clasifican en:

a) Operaciones activas. A través de las cuales las entidades de crédito facilitan directamente crédito (efectivo) a sus clientes. Por ejemplo, el préstamo o el descuento.

b) Operaciones pasivas. Las entidades de crédito reciben dinero en efectivo de sus clientes, que dedicarán a las activas. Por tanto, en estas operaciones de crédito las entidades de crédito se convierten en deudoras. Por ejemplo, el depósito.

c) Operaciones neutras. A través de ellas las entidades de crédito prestarán a sus clientes una serie de servicios, pero no conceden ni reciben crédito, por lo que no pueden clasificarse como activas ni pasivas, aunque muchas veces estén vinculadas a ellas. Suelen tratarse de servicios de facilitación de pagos o de facilitación de realización de operaciones (*infra* IV). Por ejemplo, transferencia bancaria, garantía a primer requerimiento o crédito documentario.

Lo habitual es que una entidad de crédito celebre con un mismo cliente distintas operaciones y contratos, por lo que suelen tratarse de relaciones de larga duración en las que por tanto la confianza y la buena fe adquiere un papel reforzado como elemento para integrar el contenido del contrato. El deber de lealtad y buena fé del art. 1.258 CC adquiere mayor relevancia si cabe ante esta realidad, puesto que hay un conocimiento mutuo no solo de las necesidades financieras, sino también de las circunstancias personales y/o niveles de riesgo que cada cliente está dispuesto a asumir. Asimismo, el deber de secreto bancario se enmarca en este principio de buena fe y confianza recíproca. La entidad de crédito no podrá revelar a nadie los datos de sus clientes y lo que conozca de ellos. Sin embargo, el secreto bancario tiene límites, sobre todo frente a los poderes públicos. Por ejemplo, los bancos deben facilitar los datos de las cuentas corrientes de sus clientes a Hacienda, o a la autoridad judicial si ésta lo requiere. Por otro lado, la ley también establece que las entidades de crédito deberán tomar medidas para evitar el blanqueo de capitales en algunas operaciones sospechosas o que superen ciertas cantidades.

II. Operaciones pasivas. El contrato de depósito de dinero

1. *Naturaleza del contrato y obligaciones de las partes*

Los depósitos de dinero que reciben las entidades de crédito son las operaciones pasivas más relevantes, puesto que son la principal vía para que consigan los medios económicos necesarios para el ejercicio de su actividad. Como consecuencia de estos depósitos, podrán realizar operaciones activas.

Mediante este contrato los clientes entregan dinero en efectivo a una entidad de crédito, adquiriendo esta última la posesión o disponibilidad sobre el mismo. A cambio, la entidad de crédito asume la obligación de reintegrar esta cantidad más los intereses pactados. El objetivo que persiguen los clientes es, en función de los casos, que la entidad cuide y gestione su dinero, o la rentabilidad o el servicio de caja (realizar pagos y cobros en nombre y por cuenta del cliente en aplicación de unas instrucciones previamente recibidas), no concurriendo las tres en todos los supuestos. Como consecuencia del depósito, el cliente puede disponer del dinero a su gusto, por lo que podrá efectuar pagos a terceros con cargo a estos fondos, domiciliando estas deudas en la cuenta de depósito (servicio de caja); obtener en ocasiones un tipo de interés (según las circunstancias del mercado) o simplemente tener sus ahorros en un lugar seguro. Además, el banco asume la obligación de devolver al cliente la cantidad más los intereses, ya que el banco utilizará este dinero para realizar sus operaciones (préstamos a otros, inversiones en otras empresas, etc.), teniendo beneficios en estas últimas.

El depósito es un contrato real (art. 305 CCom); es decir, no se perfecciona hasta que el cliente entrega el dinero a la entidad de crédito. Si comparamos el contrato de depósito de dinero, llamado por eso irregular, con el contrato de depósito de otros bienes muebles no fungibles, se observan las siguientes diferencias. Por una parte, el que ha entregado la cosa en depósito regular tendrá que dar una remuneración al que custodia la cosa, mientras que en depósito de dinero el que custodia la cosa (la entidad de crédito) paga al que se la ha entregado (intereses). Por otra parte, dado que el dinero es un bien fungible, el banco utilizará el dinero y no tendrá que entregar al cliente las mismas monedas o billetes, sino que bastará que le entregue el mismo importe que le fue depositado más los intereses pactados; mientras que en el depósito ordinario el cuidador de la cosa no la utiliza mientras está depositada y se obliga a devolver la misma cosa (y no otra similar en su lugar). Las entidades de crédito podrán utilizar los depósitos de dinero de sus clientes para la realización de otras operaciones, pero en todo caso deberán garantizar la materialización de los reembolsos que los clientes puedan exigir en cada momento (disponibilidad). Existen normas administrativas para asegurar que los bancos tienen dinero en efectivo suficiente para atender la petición de retirada de los clientes. Así, cada entidad debe disponer en todo momento en efectivo del 17% de los depósitos de dinero de sus clientes.

Estas particularidades con respecto al depósito regular, hacen que haya quienes califiquen el depósito de dinero como un contrato de préstamo por el que el cliente entrega una cantidad de dinero al banco, razón por la cual éste deberá pagar intereses al cliente. Pero la voluntad del cliente que lleva el dinero al banco no es realizarle un préstamo, sino tener sus ahorros en un lugar seguro y beneficiarse del servicio de caja.

El depósito de dinero suele documentarse en una libreta de ahorro o en una cuenta corriente. En este último supuesto el depositante tendrá derecho a utilizar el servicio de caja sin limitaciones. En cambio, si se documenta en una libreta de ahorro, el servicio de caja no siempre es completo.

2. *Clases*

Dependiendo del momento en que surja la obligación de reembolso, el depósito de dinero puede ser a la vista o a plazo fijo. Si es a la vista, la entidad de crédito deberá devolver el dinero en el momento que el cliente lo desee, mientras que en el segundo caso la obligación de devolución no se producirá hasta que haya transcurrido el plazo que se acordó, siempre y cuando el cliente quiera percibir los intereses. Esto es, si a pesar de no haber transcurrido el plazo pactado el cliente quiere rescatar su dinero, podrá hacerlo, pero la entidad de crédito únicamente le devolverá el principal.

Por otro lado, en función de la titularidad del depósito, pueden ser individuales o conjuntos. En el primer caso, sólo una persona tiene la titularidad y la disponibilidad del dinero. En el segundo caso, sin embargo, los titulares del depósito son varias personas físicas o jurídicas. En estas hipótesis, puede que la disponibilidad de los fondos sea solidaria, en cuyo caso cualquier titular podrá disponer del dinero sin necesidad de contar con el consentimiento del resto. Pero puede también que la disponibilidad sea mancomunada, siendo necesario el consentimiento de todos los titulares para retirar dinero o realizar operaciones. Además, la persona titular o los titulares podrán habilitar o autorizar a otra persona para disponer del dinero, aunque no sea titular del mismo (depósito con firma autorizada).

III. **Operaciones activas**

1. *El préstamo bancario*

Mediante este contrato la entidad de crédito entrega al cliente una cantidad de dinero. Por su parte, la cliente se compromete a devolver al banco ese mismo importe más los intereses pactados, en el plazo o plazos determinados en el contrato. El contrato de préstamo es mercantil si una parte contractual tiene la condición de comerciante, y si además la cantidad entregada se destina a la realización de un acto de comercio (art. 311 CCom). En los préstamos bancarios, al menos un miembro del contrato será casi siempre comerciante (banco, aunque no lo son las cajas de ahorro); pero si el dinero no se destina a la realización de actos de comercio, sino para actos de consumo del prestatario, entonces ese préstamo no será mercantil, sino civil.

En todo caso, no hay apenas diferencias en la regulación de los préstamos civiles y mercantiles. Es más, para que existan intereses en ambos casos, hay que prever expresamente estos intereses, de lo contrario se supondrá que el contrato será gratuito, incluso si es mercantil (art. 314 CCom y 1.755 CC). No obstante, en la práctica, todos los préstamos prevén expresamente intereses. Los intereses establecidos en el contrato pueden ser fijos o variables, empleándose estos últimos principalmente en préstamos a largo plazo (hipotecarios). Si el interés es variable, para calcular el interés de cada plazo, normalmente se basan en un índice de referencia que se fija de forma objetiva (EURIBOR), añadiendo un porcentaje al mismo. Los intereses de demora serán exigibles automáticamente desde el día siguiente a aquel en que transcurra el plazo para la devolución del importe (art. 316 CCom).

Se recuerda lo dicho en el epígrafe I para todos los contratos bancarios, en torno a la aplicación de normativa de protección de la persona consumidora en lo referente a información precontractual y fijación del tipo de interés; así como a cláusulas abusivas o aplicación de la Ley de condiciones generales de la contratación.

Por último, hay que decir que muchas veces el contrato de préstamo va acompañado de otro contrato de garantía de la obligación del prestatario (hipoteca o fianza). Si el contrato de préstamo se garantiza mediante valores cotizados en un mercado de valores, el contrato de préstamo será siempre mercantil (art. 320 CCom).

2. *La apertura de crédito*

A través de este contrato el banco pone a disposición del cliente una cantidad de dinero para que este último pueda utilizar si lo desea este crédito, durante un plazo determinado, en las distintas formas que se han mencionado previamente en este contrato. El banco ofrece crédito al cliente con ciertas limitaciones, tanto en la cuantía del mismo como en los modos de ejecutarlo. El cliente puede utilizarlo o no, razón por la cual muchas veces no dispondrá de la cantidad total de dinero ofrecida. Además, el cliente podrá disponer del crédito de las diferentes formas que se citen en el contrato. Por ejemplo, entregando la entidad de crédito directamente dinero al cliente (préstamo); o descontando en la entidad títulos cambiarios u otros documentos; a través créditos de firma o de responsabilidad; pagando títulos- valores y recibos emitidos por el cliente; etc.

La apertura de crédito no es un contrato de préstamo, ya que en este último el banco otorga directamente crédito al cliente (dinero en efectivo), y en la apertura de crédito el banco sólo ofrece disponibilidad de crédito al cliente (no se lo concede directamente). Es decir, en la apertura de crédito el elemento más importante es la disponibilidad del crédito, y en el contrato de préstamo, sin embargo, la entrega efectiva del dinero. Además, cuando en la apertura del crédito el cliente decida disponer del crédito, esta disposición no será obligatoria mediante entrega de dinero, sino que también puede producirse mediante otras formas de crédito distintas a las propias del préstamo, tal y como se ha indicado ya.

La entidad de crédito se obliga a mantener la cantidad ofrecida a disposición del cliente con los siguientes límites: a- El banco no está obligado a conceder ni a pagar créditos que excedan de la cantidad ofrecida. b.- Los créditos deberán ejecutarse dentro del plazo establecido en el contrato, ya que fuera de este plazo el banco no tiene la obligación de conceder crédito. c.- Los créditos deberán ejecutarse en las formas que se han especificado en el contrato, ya que el banco no está obligado a conceder crédito de otra manera.

Las obligaciones que asume el cliente son dos. Deberá pagar una comisión al banco por poner este último a su disposición una suma de crédito, independientemente de que no la utilice o no la ejecute total o parcialmente. Además, si finalmente el cliente dispone del crédito, deberá devolver al banco la cantidad utilizada más los intereses.

3. *El descuento bancario*

En esta operación activa, una persona (descontatario) transmite a una entidad de crédito (descontante) un título- valor u otros documentos que incorporan o representan créditos contra terceros que aún no han vencido; y a cambio recibe el importe del título, descontando del mismo una cantidad que se corresponde con el *interusurium* o interés anticipado porque aún no ha vencido el crédito que incorpora o representa y por tanto no era aún realizable. El descontatario garantiza el buen fin de la operación, por lo que si llegado el vencimiento la entidad de crédito lo presenta al cobro al tercero deudor y éste no paga, podrá exigir el pago del importe total del mismo al descontatario, siempre que haya sido diligente en la presentación del crédito al deudor y no haya perjudicado o disminuido los derechos que el descontatario tenía contra el deudor principal.

El objetivo de esta operación es conseguir crédito o liquidez. El descontatario quiere cobrar su crédito por adelantado y el banco quiere obtener beneficios a través del interés que cobra por anticipado, al descontar el título o documento. Además, esta operación permite al descontatario aumentar las ventas a crédito a sus clientes, puesto que éstos conocen que podrán obtener de su entidad el importe de las mismas por anticipado, a través del descuento. La línea de descuento o pacto entre las partes para que una de ellas, la entidad de crédito, anticipe el importe de los créditos no vencidos a su cliente, se incluye a veces en el contrato de apertura de crédito, y otras se pacta de forma autónoma, como contrato individual.

No existe regulación alguna para el descuento bancario. Si se ha descontado un título-valor, como una letra de cambio o un pagaré, la transmisión se entiende realizada a través de endoso; y por tanto, con los efectos de éste en lo que se refiere a oponibilidad de excepciones frente a terceros y al ejercicio de acciones cartulares. Si el documento descontado no es un título-valor, se entenderá aplicable, en cambio, la regulación de la cesión de créditos, si bien teniendo en cuenta que prevalece la cláusula «salvo buen fin» pactada en el descuento, por la que la entidad de crédito tendrá en todo caso derecho a repetir el pago contra el descontatario si el deudor principal no paga.

IV. Operaciones neutras

1. *Transferencia bancaria*

Para el pago de una deuda resultante de un contrato entre dos personas, éstas pueden convenir que el pago se realice a través de una transferencia bancaria en lugar de hacerlo en efectivo. Normalmente esto se acuerda por razones de comodidad, especialmente si la transacción se realiza a distancia. A partir de dicho acuerdo, el deudor ordena a su banco que pague el importe de la deuda, descontándola de su cuenta, e ingresándola en el número de cuenta del acreedor. La entidad de crédito, por intermediar en la operación, cobrará normalmente una comisión.

La transferencia bancaria sigue el esquema de la llamada, desde el derecho romano, delegación de deuda, en la que aparecen tres personas entre las que se establecen distintas relaciones jurídicas. Por un lado, existe una relación de provisión, en este caso la entablada entre el deudor y su banco. Esta relación tiene en este caso la naturaleza de un contrato de comisión, puesto que el banco realiza el pago por orden de su cliente (deudor) a cambio de una compensación económica (comisión). Se aplica por tanto a esta relación la normativa del contrato de comisión y/o mandato.

Asimismo, en la delegación, existe siempre otra relación jurídica, denominada de valuta, que en el caso de la transferencia es la que se entabla entre deudor y acreedor, y que en el caso de la transferencia bancaria se materializa en el contrato principal del que se deriva la deuda. Por ejemplo, un contrato de compraventa o una prestación de servicios, por lo que será de aplicación a la relación de valuta la normativa aplicable a ese contrato principal del que se origina la deuda. Cuando la entidad de crédito ingresa la cantidad en la cuenta del acreedor, se perfecciona el pago del banco al tercero, quedando extinguida en este momento la relación de valuta.

Finalmente, hay que señalar que el Real Decreto-ley 19/2018, de 23 de noviembre, de servicios de pago y otras medidas urgentes en materia financiera, establece una serie de requerimientos para otorgar un mínimo de seguridad, confianza y transparencia a las transferencias.

En la actualidad, la transferencia bancaria está siendo sustituida por los pagos a través de aplicaciones de móvil, como BIZUM. La problemática jurídica planteada es exactamente igual a la que se da en la transferencia bancaria. El deudor ordena a su banco que descuente del importe de su cuenta una determinada cantidad de dinero, para pagársela a una tercera persona, a quien se la debe. Hay una relación de provisión y otra de valuta. La única diferencia que presenta frente al pago con transferencia bancaria, es que el deudor no tiene que conocer el número de cuenta del acreedor, siendo suficiente con saber su número de móvil. Esta diferencia carece de relevancia jurídica, pero sí tiene impacto práctico, porque convierte a este sistema de pago en más cómodo y atractivo.

2. Tarjetas bancarias

Desde hace ya tiempo los pagos en efectivo, incluso presenciales entre deudor y acreedor, están siendo sustituidos por otras alternativas, especialmente por las tarjetas bancarias, por su mayor comodidad y seguridad para las partes. Dicha comodidad se ha visto incrementada por los avances tecnológicos al poder incorporar la tarjeta virtual en el móvil, lo que evita que la tarjeta tenga que estar en un soporte físico.

Son varios los tipos de tarjetas bancarias (tarjetas monedero, tarjetas de fidelización, etc.). Pero las más conocidas son las tarjetas de crédito y de débito, emitidas por entidades de crédito. En las segundas, el banco aceptará el pago frente a terceros sólo si el cliente dispone en ese momento de fondos suficientes en su cuenta corriente; y en las primeras, aunque no existan fondos suficientes, la entidad de crédito aceptará el pago, siempre que no se supere la cantidad máxima de crédito que se haya pactado en el contrato por el que se emita la tarjeta, debiendo el cliente devolver esta cantidad a la entidad de crédito en las condiciones que se acordaron más el interés que se pactó. La aceptación del pago por parte de la entidad de crédito se produce cuando se coloca la tarjeta en el lector y se recibe la respuesta de «operación aceptada» o similar.

Existen entidades gestoras de las tarjetas a nivel mundial (VISA, MASTERCARD, AMERICAN EXPRESS, etc.), que las generan con la intención de facilitar todos los pagos, incluidos los internacionales, y evitar el uso de dinero en efectivo. Ellas son quienes tramitan todas las órdenes de pago y quienes los realizan. Sin embargo, para la emisión física o virtual de estas tarjetas, realizan contratos de comisión con entidades de crédito de todos los países, con la intención de que las entidades de crédito pongan estas tarjetas a disposición de sus clientes y ayuden a la entidad que las ha creado a conseguir clientela, ya que las cuentas y los clientes son de las entidades de crédito de los distintos países. Además, las entidades de crédito colaborarán con la entidad emisora de la tarjeta en la gestión de los pagos. A cambio, las entidades de crédito recibirán una comisión de las entidades gestoras. Por eso las entidades de crédito emiten tarjetas en las que además de su nombre aparece el de la entidad que las ha creado (VISA, MASTERCARD, AMERICAN EXPRESS...).

El titular de la tarjeta (cliente del banco) contrata la tarjeta con su entidad de crédito (no con la entidad creadora de la tarjeta), y a cambio de poder hacer uso de ella, el cliente deberá pagar una comisión. Al mismo tiempo, la entidad creadora de la tarjeta negocia con los establecimientos comerciales la aceptación de su tarjeta para realizar los pagos, y si estos establecimientos aceptan el uso de estas tarjetas, la entidad creadora de la tarjeta entregará al establecimiento el lector de la misma, y cada vez que una operación se pague con tarjeta, el establecimiento deberá abonar a esta entidad una comisión de dicha operación, aunque no pueda subir el precio del producto. Por eso precisamente, para no pagar esta comisión, hay establecimientos que no aceptan las tarjetas para recibir pagos, sobre todo en algunos países. No obstante, el uso generalizado de las mismas, ha hecho que la mayoría de establecimientos comerciales contabilice dichas comisiones como un coste más del negocio que debe cargar o repercutir en el precio final de venta al público.

En el caso de que un establecimiento acepte una tarjeta para realizar los pagos, el cliente de dicho establecimiento podrá sustituir el dinero en efectivo por la tarjeta para pagar el producto que haya adquirido. El establecimiento colocará la tarjeta en el lector de tarjetas, y en caso de que la entidad creadora de la tarjeta acepte el pago, esta entidad ingresará en la cuenta corriente del establecimiento el precio del producto eliminando la comisión que gana por intermediar y facilitar el pago en esa operación. Posteriormente, la entidad de crédito del cliente abonará a la entidad creadora de la tarjeta el precio del producto, deduciendo este importe de la cuenta corriente del cliente.

Por otro lado, el cliente deberá vigilar diligentemente la tarjeta y, en caso de pérdida o robo, avisar a la entidad de crédito a la mayor brevedad posible para que no acepte los pagos que se pretenden realizar con esa tarjeta. En caso contrario, si se aceptan pagos por falta de diligencia del cliente, éste no podrá exigir posteriormente la devolución de los mismos, cosa que sí podrá hacer si avisa en cuanto le sea posible.

En definitiva, en el pago a través de tarjeta existen cuatro relaciones jurídicas distintas. La de provisión entre la entidad de crédito y el cliente titular de la tarjeta, entre quienes se celebra un contrato de emisión de tarjeta, dentro del servicio de caja, cuya naturaleza es un contrato de comisión. La de valuta entre el cliente titular de la tarjeta y el acreedor o titular del establecimiento o empresa a quien se efectúa el pago. En estos casos la relación se rige por el contrato del que deriva la deuda principal (compraventa, prestación de obra o servicio, etc.). La tercera es la relación entre la entidad de crédito y la creadora de la tarjeta, que es un contrato cuya naturaleza es la de una comisión. Y la cuarta la que se establece entre la entidad creadora de la tarjeta y el establecimiento que acepta pagos a través de ese tipo de tarjeta, que también se basa en un contrato de comisión.

3. *Apertura de crédito documentario*

El crédito documentario se utiliza principalmente en el comercio internacional, puesto que es un instrumento idóneo para paliar o aminorar riesgos comerciales que pueden disuadir a las partes de realizar una determinada operación. Efectivamente, en una compraventa internacional de mercancías, el vendedor suele tener, por las circunstancias de la operación, temor a entregar la mercancía sin que se la haya abonado antes el precio, puesto que su contraparte es de un país en el que para empezar puede resultarle muy costoso litigar; pero que además, tiene una cultura y régimen jurídico muy diferente al de su país, lo que le genera inseguridad. Al mismo tiempo, el comprador temerá abonar el precio antes de recibir la mercancía exactamente por las mismas razones: temor a tener que litigar en otro país con un régimen y cultura jurídica muy diferente al del suyo.

Para vencer esta razonable y recíproca desconfianza o inseguridad, el comprador puede encargar a su entidad de crédito que emita un crédito documentario en favor del vendedor, con el objetivo de pagar el precio que deriva del contrato de compraventa. La entidad de crédito del comprador, en cumplimiento de esa orden, envía al vendedor el crédito documentario (documento físico u online) por el que éste se obliga a pagar ante el vendedor la cantidad de dinero a que se refiere el documento, coincidente con el precio de la compraventa, siempre que la parte vendedora presente a la entidad un documento o documentos que se especifican en el crédito documentario, cuya finalidad es asegurar así a la entidad de crédito la entrega efectiva de la mercancía. (Suele ser un certificado de entrega de la mercancía, conocimiento de embarque, otro documento de transporte que dé constancia de que la entrega se ha producido, etc.). De este modo, el comprador estará seguro de que el precio se pagará si se han entregado las mercancías; y el vendedor de que va a cobrar el precio, porque es la entidad de crédito la que se ha comprometido a pagarle, siendo su solvencia incuestionable. Basta que entregue a la entidad de crédito el documento o documentos especificados en el crédito documentario que certifican la entrega de la mercancía, para que ésta le pague el precio.

No es infrecuente que el banco del comprador se sirva de un banco del Estado del vendedor para hacer llegar a éste el crédito documentario. Esto es, en el marco de las relaciones internacionales interbancarias, una entidad del país del comprador le pide a otra de la entidad del vendedor que le ayude a hacer llegar el crédito documentario. La entidad de crédito del país del vendedor no tendrá que responder ante éste si solo envía y comunica al vendedor el crédito documentario emitido efectivamente por la entidad del país del comprador. Pero si además de enviar el crédito documentario al vendedor, lo confirma con su firma, no sólo queda obligada frente a él la entidad de crédito del país del comprador, sino también la del Estado del vendedor.

El crédito documentario se integra en el grupo de figuras con estructura de delegación de deuda. La relación entre el comprador y su banco es la relación de provisión y es un contrato de comisión. Es decir, a esta relación tendremos que aplicar la normativa del contrato de mandato o comisión, porque el comprador ordena a su banco que se obligue a pagar el precio frente al vendedor cuando éste la presente la documentación pertinente, a cambio de una comisión que cobrará la entidad de crédito por la prestación de este servicio, y que descontará a su cliente al cargar en la cuenta el importe del pago del precio que ha hecho al vendedor. Efectivamente, el comisionista no tiene que perder dinero como consecuencia del cumplimiento de la orden, tal y como establece la regulación del mandato y comisión, por lo que el comprador deberá devolver a su banco la cantidad que este último haya entregado al vendedor para el pago del crédito documentario.

La relación comprador-vendedor es la relación de valuta y consiste en un contrato de compraventa. Por otro lado, si el banco del comprador se sirve de un banco del Estado del vendedor para cumplir la orden, la relación entre ambos bancos es también la de un contrato de mandato o comisión. Si éste no confirma el crédito documentario, el mandato se agotará con el envío del documento. Pero si es confirmado, el contenido del mandato o de la orden se amplía a que firme y se obligue frente al vendedor, operación de la que saldrá en todo caso indemne, por lo que podrá repetir el pago exigiéndoselo a la entidad de crédito del comprador. En cualquier caso, sea el crédito confirmado o no, el banco del Estado del vendedor percibirá una comisión.

Como ocurre en todas las figuras con estructura de delegación, el banco extingue las obligaciones que se derivan de las relaciones de provisión y de valuta con el pago al vendedor. La entidad de crédito deberá pagar al vendedor, siempre que el documento que este último le presente sea válido y regular, y no podrá oponer al vendedor las excepciones que el comprador tuviera contra este último, puesto que la entidad de crédito no ha intervenido ni es parte en esa relación, siendo para ella una relación de terceros. En ocasiones excepcionales, podrá oponerle también la *exceptio doli* si consigue llegar a demostrar que el vendedor solo le pide el pago con la única intención de perjudicarle. Esto no sucede en ningún caso cuando el vendedor considera que sí ha cumplido correctamente su obligación aunque el comprador piense que al menos no lo ha hecho de forma plenamente ajustada a lo pactado. Pero sí habrá mala fe y podrá oponer la *exceptio doli* si la compraventa es nula y el vendedor lo conoce y a pesar de ello ejerce su derecho.

El crédito documentario carece de regulación específica, por lo que se trata de una figura atípica. Pero en el comercio internacional existen los denominados «*Reglas y usos uniformes relativos al crédito documentario*», elaborados por la Cámara de Comercio Internacional, teniendo en cuenta los usos y las necesidades del tráfico comercial internacional. No son normas jurídicas, sino modelos de clausulados contractuales, tipo condiciones generales de la contratación, puestas a disposición de las partes contractuales, pero que para ser aplicadas, deben ser incluidas expresamente en el contrato por las partes, haciendo al menos un referencia a las mismas en el crédito documentario (véase lección 1). En estas reglas se establece que la orden que el comprador da al banco para que pague al vendedor mediante crédito documentario puede ser revocable o irrevocable, pero si nada se dice al respecto en el documento, debe presumirse que la orden es irrevocable.

4. *Garantías a primer requerimiento*

Por medio de este contrato el cliente solicita a la entidad de crédito que garantice una deuda que tiene frente a una tercera persona (acreedor). La particularidad de esta garantía es que la entidad de crédito, si acepta el encargo de su cliente, tendrá que pagar la deuda de éste en el momento en que el acreedor se lo solicite, siempre que ésta deuda hubiera ya vencido. La entidad de crédito, a diferencia de lo que sucede en la fianza, no puede negar el pago invocando que el acreedor se debe dirigir primero contra el deudor (beneficio de excusión), ni tampoco podrá oponer al acreedor las excepciones que el deudor tenga contra el acreedor, por ejemplo si el acreedor no hubiera cumplido de la forma prevista la contraprestación, etc. Esto es, una vez vencida la deuda, si se le exige el pago a la entidad de crédito, ésta solo podrá oponer que el deudor ya ha pagado, si esto ha sido así. Pero no podrá negar el pago al acreedor alegando un hipotético incumplimiento del contrato por su parte frente al deudor, lo que puede que el acreedor discuta. De ahí el nombre de la figura, garantía «a primer requerimiento» por parte del acreedor, sin que se pueda discutir prácticamente nada.

Por lo tanto, no existe en esta garantía la accesoriedad propia del contrato de fianza, pues aunque la obligación garantizada sea nula, la obligación de garantía será válida y deberá responder la entidad de crédito. Por eso este contrato no es una fianza especial, sino un contrato atípico que se integra en figuras con estructura de delegación de deuda, en las que existen distintas relaciones jurídicas entre las tres partes implicadas.

La relación de valuta es la relación que origina la obligación garantizada (contrato entre deudor-cliente y acreedor) y la relación de provisión es la que existe entre la entidad de crédito y su cliente (deudor de la operación de valuta). Esta relación de provisión es un contrato de comisión o mandato por el cual el cliente ordena al banco que le dé garantía a primer requerimiento frente al tercero, a cambio del cual el comitente (cliente) no sólo paga la comisión al comisionista (beneficio de la entidad de crédito en cada operación), sino que promete también al comisionista (entidad de crédito) que este último saldrá indemne (no perderá dinero) en la operación. Es decir, si finalmente la entidad de crédito tiene que pagar frente al tercero, puede ejercitar la *actio mandati contraria* contra el cliente (comitente) para recuperar el pago (artículos 1.728-1.729 CC), puesto que en tal caso no ha quedado indemne en la operación, como es obligación del mandante frente al mandatario.

La entidad de crédito, cumpliendo la orden de su cliente, enviará al tercero acreedor una carta de garantía indicando los límites de la garantía (cantidad, tiempo). La entidad de crédito solo podrá oponer al tercero las excepciones que se deriven del contenido del propio documento (excepciones documentales). En ocasiones excepcionales, podrá oponerle también la *exceptio doli* si consigue llegar a demostrar que el acreedor solo le pide el pago con la única intención de perjudicarle. Esto no sucede en ningún caso cuando el acreedor considera que sí ha cumplido correctamente su obligación aunque el deudor piense que al menos no lo ha hecho de forma plenamente ajustada a lo pactado. Pero sí sería el caso si el acreedor conoce y es plenamente consciente de su incumplimiento total (no ha entregado la mercancía ni la piensa entregar), y aún así solicita el pago a la entidad de crédito.

El uso de este tipo de garantía es frecuente en el comercio internacional en el que las partes que intervienen en la operación principal (relación de valuta) están en dos países diferentes. El acreedor puede temer no recibir el pago con excusas varias y en ese caso tener que reclamarle al deudor en otro país, con los costes que ello conlleva. Para evitar este riesgo que en ocasiones puede llegar incluso a ser disuasorio para realizar la operación, la garantía a primer requerimiento es un instrumento muy útil para eliminarlo. La entidad de crédito pagará de una manera más sencilla y rápida.

5. *Contratos vinculados al mercado de valores*

Las entidades de crédito, además de las operaciones y contratos mencionados hasta ahora, son intermediarias en los mercados de valores negociables. Sobre estos contratos, véase lección 9.

Fuentes legales

Código de Comercio; Código Civil; Ley 10/2014, de 26 de junio, de ordenación, supervisión y solvencia de entidades de crédito; Ley 16/2011, de 24 de junio, de contratos de crédito al consumo; Ley 5/2019, de 15 de marzo, reguladora de los contratos de crédito inmobiliario.

Bibliografía seleccionada

AUTORES VARIOS, *El contrato bancario. Tiempos revueltos*, Aranzadi, Pamplona, 2012.

SACRISTÁN BERGIA, F. (dir.), *La contratación bancaria*, Dykinson, Madrid, 2007.

TAPIA HERMIDA, A.J., *Intereses bancarios, tarjetas revolving y usura: Jurisprudencia reciente del Tribunal de Justicia de la Unión Europea y del Tribunal Supremo español (Derecho español contemporáneo)*, Reus, Madrid, 2021.

YZQUIERDO TOLSADA, M. (dir), *Contratos, tomo X, Contratos bancarios*, Aranzadi, Pamplona, 2014.

ZUNZUNEGUI, F., *La prestación bancaria de servicios de inversión: responsabilidad bancaria en la prestación de servicios de inversión y productos de riesgo*, Bosch, Hospitalet, 2015.

Jurisprudencia básica

STS, sala de lo civil, número 639/2017, de 16 de noviembre.

STS, sala de lo civil, número 62/2019, de 31 de enero.

STS, sala de lo civil, número 360/2021, de 25 de mayo.

STS, sala de lo civil, número 487/2022, de 16 de junio.

STS, sala de lo civil, número 154/2025, de 30 de enero.

Materiales de autoevaluación

Preguntas test

1. El contrato de depósito bancario:

a) Es una operación pasiva por la que entidad de crédito capta el ahorro del público. Es un préstamo que hace el cliente a la entidad, que se compromete a devolver el dinero más el correspondiente interés.

b) Es una operación pasiva calificada como un depósito irregular. El cliente no busca prestar dinero a la entidad, sino seguridad en la custodia de sus ahorros y el servicio de caja.

c) Es una operación cuya finalidad principal para el cliente es obtener el servicio de caja y facilitar así las relaciones comerciales o los pagos con terceros. Por tal razón es calificada como una operación neutra.

d) Es una operación pasiva calificada como un contrato de depósito regular, en la que el depositante (cliente), debe pagar al depositario (entidad de crédito), a cambio de que éste custodie su dinero.

2. En la apertura de crédito:

a) La entidad de crédito pone a disposición del cliente una determinada cantidad de dinero, que éste podrá usar según las formas que se han especificado en el contrato.

b) La entidad de crédito entrega una cantidad de dinero al cliente cuando se perfecciona el contrato, que éste deberá gastar según los modos pactados.

c) La entidad de crédito pone a disposición del cliente una determinada cantidad de dinero, que éste podrá usar de la manera que estime oportuna.

d) El cliente no pagará ninguna comisión ni interés a la entidad de crédito si finalmente no hace uso de la cantidad de dinero que se puso a su disposición.

3. La tarjeta de crédito:

a) Es un instrumento de pago que los establecimientos comerciales no pueden rechazar legalmente, ya que es algo totalmente gratuito para ellos.

b) Es un contrato por el que la entidad de crédito se compromete a aceptar todas las órdenes de pago que el cliente realice utilizando la tarjeta, siempre que en el momento de la operación el cliente cuente en su cuenta con el suficiente dinero efectivo para afrontar el pago.

c) Es un instrumento para cuya emisión y uso se requieren varios contratos entre distintos operadores. Uno entre la entidad emisora de la tarjeta y la entidad de crédito que la gestiona. Otro entre la entidad de crédito que la gestiona y el cliente titular de la tarjeta. Y otro entre el cliente y la empresa o persona propietaria del establecimiento en el que se quiere realizar un pago.

d) Ninguna de las anteriores es válida.

4. El crédito documentario:

a) Es un instrumento muy utilizado en el ámbito de las relaciones de consumo nacionales, para paliar la desconfianza o inseguridad en torno al sistema jurídico que rige estas operaciones.

b) Es un instrumento muy utilizado en el comercio internacional para dar confianza y seguridad a las partes en la operación. La entidad de crédito emisora podrá oponer al acreedor beneficiario del crédito documentario todas las excepciones que el deudor de la operación principal (cliente de la entidad) pudiera oponerle.

c) Se rige por las «*reglas y usos uniformes relativos al crédito documentario*», incluidas en un Tratado Internacional ratificado por España.

d) Es un instrumento muy utilizado en el comercio internacional para dar confianza y seguridad a las partes en la operación. En el caso de que esté confirmado por otra entidad de crédito del país del acreedor, esta entidad también responderá de su pago frente a él.

5. En las garantías a primer requerimiento:

a) La particularidad es que la entidad de crédito tendrá que pagar la deuda de su cliente en el momento en que el acreedor se lo solicite, siempre que ésta deuda hubiera vencido ya.

b) La entidad de crédito solo tendrá que pagar la deuda si su cliente ha rechazado previamente el pago y ha sido declarado insolvente.

c) La entidad de crédito podrá oponer al acreedor las mismas excepciones que contra él tuviera el deudor, como sucede en todos los contratos de garantía.

d) El acreedor actúa de mala fe si solicita el pago a la entidad de crédito sin haber reclamado previamente al deudor.

Indicar la corrección o incorrección de las siguientes aseveraciones razonando la respuesta

1.ª No todas las entidades de crédito tienen autorización legal para captar fondos de personas físicas o jurídicas, en forma de depósito.

2.ª El préstamo, tanto si es civil como si es mercantil, no genera intereses salvo que las partes los hayan pactado expresamente.

3.ª En el descuento bancario, si el deudor principal no paga, la entidad de crédito solo podrá exigir el pago a su cliente (descontante) si el efecto descontado es un título-valor; pero no en el resto de los casos, ya que resultaría aplicable en éstos el régimen de la cesión de créditos.

4.ª Si las partes de la compraventa internacional discuten que la entrega de la mercancía, que se ha producido, no ha sido del todo correcta porque la calidad de los materiales no se ajusta a lo pactado, le entidad de crédito emisora del crédito documentario no tendrá que pagarlo al acreedor, pudiendo invocar la *exceptio doli*.

5.ª La garantía a primer requerimiento es un contrato similar a la fianza, porque la garantía es accesoria y subsidiaria con respecto a la obligación principal.

Lección 9

Derecho del mercado de valores e instrumentos financieros: contratación bursátil, ofertas públicas de adquisición y venta de valores y mercado de deuda pública[1]

Sumario. I. El derecho del mercado de valores e instrumentos financieros.—II. Organización de los mercados de valores. 1. Comisión Nacional del Mercado de Valores. 2. Empresas de Servicios de Inversión. 3. Normas de conducta.—III. Clases de mercados de valores. 1. El mercado primario. 1.1. La admisión a negociación en un mercado oficial. 1.2. Ofertas públicas de venta o suscripción de valores. 2. Los mercados secundarios. 2.1. Las bolsas de valores. 2.2. Clases de operaciones de mercado. 2.3. La negociación de instrumentos financieros.—IV. Órdenes de ejecución de operaciones de mercado secundario. 1. Función de las órdenes de ejecución. 2. Contenido de las órdenes. 3. La especialidad del contrato de comisión bursátil. 4. Las órdenes de las sociedades gestoras de carteras.—V. La contratación en el mercado continuo. 1. Sistema de contratación. 2. Cumplimiento e incumplimiento contractual.—VI. Compensación y liquidación de operaciones de valores.—VII. Ofertas públicas de adquisición de valores (OPAs). 1. Régimen jurídico. 2. Características de su régimen legal. 3.-Otras operaciones de ofertas públicas.—VIII. El mercado de deuda pública.

---

[1] La lección 9 ha sido redactada por Elena Leiñena Mendizábal, Profesora Titular de Derecho Mercantil.

I. El derecho del mercado de valores e instrumentos financieros

La promulgación del Texto Refundido de la Ley 24/1988, de 24 de julio, del Mercado de Valores (LMV), aprobado por RDLeg. 4/2015, de 23 de octubre, articuló un sistema complejo que abarca no sólo la regulación del mercado de las bolsas de valores, sino también el mercado de crédito y el mercado asegurador, adoptándose una denominación más amplia para este conjunto de mercados, esto es, la denominación de mercado financiero. Ley 6/2023, de 17 de marzo, de los Mercados de Valores y de los Servicios de Inversión

La presente ley se erige en este sentido como la nueva «ley marco» de los mercados de valores, en sustitución del vigente Real Decreto Legislativo 4/2015, de 23 de octubre, por el que se aprueba el texto refundido de la Ley del Mercado de Valores, sucesor a su vez de la Ley 24/1988, de 28 de julio, del Mercado de Valores

Sin embargo, el verdadero impulso de este sector ha venido de la acción del legislador comunitario, con objeto de aproximar las condiciones de funcionamiento de los mercados de los distintos Estados miembros de la Unión Europea (UE). En particular, el Reglamento (UE) n.º 596/2014, de 16 de abril, sobre el abuso de mercado[2], la Directiva 2014/65/UE (MiFID2), de 15 de mayo, y el Reglamento (UE) n.º 600/2014, también de 15 de mayo. La adaptación al ordenamiento interno se ha llevado a cabo por medio de diversos Reales Decretos-Leyes: RD-ley 21/2017, RD-ley 14/2018 y RD-ley 19/2018, que han armonizado los aspectos necesarios en las normas de rango legal, dando como resultado un TR que es el marco regulador de los mercados de valores, las empresas de servicios de inversión y las actividades de inversión (Instituciones de Inversión Colectiva - IIC).

El mercado de valores en la actualidad integra, por consiguiente, la noción de los instrumentos financieros (art. 2 LMV), catalogados en un anexo a la norma, facilitando así su modificación posterior para el caso de la adaptación a la normativa europea. En este marco general se diferencian, no obstante, los valores negociables de otros instrumentos financieros:

1. Los valores negociables se definen como «instrumentos financieros» (apartado a del Anexo), tratándose de cualquier derecho de contenido patrimonial, cualquiera que sea su denominación y que,

---

[2] Modificado por el Reglamento (UE) 2024/2809 del Parlamento Europeo y del Consejo, de 23 de octubre de 2024, para hacer que los mercados de capitales públicos de la Unión resulten más atractivos para las empresas y para facilitar el acceso al capital a las pequeñas y medianas empresas.

por su configuración jurídica propia y régimen de transmisión, sea susceptible de tráfico generalizado e impersonal en un mercado financiero. Así, las acciones de las sociedades anónimas, los bonos y las obligaciones, los derechos de suscripción, *warrants* u otros análogos o que den derecho a una liquidación en efectivo.

El valor negociable más relevante es la acción de la sociedad anónima, pudiendo representarse mediante títulos o anotaciones en cuenta (necesariamente serán anotaciones en las sociedades cotizadas). Sin embargo, no son valores negociables las participaciones en las sociedades de responsabilidad limitada.

2. Otros instrumentos financieros. Se trata principalmente de contratos de opciones, futuros (*flaps, caps, floors, collars*), permutas (*swaps*), acuerdos de tipos de interés a plazo y otros contratos relacionados con valores negociables, índices, divisas, tipos de interés o cualquier otro tipo subyacente de naturaleza financiera, o materias primas, o los instrumentos financieros derivados para la transferencia del riesgo de crédito. A pesar de tratarse de contratos, la LMV los considera instrumentos financieros, en sentido amplio (art. 2.2 LMV).

La transposición de la Directiva MiFID2, incorporó al ordenamiento interno, junto con la negociación en los mercados secundarios oficiales o regulados y los llamados sistemas multilaterales de negociación (SMN), los llamados sistemas organizados de contratación (SOC). En el caso de los SMN, los compradores y vendedores contratan sin que haya un control previo de los instrumentos financieros que pueden ser objeto de transacción. En el supuesto de los SOC, las órdenes pueden ser ejecutadas por el gestor del SOC de forma discrecional, si bien sujeto a los requisitos de transparencia en la pre negociación y a las obligaciones de ejecución óptima.

II. Organización de los mercados de valores

1. Comisión Nacional del Mercado de Valores

Los mercados de valores están supervisados y controlados por la Comisión Nacional del Mercado de Valores (CNMV), entidad de Derecho público que interviene en la inspección de los mercados de valores y de las personas que actúan profesionalmente en los mencionados mercados, ejerciendo sobre ellas su potestad sancionadora. La CNMV ha de velar por la transparencia de los mercados de valores, la correcta formación de los precios y la protección de los inversores, promoviendo la difusión de la información necesaria, con objeto de cumplir con esos fines. Igualmente, asesora al Gobierno, al Ministerio de Economía y a los órganos de las CCAA sobre esa materia. Está dirigida por un Consejo, integrado por miembros del Ministerio de Economía y Competitividad, del Tesoro Público y del Banco de España. También cuenta con un Comité Consultivo, integrado por representantes de los emisores, inversores, entidades de crédito, aseguradores y colectivos profesionales. En todo caso, tanto el Ministerio como el Banco de España desarrollan su actividad siguiendo la estela de la Autoridad Europea de Valores y Mercados.

La CNMV ejerce su capacidad normativa por medio de circulares publicadas en el BOE, así como mediante guías técnicas y criterios de cumplimiento de la normativa, dirigidas a las entidades supervisadas (art. 21 LMV).

2. *Empresas de Servicios de Inversión*

En los mercados de valores, además del regulador, los sujetos intermediarios típicos son las empresas de servicios de inversión. Estas entidades han de estar autorizadas para desarrollar profesionalmente los servicios y las actividades de inversión, así como los servicios auxiliares previstos en la LMV (arts. 140 y 141 LMV). En función de su capacidad operativa se clasifican en cuatro categorías: sociedades de valores, agencias de valores, sociedades gestoras de carteras y empresas de asesoramiento financiero. Las entidades de crédito también pueden realizar actividades de inversión (art. 145 LMV).

Las mencionadas empresas de servicios de inversión han de cumplir con las condiciones legales y reglamentarias de ejercicio de su actividad que afectan, fundamentalmente, a la transparencia de sus participaciones significativas, a su gobierno corporativo, a sus mecanismos de gestión y a los requisitos de organización interna y funcionamiento.

3. *Normas de conducta*

La regulación de los mercados de valores o de instrumentos financieros está articulada conforme a las «normas de conducta». Estas normas tienen como finalidad garantizar la transparencia y la correcta formación de los precios y la protección a los inversores.

Las normas de conducta en el Derecho comunitario sobre operaciones con información privilegiada y manipulación del mercado están articuladas en el Reglamento (UE) n.º 596/2014 sobre el abuso de mercado. Esta materia había sido previamente desarrollada por diversas directivas adaptadas al ordenamiento interno, hoy en día derogadas. En la actualidad, el mencionado Reglamento (UE) n.º 596/2014 ha sido incorporado al ordenamiento interno por el RD-ley 19/2018, de servicios de pago y otras medidas urgentes en materia financiera, uniformizando así la prevención de esas prácticas de abuso de mercado en el espacio europeo.

Es posible clasificar las normas de conducta de nuestro ordenamiento en tres grandes grupos, atendiendo a las personas destinatarias a las que van dirigidas:

1. Normas de conducta que se dirigen a cualesquiera que actúan en el mercado de valores. Son normas que impiden los abusos de información privilegiada y la manipulación de cotizaciones, mediante operaciones u órdenes, o la difusión de informaciones que den indicios falsos o engañosos al mercado (art. 226 LMV).

2. Normas de conducta que afectan a los emisores, esto es, a las sociedades cotizadas, obligándoles a salvaguardar, durante las fases de estudio o negociación de cualquier tipo de operación jurídica o financiera, las informaciones que puedan influir de forma apreciable en la cotización de los valores. Igualmente, exigen la publicación inmediata de las informaciones o hechos relevantes derivados de aquellas operaciones, una vez concluidas, o cuando las conozcan (art. 228 LMV).

3. Normas de conducta que se dirigen a todos los intermediarios en el mercado de instrumentos financieros. Así, a las empresas de servicios de inversión y a las entidades de crédito. Estas normas obligan a clasificar a los inversores en tres categorías: minoristas, profesionales o las denominadas «contrapartes elegibles» (arts. 205 y 206 LMV). Igualmente, obligan a ser diligentes y transparentes (art. 208 y 208 *bis* LMV), a llevar registros de los contratos que suscriban, las órdenes que reciban y las operaciones que realicen (art. 194 LMV). En definitiva, a adoptar todas las medidas necesarias para impedir la transmisión de información privilegiada entre sus distintas áreas de actividad y a comunicar operaciones sospechosas (art. 282 LMV).

III. Clases de mercados de valores

La Ley articula dos clases de mercados de valores: el mercado primario de valores (art. 33 ss. LMV) y los mercados secundarios de valores (art. 43 ss.). El mercado primario de valores se refiere a la adquisición originaria a negociación de valores para su adquisición por los inversores, mientras que en el secundario se produce una adquisición derivativa de valores, que permite reunir los diversos intereses de compra y venta sobre instrumentos financieros para dar lugar a contratos.

1. *El mercado primario*

El mercado primario de valores, como se ha anticipado, se refiere a la adquisición originaria a negociación de valores para su adquisición por los inversores. Ahora bien, la suscripción ha de ser ofertada públicamente.

1.1. La admisión a negociación en un mercado oficial

La admisión de valores a cotización en un mercado oficial está condicionada a la verificación de la CNMV y del organismo rector de cada mercado oficial concreto en el que se vaya a negociar (arts. 33 y 34 LMV). En este sentido, los mercados emitirán normas claras y transparentes en relación a la negociación de instrumentos financieros, con objeto de que éstos sean negociados de forma correcta, ordenada y eficiente (art. 17 RD 21/2017).

Conforme a la normativa vigente, la CNMV supervisará los requisitos de idoneidad en relación al emisor y al tipo de valor (representado necesariamente por anotaciones en cuenta, emisión mínima, etc.), así como de información (aportación de cuentas anuales auditadas y aportación, aprobación y registro de un folleto informativo, que será publicado, conforme a lo dispuesto en el Reglamento (UE) 2017/1129, de 14 de junio (Reglamento de Folletos) y contendrá la información necesaria, además de un resumen, para que los inversores puedan evaluar la potencial adquisición de los valores. Tanto el folleto como su resumen pueden generar la responsabilidad del emisor, en el caso de que los datos incluidos o su omisión relevante cause daños y perjuicios (art. 38 LMV).

En todo caso, los negocios fundamentales del mercado primario son la suscripción de los valores, cuyo régimen depende de su naturaleza y régimen jurídico (art. 36.4 LMV). De ahí que, si se trata de la suscripción de unas acciones de una sociedad anónima que se constituye por fundación sucesiva, o se trata de una ampliación de capital, se aplicarán las normas de la LSC (arts. 19 ss. y 160). Ahora bien, si se trata de la suscripción de obligaciones se aplicarán las normas que regulan este supuesto (art. 401 ss. LSC), y las normas de deuda pública para el caso de suscripción de una emisión del Estado o de las CCAA.

Los intermediarios procurarán gestionar la suscripción de valores, garantizándola en algunos casos. Su actividad es la colocación de la emisión recurriendo a las técnicas adecuadas y ese conjunto de actividades se integra en la relación jurídica del contrato de comisión mercantil, como contrato típico de gestión de intereses ajenos (art. 244 CCom).

1.2. OFERTAS PÚBLICAS DE VENTA O SUSCRIPCIÓN DE VALORES

La actual noción de oferta pública de venta o suscripción de valores es muy amplia y se considera que es «toda comunicación a personas en cualquier forma o por cualquier medio que presente información suficiente sobre los términos de la oferta y de los valores que se ofrecen, de modo que permita a un inversor decidir la adquisición o suscripción de estos valores». No obstante, esta definición no incluye la oferta pública a inversores cualificados, o la que se dirige a un número reducido de personas o por tratarse de una cuantía que no llega a la cuantía mínima anual (art. 35 LMV).

Las ofertas públicas de venta o suscripción de valores están sometidas a los requisitos de idoneidad e información mencionados más arriba, en particular, a la obligación de redactar un folleto informativo sometido a la aprobación de la CNMV. No obstante, ciertos tipos de valores no están obligados a la publicación de ese folleto (art. 3.2 Reglamento (UE) n.º 2017/112941), por la naturaleza de la operación, por ejemplo, en el caso de acciones emitidas en sustitución de acciones de la misma clase ya emitidas previamente.

2. *Los mercados secundarios*

Los mercados secundarios oficiales son los mercados regulados o sistemas multilaterales que permiten reunir los diversos intereses de compra y venta sobre instrumentos financieros para dar lugar a contratos con respecto a los instrumentos financieros admitidos a negociación, autorizados y que funcionan de forma regular (art. 43.1 LMV), esto es, cumplen con los requisitos de acceso, admisión a negociación, procedimientos operativos, información y publicidad. En los mercados secundarios se llevan a cabo transmisiones derivativas de valores, esto es, una vez hayan sido emitidos y suscritos esos valores, los inversores cuentan con un mercado organizado para invertir y desinvertir.

La Ley distingue los siguientes mercados secundarios oficiales o regulados: las bolsas de valores, los mercados de deuda pública en anotaciones, los mercados de futuros y opciones (MEFF), los mercados de renta fija (AIAF), los sistemas multilaterales de negociación (SMN) y los sistemas organizados de contratación (SOC).

La CNMV puede suspender la cotización de la negociación de un determinado instrumento financiero, cuando las circunstancias impidan un normal desarrollo de las operaciones o la protección del interés de los inversores así lo aconseje (art. 2 RD-ley 21/2017). Suspensión que se comunicará de inmediato a la Autoridad Europea de Valores y Mercados y a las autoridades de los demás Estados miembros de la UE. Igualmente, la CNMV puede excluir de la negociación instrumentos financieros que no alcancen los mínimos de difusión, frecuencia o volumen de contratación. En este sentido, también cabe que sea la propia entidad emisora la que solicite la exclusión de la negociación de un instrumento financiero en un mercado secundario oficial, en los casos en que previamente se de una oferta pública de adquisición de acciones (OPA).

2.1. *Las bolsas de valores*

Son los mercados secundarios oficiales de mayor importancia y tradición, contratándose en ellos acciones y obligaciones, así como valores que otorguen un derecho a suscripción o adquisición preferente.

En España hay cuatro Bolsas de valores (Madrid, Barcelona, Valencia y Bilbao) que integran el denominado «mercado continuo», al conectarse todas ellas mediante un sistema de interconexión bursátil (art. 56 LMV). La gestión y dirección de este sistema se lleva a cabo mediante una sociedad de bolsas.

Cada una de esas bolsas está, a su vez, administrada por una sociedad rectora, la cual se constituye como una sociedad anónima y su objeto principal es organizar el funcionamiento de la bolsa. Su capital está repartido entre empresas de servicios de inversión, entidades de crédito y demás entidades previstas en la Ley (art. 54 LMV). Para actuar en las bolsas de valores se ha de ser miembro y la ejecución de las transacciones efectuadas en el mercado se lleva a cabo mediante un mecanismo de compensación multilateral (Sistema de Compensación y Liquidación de Valores), que implica un intercambio de los valores por el efectivo correspondiente a esas transacciones. La compensación conlleva la sustitución de los derechos y obligaciones derivados de las órdenes de transferencia relativas a un instrumento financiero por un único crédito o por una única obligación, de manera que sólo sea exigible dicho crédito u obligación. Esta actividad se lleva a cabo por los depositarios centrales de valores, que se constituirán también como sociedades anónimas y se encargan de llevar el registro contable de los valores admitidos a negociación (art. 8.3 LMV).

2.2. *Clases de operaciones de mercado*

Las operaciones de mercado se diferencian conforme a dos criterios:

a) Operaciones por cuenta propia o ajena
En los mercados secundarios las operaciones pueden ser por cuenta propia o por cuenta ajena. Las sociedades de valores y

las entidades de crédito pueden operar por cuenta propia o por cuenta ajena, mientras que las agencias de valores sólo pueden hacerlo por cuenta ajena. En ese sentido, las entidades que operan por cuenta propia no podrán contratar con otro miembro del mercado que no tenga esa condición, sin que quede constancia explícita de que este último conozca ese extremo.

En todo caso, la normativa de los mercados secundarios oficiales establece la obligación a sus miembros de trasladar ante la CNMV las vinculaciones económicas y relaciones contractuales con terceros que puedan generar conflictos de interés con otros clientes. La CNMV las hará públicas siguiendo los criterios estipulados en el RD 813/2023, de 8 de noviembre, sobre el régimen jurídico de las empresas de servicios de inversión y de las demás entidades que prestan servicios de inversión. Los miembros de los mercados secundarios responderán ante sus comitentes de la entrega de los valores y del pago de su precio (art. 141 RD 813/2023).

b) Transparencia sobre operaciones

El principio de transparencia en el funcionamiento de los mercados secundarios oficiales, exige el cumplimiento de determinados requisitos informativos. Los primeros, relativos a la información previa a la negociación con respecto a las acciones admitidas en el mercado: precios de compra y venta existentes en cada momento y las posiciones de negociación que se difunden a través de esos sistemas. Los segundos, los relativos a la información que deberá de hacerse pública, una vez se concluyan las operaciones: indicación del precio, volumen y hora de ejecución.

2.3. *La negociación de instrumentos financieros*

La LMV y el RD-ley 21/2017 regulan tres fases en la negociación de los instrumentos financieros:

a) La admisión a la negociación en mercados regulados, previa verificación de la CNMV del cumplimiento de los requisitos legales y reglamentarios por sus emisores. De ahí que los mercados regulados tengan normas claras y transparentes sobre la admisión a negociación que garantizan la negociación de los instrumentos financieros admitidos de manera equitativa, ordenada y eficiente, sin restricciones a la libre transmisibilidad de los valores negociables (art. 76 LMV y art. 17 RD-ley 21/2017).

b) La suspensión de la negociación de instrumentos financieros en los mercados regulados, que puede ser acordada por la CNMV o por

el organismo rector correspondiente, cuando determinadas circunstancias puedan perturbar el normal desarrollo de las operaciones o
aconsejen adoptar dicha medida para la protección de los inversores.

c) La exclusión de la negociación de instrumentos financieros en los
mercados regulados, susceptible de ser acordada por la CNMV,
cuando la negociación no alcance los requisitos de difusión, frecuencia o volumen de contratación. Igualmente, cuando el emisor
no cumpla con sus obligaciones, especialmente de información, o
cuando se encuentre en fase de liquidación concursal o societaria
(arts. 20-22 RD-ley 21/2017).

IV. Órdenes de ejecución de operaciones de mercado secundario

1. *Función de las órdenes de ejecución*

La función de las órdenes de ejecución de una operación en un mercado secundario está integrada por la orden que dan las personas clientes
de una sociedad o agencia de valores a esa entidad intermediaria, orden
que adopta la naturaleza de un contrato de comisión, una vez es aceptada
por la entidad y, dada su naturaleza singular, la entidad intermediaria o
comisionista actuará en nombre propio sin revelar la identidad de la persona ordenante. Por lo tanto, conforme a esa relación contractual, la persona que ha emitido la orden adopta la posición de comitente y la entidad
intermediaria la de comisionista (art. 246 ss. CCom).

Las entidades que intermedian en la operación negocial han de aceptar
y ejecutar la orden, sin perjuicio de que pueden subordinar esa aceptación
a que la persona ordenante garantice la titularidad de los valores que ordene vender o haga la provisión de fondos si es una orden de compra.

Las empresas de servicios de inversión son receptoras de órdenes no
sólo de profesionales sino también de minoristas. Las entidades profesionales integran el grupo de aquellos operadores de los que se presume
tienen experiencia, conocimientos y cualificación para tomar sus propias
decisiones y valoran correctamente sus riesgos (entidades financieras, inversores institucionales). Los minoristas, por el contrario, son todos aquéllos que no son profesionales.

2. *Contenido de las órdenes*

Las órdenes sobre valores están determinadas por los usos bursáti-
les. En cualquier caso, las entidades intermediarias que reciben las órde-

nes están obligadas a documentarlas y archivarlas, conforme a las circulares que a ese respecto dicte la CNMV (arts. 221 y ss. LMV). Las personas ordenantes darán las órdenes claras y precisas, respetando la normativa reglamentaria de cada mercado de valores. De esa manera las personas ordenantes y receptoras conocerán sus efectos.

3. *La especialidad del contrato de comisión bursátil*

La relación jurídica entre la persona ordenante y la entidad receptora de la orden de ejecución en un mercado secundario es un contrato de comisión (art. 244 ss. CCom), como se ha dicho, sujeto a determinadas especificidades:

1. Las sociedades o entidades miembros de un mercado secundario están obligadas a aceptar la orden, sin perjuicio de solicitar la oportuna provisión. Esto es, la entrega de valores por parte de la persona comitente en una venta de valores y el dinero en una de compra. En las operaciones a plazo se podrán exigir las oportunas garantías o coberturas reglamentarias mínimas (art. 71.2 LMV).

2. Las órdenes de ejecución deben de permitir conocer a la persona ordenante y a la receptora, los efectos de la operación. De ahí que las órdenes hayan de ser claras y precisas en alcance y sentido, así como ejecutadas con la máxima celeridad posible. Igualmente, la entidad o persona habilitada receptora de la orden tiene la obligación de mantener un archivo de justificantes de las mismas.

3. La comisión que recibe el miembro del mercado de valores para la ejecución de una operación por cuenta de su cliente es una comisión de garantía, dado que la entidad comisionista responderá ante su comitente (cliente) de la entrega de los valores o, en su caso, del pago del precio (art. 71.2 LMV y 272 CCom).

4. Los miembros del mercado de valores no pueden comprar para sí los valores recibidos en la orden de vender, ni vender al cliente los valores propios cuando han recibido la orden de compra. Por lo tanto, la persona o entidad intermediaria comisionista no podrá operar por cuenta propia haciendo de contraparte en la operación de ejecución de la comisión (autoentrada del comisionista) (art. 267 CCom). Ahora bien, si el miembro del mercado es una sociedad de valores o una entidad de crédito podrá realizar la contraparte, siempre que comunique previamente al comitente o cliente esa circunstancia (art. 72 LMV). Por el contrario, si el miembro del mercado es una agencia de valores, la cual actúa siempre por cuenta ajena, no podrá en ningún caso hacer la autoentrada en el negocio.

5. En sentido similar, cuando el miembro del mercado que opera por cuenta ajena, recibe órdenes de sentido contrario sobre un mismo valor. Esto es, una orden de compra sobre un valor y otra de venta sobre ese valor, podrá «aplicar» o «casar» esas órdenes, siempre que las ofertas se formulen públicamente, a través del correspondiente sistema de contratación, y no concurran en ese momento ofertas al mismo precio u otro más favorable.

6. La persona o entidad ordenante abonará una retribución en forma de comisión a la intermediaria o entidad del mercado secundario que recibe la orden. El importe de esa comisión se fija libremente. No obstante, las tarifas estipuladas para esos intermediarios están sujetan a la supervisión de la CNMV y, en su caso, al Banco de España, conforme a las normas reglamentarias establecidas para cada operación de mercado (art. 74 LMV).

4. *Las órdenes de las sociedades gestoras de carteras*

Las sociedades gestoras de carteras, que realizan las órdenes de su clientela, articulan esas órdenes en el marco de un contrato de gestión de carteras, más genérico y sujeto a las funciones de estas sociedades.

V. La contratación en el mercado continuo

1. *Sistema de contratación*

Las bolsas de valores son las responsables del sistema de contratación por medio del mercado electrónico de interconexión: Sistema de Interconexión Bursátil Español (SIBE). El sistema está, a su vez, gestionado por la Sociedad de Bolsas, integrada por todas las sociedades gestoras de bolsas (art. 56 ss. LMV). La CNMV acordará los valores que en el mencionado sistema se negocien, atendiendo a la circunstancia de que los valores hayan sido admitidos a negociación al menos en dos bolsas de valores.

El funcionamiento del sistema, a efectos contractuales, implica que el miembro del mercado introduzca en el sistema de interconexión, durante las horas determinadas, una propuesta de venta o de compra de acciones, el valor a contratar, el carácter de comprador o vendedor y el precio y, en determinados casos, el tiempo en el que se valida la propuesta. Esa oferta se «casará» cuando se encuentre una aceptación introducida en el sistema, quedando así el contrato perfeccionado. Si la oferta no es aceptada en la sesión y no se ha fijado un plazo para la misma, tendrá como límite la última sesión del mes en que se formule.

Los miembros de las bolsas de valores deberán ejecutar las órdenes de compra o venta de forma separada, dado que está prohibida la agrupación de órdenes, a excepción de que deriven de la agrupación de órdenes de una misma persona ordenante o comitente. En este sentido, también se podrá realizar la «aplicación» de órdenes, siempre que se hagan públicas por medio del sistema de interconexión y siempre que esas órdenes no queden casadas por otras de un miembro diverso que ofrezca mejor precio respecto a las ventas u ofrezca acciones a un precio inferior en el caso de las compras.

En todo caso, la compraventa realizada ha de comunicarse al departamento de supervisión de la Sociedad de Bolsas y a las sociedades rectoras de la bolsa a la que el miembro esté adscrito.

2. *Cumplimiento e incumplimiento contractual*

Los miembros del mercado cumplirán con el contrato mediante la entrega de los títulos a la persona o entidad compradora y el pago del precio. Así, teniendo en cuenta que las acciones están representadas mediante anotaciones en cuenta, efectuada la anotación en el sistema de interconexión, la persona adquirente aparecerá como titular legítimo de las acciones, una vez inscritas en el registro contable a su nombre. Asimismo, la enajenante recibirá el precio por parte del miembro del mercado.

La inscripción de la transmisión a nombre de la persona adquirente producirá los efectos de la tradición de las acciones (art. 11 LMV), sin perjuicio de que el miembro de la bolsa certifique a la parte interesada la comunicación de la operación a la sociedad rectora de la bolsa la transmisión realizada.

En ese ámbito, el incumplimiento contractual está relacionado en la mayoría de las ocasiones con el retraso o mora en el cumplimiento de la operación. De esta manera, si la sociedad, agencia o entidad de crédito compradora o vendedora demoran el cumplimiento de lo convenido, la otra parte puede optar entre la exigencia del cumplimiento de la operación o el abandono de la misma, denunciándolo previamente a la sociedad rectora del mercado secundario correspondiente. Como es habitual, la sociedad o agencia morosa puede repetir contra la persona ordenante o comitente en los supuestos de que sea responsable del incumplimiento.

VI. **Compensación y liquidación de operaciones de valores**

la negociación de instrumentos financieros en los mercados de valores, se puede hacer de dos formas: de forma centralizada en el marco de los mercados secundarios oficiales o regulados de valores o de forma descentralizada, al margen de aquéllos, como son las operaciones que tienen por objeto los contratos derivados extrabursátiles (*over the counter* —OTC—).

1) La negociación centralizada de los instrumentos financieros (MSOV y SMN) se define como el proceso de transmisión de la propiedad de uno o varios instrumentos financieros de un sujeto u ordenante de la orden de venta (A) al patrimonio de otro sujeto (B). El proceso se denomina «la cadena de valor de la negociación» y su regulación jurídica busca en todo caso que el proceso de subrogación en los respectivos patrimonios de la parte vendedora y de la parte compradora se produzca de forma eficiente y segura, de manera que se consiga la mejor y mayor protección de los derechos que los valores confieren a los titulares inversores (art. 17.2 LMV).

En ese sentido, la negociación se desarrolla en dos fases de contratación: fase de negociación por los miembros de los mercados regulados o mercados secundarios de valores (MSOV y SMN) y dirigidos por sus sociedades rectoras[3]; fase de post-contratación, que se divide en etapa de compensación (a cargo de las Entidades de Contrapartida Central — ECC—) y en etapa de liquidación (a cargo de las entidades liquidadoras participantes del Depositario Central de Valores — DCV—)[4]. La liquidación tendrá como resultado último el intercambio de instrumentos financieros por dinero. Por consiguiente, la fase post-contractual está integrada por dos instrumentos jurídicos.

Las dos etapas de compensación y liquidación de las operaciones realizadas en los mercados secundarios de valores tienen determinadas características: la primera, es que son multilaterales y en cada jornada se cruzan miles de órdenes de compra y de venta de valores de miles de personas ordenantes inversoras finales dirigidas por cientos de miembros de los mercados, de ahí la importancia de que su compensación y liquidación se centralice y se aproveche la economía de escala. La segunda, es que con frecuencia son operaciones transfronterizas entre entidades inversoras radicadas en países diferentes, circunstancia que encarece la ejecución de la operación y a la que la UE quiere otorgar determinados instrumentos para abaratar los costes en el mercado interior.

En todo caso, las entidades intermediarias intervinientes en las dos fases de negociación han de articular sus infraestructuras para garantizar que los

---

[3] Esta fase de contratación se corresponde con la perfección del contrato: oferta y aceptación (art. 1254 CC) y con la asunción de obligaciones de entregar la cosa y pagar el precio en un contrato de compraventa (art. 1445 CC).

[4] La fase de post-contratación se asimila a la ejecución del contrato (art. 1278 CC) y a la ejecución de las obligaciones de la parte vendedora (art. 1461 ss. CC) y de la parte compradora (art. 1500 ss. CC).

participantes puedan confiar en que las operaciones con valores se ejecutarán de forma adecuada. Por ello, la actuación de estas entidades está sujeta a la exigencia de la coordinación en cada fase, de manera que si no se observa esa coordinación, puede dar lugar a una sanción administrativa[5].

VII. Ofertas públicas de adquisición de valores (OPAS)

1. *Régimen jurídico*

Las ofertas públicas de adquisición de valores (OPAs) son ofertas de adquisición que una persona física o jurídica formula públicamente a las personas o entidades titulares de acciones de una sociedad cotizada en bolsa o de otros valores que incorporen una opción a la conversión o a la adquisición, originaria o derivativa de aquéllas.

Su régimen jurídico se modificó por Ley 6/2007, de 12 de abril. Esta norma reformó la LMV para adaptar al ordenamiento interno la Directiva 2004/25/CE, de 21 de abril, y articuló el régimen jurídico sobre esta materia en el RD 1066/2007, de 27 de julio. Este nuevo régimen tiene como principio general la obligación de formular una OPA, no con objeto de que el oferente alcance el control de la sociedad, sino con objeto de proteger a los pequeños accionistas. Por lo tanto, son tres los pilares del nuevo régimen:

1. La OPA es obligatoria cuando la persona física o jurídica haya adquirido el control de la sociedad cotizada. Se considera que ha adquirido el control cuando esa persona haya alcanzado, directa o indirectamente y de forma individual o conjunta con las personas que actúen en concierto con ella, un porcentaje de derechos de voto igual o superior al 30%; o bien, cuando haya alcanzado una participación inferior y designe un número de consejeros o consejeras que, unidos, en su caso, a los que ya se hubieran designado, representen más de la mitad de las personas integrantes del órgano de administración de la sociedad (art. 131.1 LMV).
2. La OPA se ha de formular por la totalidad de las acciones o valores que directa o indirectamente puedan dar derecho a voto. Por consiguiente, no caben OPAs obligatorias parciales, esto es, han de ser por la totalidad del resto de las acciones que no posea la persona o entidad oferente.

---

[5] De ahí que sea necesario que las sociedades rectoras de los MSOV y de los SMN suscriban acuerdos con al menos un DVC y, en su caso, con una o varias ECC.

3. La OPA ha de realizarse a un precio equitativo. Se entiende como equitativo cuando sea igual al precio más elevado que haya pagado la parte obligada a formular la oferta, o las personas que actúen en concierto con ella, por los mismos valores durante un período de tiempo anterior a la oferta determinado reglamentariamente. En cualquier caso, la CNMV podrá modificar el precio así calculado en determinadas circunstancias y según los criterios que se establezcan reglamentariamente (art. 130 LMV).

2. *Características de su régimen legal*

Los rasgos más característicos de su régimen legal son los siguientes:

1. Presentada la OPA, durante el plazo de su aceptación quedan sin efecto las medidas anti-OPA de sus estatutos («regla de neutralización») (art. 135 LMV). Así, por ejemplo, que la parte accionista no pueda vender acciones a un tercero, o que no pueda disponer de más de un 10% de la totalidad de los votos. La regla de neutralización puede ser ineficaz si la acuerda la junta general de la sociedad afectada.
2. El sometimiento de la OPA a la obtención de determinadas autorizaciones administrativas, cuya regulación no corresponde a la LMV. En este sentido, las autorizaciones relativas a la defensa de la competencia.
3. El acatamiento pasivo del órgano de administración frente a la OPA. Ello implica que cualquier actuación de los órganos de administración y dirección de la sociedad afectada y su grupo, que pueda poner en riesgo el éxito de la oferta, ha de estar sometida a la autorización previa de la junta general, salvo el supuesto de búsqueda de otras ofertas que superen las precedentes.
4. El régimen de las compraventas forzosas (art. 136 LMV), que implica que la titularidad accionarial estará obligada a la venta forzosa de sus acciones a precio justo en el caso de que la OPA haya sido aceptada por el 90% del capital social.

3. *Otras operaciones de ofertas públicas*

Además del supuesto de OPA cuando se alcanza el control de la sociedad, se dan otros supuestos especiales de OPAs:

1. La oferta de exclusión de las acciones a negociación de los mercados secundarios cuando así lo decida la sociedad (art. 82 LMV).

2. La oferta pública de adquisición con reducción de capital mediante la adquisición por parte de la sociedad de sus propias acciones, sin perjuicio del sometimiento a su amortización posterior (art. 338 LSC).

3. Las ofertas voluntarias, en aquellos casos en los que no exista obligación de formular la OPA. Estas ofertas pueden ser parciales, esto es, se pueden formular por un número de valores inferior al total, por quien no vaya a alcanzar una participación de control, o por quien ya la tiene y puede incrementar libremente su participación sin estar sujeto a la obligación de una OPA obligatoria (art. 137 LMV).

VIII. El mercado de deuda pública

En el mercado de deuda pública en anotaciones se negocian los valores de renta fija emitidos por el Estado y demás entidades públicas. Su contratación está articulada en torno a un régimen normativo y reglamentario especial.

El régimen de este mercado de deuda pública en anotaciones fue el precursor del actual régimen del mercado de valores. El registro contable se asignó a Iberclear y su operativa está regulada por el Banco de España que establece como fecha de contratación, la fecha en que las partes otorguen su consentimiento.

Fuentes legales

Real Decreto Legislativo 4/2015, de 23 de octubre, por el que se aprueba el texto refundido de la Ley del Mercado de Valores (BOE-A-2015-11435); Real Decreto Legislativo 1/2010, de 2 de julio, por el que se aprueba el texto refundido de la Ley de Sociedades de Capital (BOE-A-2010-10544).

Bibliografía básica

BROSETA PONT, M. – MARTÍNEZ SANZ, F., *Manual de Derecho Mercantil (Vol. II): Contratos Mercantiles. Derecho de los Títulos-Valores. Derecho Concursal*, Tecnos, Madrid, última edición.

SÁNCHEZ CALERO, F. – SÁNCHEZ-CALERO GUILARTE, J., *Principios de Derecho Mercantil*, Thomson-Reuters Aranzadi, Cizur Menor (Navarra), última edición.

Practicum Contratos Mercantiles, 2019, Thomson Reuters, Cizur Menor (Navarra), 2019

Jurisprudencia básica

1. STS (Sala de lo Civil, Sección1.ª), núm. 602/2020 de 12 noviembre (RJ 2020\4232), sobre la nulidad de la compra de acciones en el marco de una oferta pública de suscripción de una entidad que salía a bolsa, por consentimiento viciado.

2. STS (Sala de lo Civil, Sección 1.ª), núm. 247/2020 de 3 junio (RJ 2020\1807), sobre el reconocimiento al derecho de indemnización de daños y perjuicios por incumplimiento por el banco de sus obligaciones de asesoramiento e información.

Materiales de autoevaluación

Preguntas test

1. El Mercado de Valores en la actualidad integra la noción de los instrumentos financieros, considerándose éstos:

a) Las acciones de las sociedades anónimas, los bonos y las obligaciones, los derechos de suscripción, *warrants* u otros análogos o que den derecho a una liquidación en efectivo.

b) Las participaciones en las sociedades de responsabilidad limitada, las acciones de las sociedades anónimas, los bonos y las obligaciones.

c) Exclusivamente los contratos de opciones, futuros (*flaps, caps, floors, collars*), permutas (*swaps*), acuerdos de tipos de interés a plazo y otros contratos relacionados con valores negociables.

2. La Comisión Nacional del Mercado de Valores (CNMV), es una entidad de Derecho público que:

a) Ha de intervenir en la inspección de los mercados de valores y de las personas que intervienen profesionalmente en los mencionados mercados, sin perjuicio de que la potestad sancionadora la ejerza el Ministerio de Justicia.

b) Ha de desarrollar su capacidad normativa por medio de leyes publicadas en el BOE, así como mediante decretos de cumplimiento de la normativa, dirigidos a las entidades supervisadas.

c) Ha de velar por la transparencia de los mercados de valores, la correcta formación de los precios y la protección de los inversores.

3. Las empresas de servicios de inversión son las entidades intermediarias típicas autorizadas para desarrollar profesionalmente los servicios y las

actividades de inversión previstos en la LMV (arts. 140 y 141 LMV). En función de su capacidad operativa se clasifican en varias categorías:

a) Sociedades de valores, agencias de valores, sociedades gestoras de carteras y despachos de abogados.
b) Sociedades de valores, sociedades gestoras de carteras y empresas de asesoramiento financiero exclusivamente.
c) Sociedades de valores, agencias de valores, sociedades gestoras de carteras y empresas de asesoramiento financiero.

4. El mercado primario de valores se diferencia del mercado secundario:

a) En que en este mercado se negocia la adquisición originaria a negociación de valores para su adquisición por las entidades inversoras de la oferta particular o privada.
b) En que en este mercado se negocia la adquisición originaria a negociación de valores para su adquisición por las entidades inversoras de la oferta pública.
a) En que en este mercado se negocia la adquisición derivativa a negociación de valores para su adquisición por las entidades inversoras de la oferta particular o privada.

5. Las bolsas de valores:

a) Son los mercados secundarios oficiales en los que se contratan acciones y obligaciones, así como valores que otorguen un derecho a suscripción o adquisición preferente.
b) Son los mercados primarios oficiales en los que se contratan acciones y obligaciones, así como valores que otorguen un derecho a suscripción o adquisición preferente.
c) Son los mercados primarios y secundarios oficiales en los que se contratan acciones y obligaciones, así como valores que otorguen un derecho a suscripción o adquisición preferente.

Indicar la corrección o incorrección de las siguientes aseveraciones razonando la respuesta

1. «La comisión que recibe la entidad miembro del mercado de valores para la ejecución de una operación por cuenta de una persona o entidad ordenante es una comisión sin garantía alguna, dado que la comitente puede rechazar la entrega de los valores o el pago del precio de una adquisición de valores».

2. «Las empresas de servicios de inversión son receptoras de órdenes de profesionales y minoristas. Las entidades profesionales integran el grupo de operadores de los que se presume tienen experiencia, conocimientos y cualificación y los minoristas son todos aquéllos que no son profesionales».

3. «Cuando la persona o entidad miembro del mercado que opera por cuenta ajena, recibe órdenes de sentido contrario sobre un mismo valor no podrá *aplicar* o *casar* esas órdenes, a pesar de que esas ofertas se formulen públicamente».

4. «El Sistema de Interconexión Bursátil Español (SIBE), gestionado por la Sociedad de Bolsas, e integrado por todas las sociedades gestoras de bolsas, permitirá, a efectos contractuales, durante las horas determinadas, una propuesta de venta o de compra de acciones, el valor a contratar, pero no el precio que vendrá fijado por la CNMV».

5. «Las ofertas públicas de adquisición de valores (OPAs) son ofertas de adquisición que una persona física o jurídica formula públicamente a las personas titulares de acciones de una sociedad cotizada y serán obligatorias, cuando la persona física o jurídica quiera adquirir el control de la sociedad cotizada».

Lección 10

El contrato de seguro (I): aspectos generales del contrato de seguro[1]

I. Justificación

Las personas físicas y jurídicas se encuentran amenazadas de forma permanente por diferentes riesgos, es decir, por la posibilidad de que se produzcan eventos que ocasionen efectos económicos perjudiciales (fuga

---

[1] La lección 10 ha sido redactada por José Manuel Martín Osante, Catedrático de Derecho Mercantil.

de agua en una vivienda, accidente de tráfico, robo, enfermedad...). Estos eventos son futuros e inciertos por cuanto se desconoce si el evento se producirá o no o, al menos, no se sabe cuándo se producirá (muerte), pero si se producen ocasionan unas consecuencias patrimoniales adversas.

Ante esta realidad, las personas pueden adoptar una postura pasiva, de modo que si se produce ese evento asumirán sus consecuencias de forma directa con su patrimonio, o una conducta activa como es la de contratar un seguro que cubra el riesgo al que están expuestas esas personas. La contratación del seguro constituye una medida de prevención del riesgo que permite desplazar sus consecuencias hacia el asegurador. Efectivamente, en virtud del contrato de seguro el asegurador se obliga a indemnizar al asegurado los daños sufridos o a satisfacer las necesidades económicas que genere la materialización del riesgo.

El traslado de los efectos del riesgo hacia otras personas puede realizarse de dos modos diferentes: a) seguro mutuo, es decir, a través de la asociación entre la pluralidad de personas amenazadas por el mismo riesgo, de forma que si uno de los asociados sufre un siniestro el resto de los asociados contribuyen a su indemnización; b) seguro a prima, en el que los sujetos sometidos a un determinado riesgo lo trasladan a otra persona, la aseguradora, que lo asume, a cambio del pago de una cantidad económica (prima). En ambas modalidades de previsión hunde sus raíces el seguro actual.

La actividad aseguradora es desempeñada en la actualidad por empresarios especializados en la prestación del servicio de cobertura de riesgos, que aplicando cálculos técnicos soportan el riesgo al que se encuentran sometidos una pluralidad de sujetos, a cambio de un precio. En concreto, los contratos de seguro que celebran las aseguradoras pueden ser de daños (de indemnización) o de personas (de sumas o de capital). En los seguros de daños se pretende una reparación patrimonial o indemnización de los concretos daños sufridos, mientras que en los seguros de personas se persigue hacer frente a las necesidades económicas provocadas por la producción del siniestro (muerte, accidente...) mediante el pago de una suma calculada y pactada previamente o a través de la prestación de servicios (sanitarios, funerarios...). Asimismo, la suscripción del contrato de seguro es, generalmente, voluntaria para las partes, si bien es cierto que la normativa suele exigir en determinados ámbitos (vehículos a motor...) la contratación obligatoria del seguro.

II. Normativa reguladora

los aspectos jurídico-públicos de la actividad aseguradora quedan regulados en la Ley 20/2015, de 14 de julio, de ordenación, supervisión y solvencia de las entidades aseguradoras y reaseguradoras (en adelante, LOSSEAR), con desarrollo reglamentario mediante Real Decreto 1060/2015, de 20 de noviembre. Entre otros extremos, esta Ley contempla el régimen de acceso a la actividad aseguradora y reaseguradora, ejercicio de dicha actividad, solvencia, saneamiento, liquidación, control y supervisión de las entidades aseguradoras y reaseguradoras, con el objeto de proteger a los asegurados, tomadores y beneficiarios, junto con la finalidad de promover la transparencia y el desarrollo y funcionamiento adecuado del mercado asegurador (art. 1 LOSSEAR).

El régimen legal del contrato de seguro, en lo que se refiere al ámbito jurídico-privado, se encuentra previsto en la Ley 50/1980, de 8 de octubre, de Contrato de Seguro (en lo sucesivo, LCS). Esta Ley derogó la regulación del citado contrato adoptada, con anterioridad, en el Código de comercio y en el Código civil, modernizando su régimen jurídico y convirtiéndose en la norma general sobre el contrato de seguro. Entre las características de esta Ley cabe destacar que proporciona una acusada defensa y protección al asegurado, lo que se pone de manifiesto en el carácter imperativo de sus preceptos, salvo que en ellos se disponga otra cosa, pero admitiendo las cláusulas del contrato que sean más beneficiosas para el asegurado (art. 2 LCS).

Por otra parte, las disposiciones de la LCS presentan un carácter dispositivo cuando el seguro contratado se refiera a los conocidos como «grandes riesgos» (arts. 44.2 LCS y 11 LOSSEAR), al igual que sucede con el contrato de reaseguro (art. 79), por considerar el legislador que en estos supuestos el asegurado no necesita de una particular protección y defensa, al contrario de lo que sucede con el resto de asegurados, por tratarse habitualmente de empresarios con una cierta solvencia económica y con posibilidades de asesorarse de forma adecuada.

Finalmente, la delimitación del marco legal del mercado asegurador requiere tomar en consideración la actividad de distribución de seguros, regulada en el Libro Segundo del Real Decreto-Ley 3/2020, de 4 de febrero, que transpone a nuestro ordenamiento la Directiva (UE) 2016/97, de 20 de enero, sobre esta materia.

III. Concepto

El contrato de seguro es aquel contrato en virtud del cual una persona (asegurador), mediante la percepción de una cantidad económica (prima), se obliga frente a otra (asegurado), al pago de una indemnización, dentro de los límites pactados, por los daños ocasionados o a la satisfacción de un capital, una renta u otras prestaciones convenidas, si se produce un evento incierto previsto en el contrato (art. 1 LCS).

La definición del contrato de seguro aportada por la LCS refleja la doble finalidad que puede observarse en dicho contrato: la reparación del daño sufrido por el asegurado mediante el pago de una indemnización y la satisfacción de un capital, renta u otras prestaciones. En el supuesto de los seguros de daños resulta sencillo observar su función indemnizatoria, al efectuarse la reparación del daño patrimonial efectivamente sufrido a través del pago de una cantidad económica. Sin embargo, en los seguros de personas, en particular, en los seguros para caso de muerte, es complicado valorar el daño y la suma que se entregue al asegurado, fijada de antemano, no conseguirá un pleno resarcimiento, de ahí que se afirme que no tienen una función indemnizatoria o reparadora del daño.

IV. Características

En el contrato de seguro pueden observarse las siguientes características:

1.ª Es un contrato *aleatorio*, debido a que, en el momento de celebrarse el contrato, las partes desconocen si el siniestro se producirá o no o, al menos, no se sabe cuándo tendrá lugar (muerte), ni tampoco, como regla general, el importe de los hipotéticos daños, al igual que el alcance de las prestaciones de las partes, en particular, las del asegurador, y el beneficio que cada una de las partes podrá conseguir con el contrato. El empleo de técnicas actuariales por parte de los aseguradores permite calcular con cierta precisión el importe de los riesgos asegurados y reducir así la incertidumbre de la actividad aseguradora, pero esto no desvirtúa el carácter aleatorio del contrato de seguro.

2.ª Es un contrato *de adhesión*, en el que el asegurado se ve sometido a las condiciones generales predispuestas e impuestas por el asegurador. Habitualmente, el asegurado no tiene capacidad económica para negociar las condiciones del contrato de seguro, salvo en algunos casos como el de los seguros relativos a los denominados «grandes riesgos», lo que no impide afirmar que el contrato de seguro es un contrato de adhesión.

3.ª Es un contrato *de máxima buena fe* (*uberrima bona fide*), en el que la lealtad de las partes debe ser más intensa que la exigida en los arts. 57 CCom y 1258 CC, en la medida que es el asegurado quien maneja el riesgo (en los seguros relativos al hogar o a los vehículos, la casa o el vehículo están en poder del asegurado) y que su declaración del riesgo sirve de base a la aseguradora para valorar el riesgo y para tomar la decisión de contratar o no el seguro y, en caso afirmativo, para fijar las condiciones del mismo. Por otra parte, el asegurador debe realizar el esfuerzo de redactar de forma clara y precisa las cláusulas del contrato, evitando que tengan carácter lesivo para los asegurados.

4.ª Es un contrato *consensual*, que se perfecciona por el consentimiento. La formalización por escrito del contrato de seguro no constituye un requisito de su existencia, validez y eficacia (*ad solemnitatem*), sino que la forma escrita se exige a efectos de prueba de su existencia y contenido (*ad probationem*).

5.ª Es un contrato *de duración o de ejecución continuada*, dado que las prestaciones de las partes son sucesivas y continuadas en el tiempo.

6.ª Es un contrato *oneroso, sinalagmático y bilateral*, en el que surgen obligaciones para ambas partes, así junto a la obligación del asegurador de pagar una suma económica si se produce el siniestro, el contratante tiene la obligación de pagar la prima.

V. Elementos personales

1. *Asegurador*

El asegurador es la parte del contrato de seguro que se obliga a cubrir el riesgo y a pagar la indemnización del daño cuando se produce el siniestro, a cambio de una suma económica (prima). En concreto, el ejercicio de la actividad aseguradora queda reservado a entidades especializadas que adopten alguna de las formas siguientes: sociedad anónima, sociedad anónima europea, mutua de seguros, sociedad cooperativa, sociedad cooperativa europea, mutualidad de previsión social o entidades de derecho público que tengan por objeto la realización de operaciones de seguro en condiciones equivalentes a las de las entidades aseguradoras privadas (art. 27 LOSSEAR), que hayan obtenido la oportuna autorización administrativa para acceder a la actividad (art. 20 LOSSEAR) y que se encuentren inscritas en el Registro mercantil y en el Registro administrativo especial de entidades aseguradoras llevado por la Dirección General de Seguros y Fondos de Pensiones (arts. 28 y 40 LOSSEAR). Asimismo, tendrán que limitar su objeto social a la actividad aseguradora, teniendo prohibida la posibilidad de realizar cualquier otra actividad comercial y la prestación de garantías distintas de las propias de la actividad aseguradora [arts. 5.1.b), 22.2 y 31.1 LOSSEAR]. Por último, la actividad aseguradora queda sometida al control y supervisión por parte de la Dirección General de Seguros y Fondos de Pensiones.

2. *Asegurado*

El asegurado es el titular del interés objeto del contrato de seguro, interés que está expuesto al riesgo. En este sentido, el asegurado es quien se encuentra sometido al riesgo y pretende protegerse del mismo contratando el seguro y desplazando así sus efectos hacia el asegurador. Por otra parte, el asegurado puede ser una persona determinada o determinable por el procedimiento que las partes convengan.

3. *Tomador*

El tomador es el contratante, en nombre propio, del seguro y quien firma la póliza con el asegurador. Contratante (tomador) y titular del interés (asegurado) suelen ser la misma persona, pero también cabe la posibilidad de que sean personas diferentes. En efecto, el art. 7 LCS permite que el tomador contrate el seguro por cuenta propia, supuesto en el que coincidirán tomador y asegurado; o por cuenta ajena (por cuenta del asegurado), de forma que tomador y asegurado serán personas diferentes. En este segundo caso, las obligaciones y los deberes que derivan del contrato le corresponden, con carácter general, al tomador, y los derechos, salvo excepciones, al asegurado.

4. *Beneficiario*

El beneficiario es un tercero en favor del cual se contrata el seguro y que se encuentra legitimado para recibir la indemnización del asegurador.

5. *Distribuidores de seguros*

Los aseguradores cuentan con la colaboración de una amplia red de empresarios cuya actividad consiste en la promoción, comercialización, asesoramiento, preparación de propuestas previas a la celebración del contrato de seguro, celebración de estos contratos, asistencia en la gestión y ejecución del contrato y asistencia en casos de siniestro (art. 129 RDL 3/2020). Estos empresarios son los denominados distribuidores de seguros, entre los que se encuentran los mediadores de seguros: agentes y corredores (art. 135 RDL 3/2020). Los agentes de seguros son personas físicas o jurídicas que se encargan de promover la suscripción de contratos de seguro para una o varias aseguradoras, encontrándose vinculados con dicha/s aseguradora/s a través de un contrato de agencia. Los corredores de seguros son personas físicas o jurídicas que ejercitan la labor de distribución de seguros, asesorando de forma objetiva a los sujetos interesados en contratar un seguro, con quien les une un contrato de comisión. Resultan incompatibles entre sí las actividades de agente y de corredor de seguros.

VI. Otros elementos del contrato

1. *El riesgo*

El riesgo es la posibilidad de que se produzca un evento que ocasione daños, haciendo surgir una necesidad económica en la persona que lo sufre. Este evento tiene que ser posible, futuro e incierto, de forma que al momento de contratar el seguro las partes no conocen si el evento tendrá lugar o no o, al menos, no saben cuándo sucederá, pero si se produce ocasionará unos efectos patrimoniales desfavorables.

El riesgo es un elemento fundamental del contrato de seguro, siendo nulo si en el momento de su conclusión no existía el riesgo o ya había sucedido el siniestro (art. 4 LCS). Faltando el riesgo, no podría producirse el daño para el asegurado, de forma que el seguro carecería de justificación alguna.

Cada contrato de seguro cubre únicamente aquellos riesgos (robo, incendio, muerte, enfermedad...) que se encuentren individualizados, descritos y determinados en la póliza, en función de diferentes criterios de lugar, tiempo, origen y tipo de daño, y constando asimismo en la póliza una relación de riesgos excluidos. Ningún contrato de seguro cubre frente a la totalidad de los riegos que amenazan a las personas, ni tan siquiera los mal llamados seguros «a todo riesgo». Esto es debido a que determinados riesgos no son asegurables, tales como los riesgos que recaigan sobre una actividad ilícita o sobre intereses contrarios a la ley, la moral o el orden público (art. 1275 CC) o el dolo del asegurado (art. 19 LCS). Asimismo, ciertos riesgos son excluidos de cobertura por las dificultades técnicas y económicas para asegurarlos, dado su carácter excepcional y lo elevado de los daños que pueden ocasionar, son los denominados riesgos extraordinarios o catastróficos (guerra, actos terroristas, inundaciones extraordinarias, vientos extraordinarios, terremotos, etc.), cuya cobertura es realizada por el Consorcio de Compensación de Seguros (RDLeg. 7/2004, de 29 de octubre y RD 300/2004, de 20 de febrero).

2. *El interés*

El interés puede definirse como la relación económica entre un sujeto y el bien expuesto al riesgo. Se trata de una concepción subjetiva del interés, ya que viene referido a un sujeto determinado (o determinable) como es el asegurado, sin que pueda fijarse de un modo objetivo, es decir, independientemente de cualquier sujeto. Por otra parte, la relación del asegurado es con un bien que puede ser de cualquier clase, mueble, inmueble, la persona humana, etc. Esta relación, es decir, el interés, es susceptible de valoración económica. Cuando esta relación económica entre un sujeto y un bien se lesiona produciéndose un daño, se lesiona el interés del asegurado. Precisamente, la finalidad de contratar el seguro es obtener una cobertura frente a la probabilidad de que tenga lugar esa lesión del interés y que sea indemnizado el daño en caso de producirse el siniestro.

En este sentido, lo que se aseguran no son las cosas o las personas, sino el interés sobre las cosas o las personas. Asimismo, sobre un mismo bien pueden confluir diferentes intereses que puede asegurarse de forma separada (sobre la mercancía transportada pueden concurrir los intereses del vendedor y del comprador, sobre la vivienda pueden confluir los intereses del propietario y del arrendatario...). El interés asegurado es un elemento esencial de todos los tipos de seguros, en particular, de los seguros de daños, por cuanto la inexistencia de un interés del asegurado a la indemnización del daño se sanciona por el art. 25 LCS con la nulidad del contrato de seguro, pues no hay posibilidad de daño si no existe interés alguno.

3. *La prima*

La prima es el precio del seguro que debe satisfacer el tomador, es la contraprestación que paga el tomador frente a la cobertura o garantía del asegurador y su consiguiente obligación de indemnizar en el caso de que se produzca el siniestro. La prima resulta imprescindible para el contrato de seguro, desde un punto de vista técnico o estructural, por cuanto el asegurador debe recaudar las primas para conformar los fondos necesarios que le permitan hacer frente al pago de las indemnizaciones derivadas de los siniestros cubiertos. Atendiendo a esta relevancia práctica que presenta la prima, la LCS (art. 8.6.º) impone que la misma sea incorporada en la póliza, como parte de su contenido mínimo.

VII. **Conclusión y documentos del contrato**

1. *Carácter consensual del contrato*

El contrato de seguro y sus modificaciones o adiciones deben formalizarse por escrito, quedando obligado el asegurador a entregar al tomador la póliza o, al menos, el documento de cobertura provisional (art. 5 LCS). Ahora bien, esta exigencia de la LCS de que el contrato adopte la forma escrita, no se contempla a efectos de la existencia y validez del contrato. Por tal motivo, puede afirmarse que el contrato de seguro es un contrato consensual, que se perfecciona por el consentimiento, es decir, por la concurrencia de oferta y aceptación, en el que la forma escrita se requiere únicamente a efectos de prueba de su existencia y contenido, pero no para la validez del contrato.

El contrato de seguro no se celebra en un único acto, sino que la contratación se efectúa a través de un proceso en el que la Ley reconoce diferentes efectos a las manifestaciones realizadas de forma escrita por las partes encaminadas a celebrar el contrato. En este sentido, la *solicitud de seguro* no vincula al solicitante, no pudiendo considerarse una verdadera oferta contractual del futuro tomador, sino una mera invitación al asegurador para que sea éste quien realice la oferta contractual. Tras el examen de la información facilitada por el solicitante del seguro, a través de las respuestas dadas al cuestionario, y una vez evaluado y cuantificado el riesgo, la aseguradora podrá realizar la *proposición de seguro*, que constituye una verdadera oferta contractual vinculante durante un plazo de quince días (art. 6 LCS). Esta oferta deberá contener los elementos esenciales del contrato de seguro, así como las condiciones generales del mismo (art. 3 LCS).

Los avances tecnológicos actuales, la globalización de la economía y la libertad de establecimiento y de prestación de servicios por las aseguradoras, han propiciado que la contratación del seguro no se realice únicamente de forma directa entre asegurador y tomador, con la presencia física y simultánea de ambos, sino que también se contrate el seguro a distancia, sin dicha presencia física. Estos contratos quedarán sujetos a lo dispuesto en la Ley 22/2007, de 11 de julio, sobre comercialización a distancia de servicios financieros destinados a los consumidores.

2. *Documentos del contrato*

2.1. LA PÓLIZA

La póliza es el documento principal del contrato, al tratarse del documento privado firmado por el asegurador y el tomador en el que se recoge el contenido del contrato y que hace prueba del mismo. La póliza se redacta en varios ejemplares, al menos, uno para cada contratante. Dada su relevancia, la LCS fija las menciones que debe contener y cómo debe redactarse la póliza. En concreto, la póliza del contrato tendrá que redactarse, a elección del tomador del seguro, en cualquiera de las lenguas españolas oficiales en el lugar donde aquélla se formalice. Asimismo, en cuanto al contenido, la póliza reflejará, como mínimo, las siguientes menciones: 1. Identificación de los contratantes y, en su caso, del asegurado y beneficiario. 2. El concepto en el cual se asegura. 3. Delimitación del riesgo cubierto. 4. Designación de los objetos asegurados y de su situación. 5. Suma asegurada. 6. Importe de la prima, vencimiento, lugar y forma de pago. 7. Duración del contrato. 8. Identificación del mediador que haya intervenido en el contrato (art. 8 LCS).

Asimismo, la póliza debe incluir las condiciones generales del contrato, que deberán redactarse de forma clara y precisa. Las condiciones generales no podrán tener carácter lesivo para los asegurados, considerándose lesivas aquellas cláusulas que sean absolutamente desproporcionadas o injustas o que provoquen un excesivo desequilibrio contractual, siendo nulas dichas cláusulas. Por otra parte, las cláusulas limitativas de los derechos de los asegurados se destacarán de modo especial (negrita, tamaño de la letra…) y deberán ser específicamente aceptadas por escrito, cumpliendo ambos requisitos las cláusulas serán válidas (art. 3 pfo. 1.º LCS).

La póliza puede redactarse en forma nominativa, a la orden o al portador (art. 9 LCS). La transferencia de la póliza, conforme a la clase de título, determinará la cesión al adquirente del crédito que el asegurado o tomador tuviesen frente al asegurador. A este respecto, si la póliza es nominativa, con indicación concreta del asegurado, podrá transmitirse mediante cesión, si se emite a la orden, se podrá transmitir por endoso y si se redactó al portador, se podrá transmitir por la simple entrega de la póliza.

2.2. *Otros documentos*

Las pólizas de seguro pueden completarse con apéndices o suplementos, que presentan el mismo régimen de documentos probatorios del contrato. Por otra parte, en los casos de extravío de la póliza, las aseguradoras pueden emitir copias o duplicados de la misma con idéntica eficacia que la original (art. 117.2 ROSSEAR). Asimismo, el asegurador puede emitir una nota o documento de cobertura provisional (art. 5 LCS). Este documento puede constituir un escrito que emite el asegurador o uno de sus agentes, con anterioridad a la redacción completa de la póliza y a su recepción por el tomador, en el que de forma provisional se hace referencia al contrato de seguro definitivo, ya perfeccionado, certificándose su existencia. Ahora bien, la nota o documento de cobertura provisional también puede referirse a una certificación que sirve para documentar una cobertura provisional de los riegos cuya eficacia se encuentra limitada al tiempo que duran las negociaciones entre asegurador y tomador, y que se emite antes de la perfección del contrato de seguro.

VIII. Obligaciones y deberes de las partes

1. *Obligaciones y deberes del tomador del seguro y del asegurado*

1.1. DEBER DE DECLARACIÓN DEL RIESGO

El art. 10 LCS señala que el tomador tiene el deber, con anterioridad a la conclusión del contrato de seguro, «de declarar al asegurador, de acuerdo con el cuestionario que éste le someta, todas las circunstancias por él conocidas que puedan influir en la valoración del riesgo», configurando así el deber de declaración del riesgo como un deber de contestar o de responder al cuestionario presentado por el asegurador. El tomador cumple con este deber limitándose a contestar o responder a lo que le pregunta la compañía de seguros. Una importante consecuencia de esta concepción pasiva del deber de declaración del riesgo del art. 10 LCS consiste en que el tomador queda exonerado de la obligación de declarar acerca de aquellas circunstancias que no sean objeto de la oportuna pregunta en el cuestionario, a pesar de que puedan incidir en la valoración del riesgo por parte de la aseguradora.

El presente deber de declaración del riesgo se incumple cuando el riesgo reflejado en el formulario sea diferente del real, por no aportar el tomador la totalidad de los datos solicitados (reticencias o reservas) o por aportar datos incorrectos (inexactitudes), siempre que tal divergencia sea de una entidad suficiente como para influir bien en la decisión del asegurador de contratar el seguro o bien en las condiciones de tal contratación. Como consecuencia de la infracción del deber de declaración del riesgo, el asegurador dispondrá de la facultad de rescindir el contrato de seguro en el plazo de un mes, cuyo cómputo comienza desde que el asegurador conociese la inexactitud o la reticencia del tomador, correspondiendo al asegurador las primas del período de seguro en curso, salvo dolo o culpa grave de dicho asegurador.

En el caso de que ocurra el siniestro con anterioridad a que el asegurador haya ejercitado la facultad de rescisión del contrato, las consecuencias varían dependiendo de si el tomador incurrió o no en dolo o culpa grave (art. 10 pfo. 3.º LCS). Si no concurrió dolo o culpa grave del tomador, la indemnización del asegurador se reducirá proporcionalmente a la diferencia entre la prima convenida y la que se hubiese aplicado de haberse conocido la verdadera entidad del riesgo. Si concurrió dolo o culpa grave del tomador, el asegurador quedará liberado del pago de la indemnización.

1.2. Obligación de pagar la prima

El pago de la prima, es decir, de la suma de dinero que el asegurador tiene derecho a percibir por la cobertura de los riesgos, constituye la principal obligación del tomador (art. 14 LCS). La particular relevancia que presenta la obligación del pago de la prima en el contrato de seguro se manifiesta, entre otros ámbitos, en la delimitación del contenido mínimo de la póliza que realiza el art. 8 LCS. De acuerdo con este precepto, el importe de la prima, con sus recargos e impuestos, así como el vencimiento de las primas, lugar y forma de pago, constituyen algunas de las menciones mínimas que debe contener la póliza.

La prima se fija aplicando criterios técnicos y es indivisible, de modo que la relativa al periodo pactado le corresponderá en su totalidad al asegurador, quien no estará obligado a devolverla en su integridad o la parte proporcional, a pesar de que cese el contrato o de que se suspenda la cobertura en el curso de un periodo.

La prima puede ser única o periódica. Se considera prima única cuando se establece su cuantía para toda la duración del contrato de seguro y la prima es periódica cuando se fija para para cada uno de los periodos regulares de tiempo (anualidades, semestres...) en que se divide la duración del contrato. Cuando la prima es única su pago se efectúa en una única vez antes del inicio del contrato y si la prima es periódica el pago se realiza de forma sucesiva, al comienzo de cada uno de los periodos del contrato. El asegurador tiene que presentar al cobro al tomador el oportuno recibo de la prima, lo que habitualmente se realiza mediante la domiciliación del mismo en una entidad de crédito. No obstante, el carácter indivisible de la prima es compatible con el fraccionamiento del pago de la prima única o periódica (generalmente, anual), en los plazos más breves que se consideren oportunos (por ejemplo, pagos mensuales o trimestrales).

Los efectos del impago de la prima varían en función del tipo de prima y de la conducta del tomador (art. 15 LCS). En caso de falta de pago de la prima única o de la primera prima periódica, por culpa del tomador, el asegurador podrá resolver el contrato o exigir el pago de la prima en vía ejecutiva. Si con anterioridad al pago de la prima única o de la primera prima periódica ocurriese el siniestro, el asegurador quedará liberado de abonar la indemnización, salvo pacto en contrario. En el supuesto de impago de una de las primas periódicas siguientes, se produce la suspensión de la cobertura un mes después del día de su vencimiento (mes de gracia) y si el asegurador no reclamase el pago de la prima dentro de los seis meses siguientes a dicho vencimiento se considera que el contrato de seguro queda extinguido. En todo caso, y a pesar del impago de la prima, si el contrato de seguro no hubiese sido resuelto o extinguido, la cobertura volverá a tener efecto a las veinticuatro horas del día en que el tomador haya efectuado el pago de su prima.

1.3. DEBER DE COMUNICAR LA AGRAVACIÓN DEL RIESGO

El tomador del seguro o el asegurado tienen el deber de comunicar al asegurador todas las circunstancias que durante la vigencia del contrato agraven el riesgo y sean de tal naturaleza que si hubiesen sido conocidas por el asegurador al perfeccionarse el contrato no lo habría celebrado o lo habría suscrito en condiciones más gravosas para el tomador del seguro (art. 11 LCS). La comunicación de la agravación del riesgo podrá realizarse de cualquier forma, al no exigir el art. 11 LCS una forma concreta para llevar a cabo tal notificación. Tampoco prevé dicho precepto el plazo en el que debe realizarse la citada comunicación, si bien es cierto que se alude a la necesidad de efectuar la misma «tan pronto como le sea posible» al tomador o asegurado, lo que obliga a tener en cuenta las circunstancias de cada caso concreto. En los seguros de personas, el tomador o el asegurado no se encuentran obligados a comunicar la modificación de las circunstancias relativas al estado de salud del asegurado, por cuanto en ningún caso se considerarán supuestos de agravación del riesgo (art. 11.2 LCS).

Los efectos del incumplimiento del deber de comunicar la agravación del riesgo son diferentes en función de la conducta del tomador o del asegurado (art. 12 LCS). Si el tomador o el asegurado incumplen tal deber y sobreviene el siniestro, el asegurador quedará liberado de abonar la indemnización en los supuestos en que el incumplimiento haya tenido lugar por concurrir mala fe (dolo) en la conducta del tomador o del asegurado. Sin embargo, el incumplimiento del deber de comunicar la agravación del riesgo por el tomador o el asegurado, cuando éstos no hayan actuado con mala fe, se sanciona únicamente con la reducción proporcional de la prestación del asegurador a la diferencia entre la prima pactada y la que se hubiese fijado de haberse conocido la verdadera magnitud del riesgo.

Asimismo, en caso de incumplimiento del deber de comunicación de la agravación del riesgo, el asegurador dispondrá de la facultad bien de rescindir el contrato en el plazo de un mes desde que tuvo conocimiento de tal agravación o bien de proponer una modificación del contrato en el plazo de dos meses desde que la agravación le haya sido comunicada. Si el asegurador opta por proponer una modificación contractual, el tomador dispondrá de un plazo adicional de quince días desde que reciba tal propuesta para aceptarla o para rechazarla.

En caso de que concurran circunstancias que ocasionen una disminución del riesgo, el tomador o el asegurado tienen la facultad (no es una obligación) de comunicar al asegurador dichas circunstancias y de solicitar una reducción del importe de la prima (art. 13 LCS).

1.4. DEBER DE COMUNICAR EL SINIESTRO

El asegurado, tomador o beneficiario del seguro tienen el deber de comunicar la producción del siniestro al asegurador (art. 16 LCS). Habitualmente será el asegurado quien avise del siniestro al asegurador, en cuanto titular del interés asegurado. El plazo legal máximo para efectuar la citada comunicación del siniestro es de siete días, cuyo cómputo se iniciará el día siguiente a aquel en que se tenga conocimiento del siniestro, plazo ampliable en la póliza (art. 16 pfo. 1.º LCS). Esta exigencia de avisar al asegurador de la concurrencia del siniestro, tiene por objeto tenerle informado de que se ha producido el siniestro, a fin de que éste pueda gestionar adecuadamente el mismo, preparando su liquidación técnica, con la intervención, en su caso, de peritos, adoptando, si procede, medidas de salvamento y limitando así las posibilidades de manipulación posterior del siniestro en contra de los intereses del asegurador.

El incumplimiento de este deber de comunicación del siniestro permite al asegurador reclamar los daños y perjuicios que deriven de tal falta de cumplimiento. Ahora bien, si el asegurador ha tenido conocimiento del siniestro por otro medio (a través de otras personas implicadas en el siniestro, de medios de comunicación, etc.), no podrá exigir daños y perjuicios por ausencia de aviso del siniestro.

Además de comunicar el siniestro, el asegurado o el tomador deberán aportar al asegurador todo tipo de informaciones acerca de las circunstancias y consecuencias del siniestro (art. 16 pfo. 3.º LCS). La infracción de este deber se sanciona con la pérdida del derecho a la indemnización, pero únicamente en los supuestos en que tal infracción haya sido ocasionada por dolo o culpa grave (art. 16 pfo. 3.º LCS).

1.5. DEBER DE SALVAMENTO

El asegurado o el tomador deben adoptar las medidas a su alcance, en cuanto a medios personales y materiales, para aminorar las consecuencias del siniestro (art. 17 LCS). La adopción de medidas dirigidas a reducir los daños derivados del siniestro y a salvar los bienes asegurados no se hace depender de la existencia de instrucciones o recomendaciones por parte del asegurador, sino que el asegurado o el tomador tienen el deber de adoptar tales medidas en aplicación de la obligación del asegurado y del tomador de actuar con la diligencia exigible a un asegurado o a un tomador prudente, aunque el asegurador no haya aportado instrucciones, recomendaciones, órdenes o indicaciones con tal finalidad.

Los gastos de salvamento se atribuyen al asegurador, hasta el límite fijado en la póliza, siempre que no sean inoportunos o desproporcionados a los bienes salvados, aunque las medidas adoptadas no hayan tenido resultados efectivos o positivos en lo que se refiere a la reducción de los daños (art. 17 pfo. 3.º LCS).

Los efectos del incumplimiento del deber de salvamento son diferentes dependiendo de si éste tuvo lugar por dolo («con la manifiesta intención de perjudicar o engañar al asegurador», art. 17 pfo. 2.º LCS) o por culpa. En los supuestos de dolo el asegurador queda liberado de indemnizar el siniestro producido, mientras que en los casos de incumplimiento negligente el asegurador tendrá derecho a reducir proporcionalmente la indemnización, tomando en consideración la entidad de los daños ocasionados y el grado de culpa del asegurado.

2. *Obligaciones del asegurador*

2.1. OBLIGACIÓN DE ENTREGAR LA PÓLIZA

El asegurador tiene la obligación de entregar al tomador la póliza formalizada por escrito o, al menos, el documento de cobertura provisional (art. 5 LCS). La Ley no prevé un plazo concreto para el cumplimiento de dicha obligación, de forma que la aseguradora podrá entregar la póliza en el mismo instante de la perfección del contrato o en un momento posterior, que debería ser el menor posible, teniendo en cuenta la importancia que atesora la póliza. La presente obligación del asegurador de entregar la póliza puede cumplirse entregando el denominado «documento de cobertura provisional». Este documento suele constituir un escrito que emite el asegurador o uno de sus agentes, con anterioridad a la redacción completa de la póliza y a su recepción por el tomador, en el que de forma provisional se hace referencia al contrato de seguro definitivo, ya perfeccionado, certificándose su existencia. Este documento es particularmente útil en aquellos supuestos de urgencia en la contratación del seguro por la inmediata exposición al riesgo, en los que el asegurado no puede esperar a la redacción completa de la póliza para que comience la cobertura. En cualquier caso, este documento de cobertura tiene un carácter provisional y no exime a la aseguradora de entregar, con posterioridad, la póliza al tomador. No obstante, la nota o documento de cobertura provisional también puede referirse a una certificación que sirve para documentar una cobertura provisional de los riegos cuya eficacia se encuentra limitada al tiempo que duran las negociaciones entre asegurador y tomador, y que se emite antes de la perfección del contrato de seguro.

En el supuesto de extravío de la póliza, la compañía de seguros tendrá obligación de expedir copia o duplicado de la misma, teniendo la copia o el duplicado de la póliza la misma eficacia que la original (art. 117.2 ROS-

SEAR). Para que se emita esta copia o duplicado será necesaria la previa petición por escrito del tomador del seguro o, en su defecto, del asegurado o beneficiario.

2.2. Obligación de cobertura del riesgo

El asegurador queda obligado a proporcionar cobertura frente al riesgo asegurado. Se trata de una obligación genérica que se concreta en el momento de producirse el siniestro, con el pago de la indemnización. Ahora bien, con anterioridad a que tenga lugar el siniestro, el asegurador debe cumplir una serie de requisitos que le impone la normativa sobre ordenación, supervisión y solvencia de las entidades aseguradoras y reaseguradoras (liquidez, provisiones...), para garantizar que el asegurador podrá indemnizar a los asegurados en caso de materializarse el siniestro. En este sentido, el asegurador ofrece al asegurado la seguridad de cobertura del riesgo y de que podrá abonar las cantidades que resulten oportunas en caso de que se produzca el siniestro.

2.3. Obligación de pagar la indemnización

La principal obligación del asegurador es la de indemnizar al asegurado los daños derivados del siniestro, dando así cumplimiento a la prestación convenida (art. 18 LCS). Para que surja esta obligación resulta preciso que concurran las siguientes condiciones: existencia de un contrato de seguro válido, que el siniestro esté cubierto, daño al interés asegurado, relación de causalidad entre el siniestro y el daño producido y ausencia de mala fe del asegurado.

La cuantía de la indemnización que deba satisfacer el asegurador dependerá del daño producido al asegurado y de las limitaciones que se hayan fijado en el contrato para la determinación del importe del resarcimiento. El cálculo de la prestación no ofrecerá mayor complejidad en el caso de seguros de personas, pero puede resultar una labor complicada en los seguros de daños, en particular, en los supuestos de infraseguro y sobreseguro.

El asegurador debe pagar su prestación en la manera prevista en la póliza. En este sentido, lo habitual será que la prestación se realice en dinero, abonando la oportuna indemnización, pero cuando la naturaleza del seguro lo permita y el asegurado lo admita, el asegurador podrá sustituir el pago de la indemnización por la reparación o reposición del objeto siniestrado (art. 18 pfo. 2.º LCS). Asimismo, la prestación del asegurador podrá realizarse *in natura* (defensa jurídica, asistencia sanitaria...).

El asegurador está obligado al pago de la prestación a partir del momento en que finalicen las investigaciones necesarias para establecer la existencia del siniestro y, en su caso, el importe de los daños producidos, fijándose así la cuantía de la indemnización y haciendo líquido el crédito del asegurado. Ahora bien, como estas operaciones pueden demorarse en el tiempo y dado que no resultan infrecuentes los litigios entre asegurador y asegurado o tercero perjudicado en cuanto a la fijación del importe de la prestación o acerca de si el siniestro está cubierto o no, la LCS prevé dos relevantes medidas para intentar que el asegurador proceda al rápido abono de la indemnización. En primer lugar, el asegurador está obligado a pagar el importe mínimo de la indemnización que pueda deber, según las circunstancias por él conocidas, dentro del plazo de cuarenta días, contados a partir de la recepción de la declaración del siniestro (art. 18 pfo. 1.º LCS).

En segundo lugar, la demora del asegurador en el pago de la indemnización conlleva la imposición judicial, de oficio, del pago de unos intereses, a modo de penalización (art. 20 LCS). En concreto, desde la fecha del siniestro hasta los dos años desde su producción, se aplicará un interés anual igual al interés legal del dinero incrementado en un 50%. Ahora bien, transcurridos dos años desde la producción del siniestro, es decir, a partir del inicio del tercer año, el interés anual no podrá ser inferior al 20% (art. 20.4.º LCS). El asegurador incurrirá en mora cuando no hubiese abonado la indemnización en el plazo de tres meses desde que tuvo lugar el siniestro o no hubiese pagado el importe mínimo dentro de los cuarenta días a partir de la recepción de la declaración del siniestro. Por otra parte, el asegurador no tendrá que abonar los presentes intereses moratorios cuando la ausencia de pago de la indemnización o del importe mínimo se encuentre fundada en una causa justificada o no le fuera imputable al asegurador.

IX. Duración del contrato, prescripción y competencia judicial

La duración del contrato de seguro debe constar en la póliza, con indicación del día y la hora en que comienzan y terminan sus efectos (art. 8.8 LCS). En concreto, serán las partes las que pactarán el tiempo de vigencia del contrato de seguro en función de sus intereses. Ahora bien, la libertad de las partes queda restringida por la LCS, ya que el plazo máximo de duración del contrato se limita por dicha Ley a 10 años, salvo para los seguros de vida (art. 22 LCS).

No obstante, la vigencia del contrato podrá prorrogarse, una o más veces, por un período no superior a un año cada vez. Cualquiera de las partes podrá oponerse a la prórroga del contrato de seguro mediante una notificación escrita a la otra parte, efectuada con un plazo de, como mínimo, un mes de antelación a la conclusión del período del seguro en curso cuando quien se oponga a la prórroga sea el tomador, y de dos meses cuando quien formule la oposición sea el asegurador (art. 22.2 LCS). Resulta frecuente que las pólizas reflejen la prórroga automática del contrato de seguro por un año, salvo que alguna de las partes se oponga a dicha prórroga en los plazos ya indicados, aplicándose la oportuna prima para cada uno de esos periodos anuales de vigencia del contrato. Asimismo, el asegurador deberá comunicar al tomador, con una antelación mínima de dos meses a la finalización del período en curso, cualquier modificación del contrato de seguro, con la finalidad de que el tomador tenga el tiempo necesario para tomar la decisión de oponerse o no a la prórroga del contrato de seguro.

En esta línea, junto al vencimiento del plazo de vigencia del contrato, cabe mencionar otras causas de extinción del contrato de seguro como son la cesación del riesgo, la resolución unilateral por incumplimiento, la alteración de la naturaleza de las cosas aseguradas o de las circunstancias del riesgo y el acuerdo de las partes.

La prescripción de las acciones que se deriven del contrato de seguro tiene lugar en el plazo de dos años si se trata de un seguro de daños y de cinco años si el seguro es de personas, conforme dispone el art. 23 LCS, salvo que la póliza indique un plazo mayor en beneficio del tomador. Como la LCS no precisa cuándo debe iniciarse el cómputo del plazo de prescripción, se entiende que dicho plazo comenzará a contarse desde el día en que pudieron ejercitarse, por aplicación del art. 1969 CC y para el caso de que la póliza no señale nada sobre este aspecto.

Por lo que se refiere a la competencia judicial territorial, el art. 24 LCS determina que será juez competente para conocer de aquellas acciones derivadas del contrato de seguro el del domicilio del asegurado, lo que no admite pacto en contrario, al declarar dicho precepto que será nulo cualquier pacto que contravenga el citado fuero judicial.

Fuentes legales

Ley 50/1980, de 8 de octubre, de Contrato de Seguro (LCS); Ley 20/2015, de 14 de julio, de ordenación, supervisión y solvencia de las entidades aseguradoras y reaseguradoras (LOSSEAR); Real Decreto 1060/2015, de 20 de noviembre, de ordenación, supervisión y solvencia de las entidades aseguradoras y reaseguradoras (ROSSEAR).

Bibliografía seleccionada

ALONSO SOTO, R., «Los contratos de seguro», en MENÉNDEZ, A. / ROJO, A. (Dirs.), *Lecciones de Derecho Mercantil, II*, Thomson Reuters Civitas, Cizur Menor, última edición.

BROSETA PONT, M. / MARTÍNEZ SANZ, F., Capítulo 38: «Teoría general del contrato de seguro», en *Manual de Derecho Mercantil, II*, Tecnos, Madrid, última edición.

SÁNCHEZ CALERO, F. (Dir.), *Ley de Contrato de Seguro. Comentarios a la Ley 50/1980, de 8 de octubre, y a sus modificaciones*, 4.ª ed., Thomson Reuters Aranzadi, Cizur Menor, 2010.

VEIGA COPO, A.B., *Tratado del contrato de seguro, I*, Thomson Reuters Aranzadi, Cizur Menor, última edición.

Jurisprudencia básica

1. STS núm. 140/2020, de 2 de marzo (RJ 2020\862). Póliza del seguro. Cláusulas limitativas de los derechos de los asegurados (art. 3 LCS). Para su validez se deben cumplir los dos requisitos de forma cumulativa: aparecer destacadas de modo esencial y estar específicamente aceptadas por escrito. Si las condiciones particulares se remiten a las cláusulas limitativas incluidas en las condiciones generales que se entregan al tomador/asegurado, éste deberá firmar también esas condiciones generales.

2. STS núm. 357/2015, de 30 de junio (RJ 2015\2555). Derechos y obligaciones de las partes. Obligaciones del tomador. Pago de prima (arts. 14 y 15 LCS). Fraccionamiento del pago de prima. Impago de la primera fracción de una prima periódica. Si se deja de pagar el primer fraccionamiento, a su vencimiento, desde ese momento opera la previsión contenida en el art. 15.2 LCS (suspensión de la cobertura durante un mes), sin que sea necesario esperar al vencimiento del último fraccionamiento.

3. STS núm. 611/2020, de 16 de noviembre (RJ 2020\4609). Deber de declaración del riesgo del tomador (art. 10 LCS). Lo determinante para que el asegurador quede liberado del pago de la prestación no es la mera inexactitud en las respuestas del asegurado sino el dolo o la culpa grave, «la inexactitud intencionada o debida a una culpa o negligencia de especial intensidad». Seguro de vida. Cuestionario de salud.

4. STS núm. 251/2007, de 1 de marzo (RJ 2007\798). Intereses del art. 20 LCS. Recargo por demora. Confrontación de las tesis de tramo único y de dos tramos. El TS fija la doctrina de dos tramos y dos tipos de interés diferenciados: durante los dos primeros años, un interés anual igual al legal del dinero incrementado en un 50% y, a partir de esta fecha, un tipo mínimo del 20% anual.

5. STS núm. 937/2003, de 16 de octubre (RJ 2003\7391). Deber del asegurado de comunicar al asegurador el siniestro. Deber del asegu-

rado de informar al asegurador sobre las circunstancias y consecuencias del siniestro. Violación por dolo o culpa grave del deber de informar. Pérdida del derecho a la indemnización.

Materiales de autoevaluación

Preguntas test

1. ¿Cuál de estos riesgos no es asegurable?:

a) La muerte.
b) La culpa del asegurado.
c) El dolo del asegurado.
d) Todas las respuestas anteriores son incorrectas, ya que todos los riesgos son asegurables.

2. El carácter consensual del contrato de seguro significa que el contrato de seguro existe desde que:

a) Se perfecciona por el consentimiento.
b) Se emite la póliza por el asegurador.
c) Se entrega la póliza al tomador.
d) Se devuelve al asegurador el ejemplar de la póliza firmado por el tomador.

3. La prima:

a) Solamente puede ser única, ya que no hay primas periódicas.
b) Su pago no se puede fraccionar.
c) Su impago libera siempre al asegurador de pagar la indemnización.
d) Su impago produce diferentes efectos en función del tipo de prima y de la conducta del tomador.

4. De acuerdo con la regulación del deber de declaración del riesgo prevista en la LCS:

a) El tomador cumple con este deber limitándose a contestar a lo que le pregunta la compañía de seguros.
b) El presente deber de declaración del riesgo se incumple cuando hay reticencias e inexactitudes de cierta entidad.
c) Si el tomador incumple el deber de declaración del riesgo por dolo o culpa grave y se produce el siniestro, el asegurador no tendrá que indemnizar dicho siniestro.
d) Todas las respuestas son correctas.

5. La LCS pretende que el asegurador pague la indemnización con rapidez, por ello:

a) Obliga al asegurador a pagar el importe mínimo de la indemnización dentro del plazo de cuarenta días, contados a partir de la recepción de la declaración del siniestro.

b) Impide al asegurador que realice averiguaciones acerca de la existencia del siniestro y, en su caso, sobre el importe de los daños producidos.

c) Obliga al asegurador a pagar unos intereses, a modo de penalización, desde la fecha del siniestro, del 10% anual.

d) Obliga al asegurador a pagar unos intereses, a modo de penalización, desde la fecha del siniestro, siendo el interés anual igual al interés legal del dinero incrementado en un 25%.

Indicar la corrección o incorrección de las siguientes aseveraciones razonando la respuesta

1.ª Las cláusulas del contrato de seguro nunca pueden ser contrarias a la LCS, dado que sus preceptos tienen carácter imperativo.

2.ª Las cláusulas del contrato de seguro limitativas de derechos siempre son nulas.

3.ª Los gastos de salvamento son de cuenta del asegurador, siempre que las medidas adoptadas hayan tenido resultados efectivos o positivos.

4.ª La demora del asegurador en el pago de la indemnización conlleva la imposición judicial, de oficio, del pago de unos intereses, a modo de penalización.

5.ª Las partes no pueden oponerse a la prórroga del contrato de seguro.

Lección 11

El contrato de seguro (II): seguro de daños. El reaseguro. El seguro de personas[1]

Sumario. I. El seguro contra daños 1. Introducción 2. Disposiciones generales en materia de seguros contra daños 2.1. El interés asegurable en el seguro de daños 2.2. Relación entre el valor del interés y la suma asegurada en la determinación de la indemnización 2.3. La coexistencia de varios seguros: el seguro múltiple y el coaseguro 2.4. La transmisión de la cosa asegurada 2.5. La posición de los acreedores con garantía real y privilegiados 2.6. Liquidación del siniestro y valoración del daño 2.7. Subrogación del asegurador 3. Modalidades de seguros contra daños 3.1. El seguro de incendios 3.2. El seguro contra robo 3.3. El seguro de transporte terrestre 3.4. El seguro de lucro cesante 3.5. El seguro de crédito y de caución 3.6. El seguro de responsabilidad civil 3.7. El seguro de defensa jurídica 3.8. El contrato de reaseguro.—II. El seguro de personas 1. Concepto 2. Disposiciones especiales sobre el seguro de personas 3. Modalidades de seguros de personas 3.1. El seguro sobre la vida 3.2. El seguro de accidentes 3.3. El seguro de enfermedad y asistencia sanitaria 3.4. El seguro de decesos y dependencia

---

[1] La lección 11 ha sido redactada por Arantza Martínez Balmaseda, Profesora Agregada de Derecho Mercantil.

I. El seguro contra daños

1. *Introducción*

La LCS, bajo la modalidad de seguro de daños, regula nueve modalidades de seguro: incendios, robo, transporte terrestre, lucro cesante, caución, crédito, responsabilidad civil, defensa jurídica y reaseguro. Además de estos tipos concretos, debe tenerse en cuenta que existen otras modalidades de seguro de daños, reguladas en normas especiales, que también entran en esa categoría genérica, como los seguros agrícolas, los seguros de automóviles o el seguro de responsabilidad por riesgo nuclear.

Los seguros de daños tienen como característica principal que se rigen por el principio indemnizatorio, es decir, el asegurador solo debe indemnizar el daño efectivamente sufrido sin que el seguro se pueda convertir en un medio de obtener lucro o una situación patrimonial más ventajosa que antes de producirse el siniestro (art. 26 LCS).

2. *Disposiciones generales en materia de seguros contra daños*

2.1. EL INTERÉS ASEGURABLE EN EL SEGURO DE DAÑOS

El interés en los seguros contra daños es la relación de contenido económico entre un sujeto (el asegurado) y un bien expuesto a un riesgo determinado. En este tipo de seguros lo que se asegura no es el bien en sí mismo, sino el interés que tiene el asegurado en su conservación pudiendo existir diversos intereses sobre un mismo bien susceptibles de ser asegurados separadamente (el interés del propietario, del arrendatario, del acreedor hipotecario).

El interés asegurable adquiere una importancia crucial en el seguro de daños por varios motivos. En primer lugar, la LCS establece que el contrato de seguro será nulo si en el momento de su conclusión no existe un interés del asegurado a la indemnización del daño (art. 25 LCS). Los tribunales han establecido reiteradamente que del art. 25 LCS se deduce también la necesidad de que el interés del asegurado subsista en el momento de la producción del daño, de modo que si durante la vigencia del contrato se extingue el interés (si se incendia el cuadro asegurado contra robo) se extinguirá el seguro estipulado con ese asegurado determinado.

Por otro lado, este interés asegurado tiene necesariamente un valor económico (valor del interés) que resulta relevante porque es la cifra máxima del daño que el siniestro puede causar a su titular y, en consecuencia, el importe máximo de la indemnización que el asegurador puede llegar a pagar dada la función estrictamente indemnizatoria de los seguros contra daños. En este sentido, el valor que se debe tener en cuenta a efectos de determinación del daño será el valor final o valor del interés asegurado en el momento inmediatamente anterior al siniestro (art. 26 LCS).

2.2. Relación entre el valor del interés y la suma asegurada en la determinación de la indemnización

El valor del interés debe ponerse en relación con la suma asegurada pero no deben confundirse ambos conceptos. La suma asegurada es la cuantía o valor que las partes han asignado al interés en el contrato y, por ello, representa la medida en que queda cubierto por el contrato de seguro el interés asegurado. La fijación de la suma asegurada presenta una doble finalidad: (i) servir de base para el cálculo de la prima que debe pagar el asegurado; (ii) y fijar convencionalmente el importe máximo de la indemnización que el asegurador puede pagar si el siniestro se produce (art. 27 LCS).

Ahora bien, siendo la suma asegurada el importe máximo de la indemnización fijada por las partes en el contrato no significa que el asegurador deba pagarla íntegramente si el siniestro se produce, puesto que la cuantía de esta prestación dependerá del valor del daño provocado por el siniestro.

El tomador, en el momento de la conclusión del contrato, es libre de fijar como suma asegurada una cantidad igual, superior o inferior al valor del interés. Esta relación o proporción entre el valor del interés asegurado y la suma asegurada tiene una evidente influencia en la determinación de la indemnización dando lugar a las siguientes situaciones:

(i) **seguro pleno**: es cuando el valor del interés asegurado coincide con el de la suma asegurada. Es la relación ideal en los seguros contra daños porque implica por sí misma que el asegurador cubrirá íntegramente el daño sufrido, sea éste parcial o total (art.29 LCS).

(ii) **infraseguro:** cuando la suma asegurada es inferior al valor del interés asegurado. Son casos muy frecuentes en la práctica donde el tomador no asegura el bien por todo su interés con la finalidad de pagar menos importe de prima si bien en ocasiones también puede producirse de manera involuntaria. En caso de producirse el siniestro en situación de infraseguro, el asegurador deberá resarcir el daño de acuerdo a la regla proporcional, es decir, «el asegurador indemnizará el daño causado en la misma proporción en la que aquélla (la suma asegurada) cubre el interés asegurado» (art. 30. 1 LCS) lo que se traduce en la siguiente fórmula: indemnización=suma asegurada x daños/ valor del interés.

(iii) **sobreseguro**: se produce cuando la suma asegurada supera el valor del interés asegurado. Comporta un evidente riesgo por el incentivo que puede generar en el asegurador para provocar el siniestro o no vigilar suficientemente su no producción. Por ello, el art. 31 LCS establece que si la suma asegurada supera notablemente el valor del interés asegurado, cualquiera de las partes del contrato podrá, antes de la producción del siniestro, exigir la reducción de la suma asegurada y de la prima pactada a su verdadero valor, debiendo restituir el asegurador el exceso de las primas percibidas. Por otra parte, si se produce el siniestro el asegurador deberá indemnizar el daño efectivamente causado a menos que el sobreseguro se deba a la mala fe del asegurado, caso en que el contrato será ineficaz.

La póliza estimada: con el fin de evitar algunos problemas que plantea la relación entre la suma asegurada y el valor del interés y facilitar la liquidación del daño cada vez son más frecuentes las llamadas pólizas estimadas en las que el asegurador y asegurado pactan de manera anticipada el valor del interés, válido para toda la vigencia del contrato, calculando sobre él la suma asegurada y acordando en aceptar dicho valor del interés en caso de siniestro (art. 28 LCS).

2.3. La coexistencia de varios seguros: el seguro múltiple

El seguro múltiple: se produce cuando el asegurado concierta dos o más seguros para salvaguardar el mismo interés contra los efectos dañosos que puede provocar el mismo riesgo durante el mismo período de tiempo. Con la finalidad de evitar que el asegurado perciba dos o más indemnizaciones y que se pueda infringir el principio indemnizatorio la LCS establece que el tomador del seguro o el asegurado del seguro múltiple deban comunicar a cada asegurador los demás seguros que hubieran estipulado sobre el mismo interés. Si por dolo se omite esta comunicación y se produce el siniestro en situación de sobreseguro, los aseguradores no están obligados a pagar la indemnización (art. 32.1 LCS). En los demás casos que no concurra dolo, una vez producido el siniestro, el tomador del seguro o el asegurado deberá comunicarlo a cada asegurador, con indicación del nombre de los demás que contribuirán al abono de la indemnización en proporción a la propia suma asegurada sin que pueda superarse la cuantía del daño (art. 32.2 y 3 LCS).

2.4. La transmisión de la cosa asegurada

Como particularidad la ley establece la transmisión automática del contrato de seguro de daños si se procede a la venta o cesión de la cosa asegurada, siendo en estos casos solidariamente responsables el adquirente y el anterior titular o sus herederos del pago de las primas vencidas (art. 34 LCS).

A estos efectos se impone al asegurado la obligación de comunicar por escrito al adquirente la existencia del contrato del seguro de la cosa transmitida así como de comunicar también la transmisión al asegurador.

Sin embargo, considerando que las circunstancias personales de las partes intervinientes en el contrato pueden tener una influencia decisiva sobre las circunstancias contractuales, especialmente con el manejo del riesgo por parte del asegurado y con la solvencia del asegurador, se concede a ambos la facultad de resolver (art. 35 y 37 LCS).

2.5. LA POSICIÓN DE LOS ACREEDORES CON GARANTÍA REAL Y PRIVILEGIADOS

La ley ha establecido un sistema de protección del interés de los acreedores hipotecarios, pignoracticios o privilegiados sobre los bienes especialmente afectos al pago de sus créditos cuando aquéllos se encuentren asegurados. Esta protección consiste en extender los derechos de estos acreedores sobre dichos bienes a las indemnizaciones que satisfaga el asegurador a sus respectivos propietarios, de modo que el asegurador no podrá pagar la indemnización sin el consentimiento expreso de dichos acreedores (art. 40 LCS). A estos efectos, el tomador del seguro o el asegurado deberán comunicar al asegurador la constitución de la hipoteca, prenda o privilegio cuando tuvieran conocimiento de su existencia.

2.6. LIQUIDACIÓN DEL SINIESTRO Y VALORACIÓN DEL DAÑO

Dado que los seguros de daños son seguros de indemnización efectiva del daño causado resulta esencial en ellas liquidar el siniestro determinando, con la mayor exactitud posible el daño causado y la cuantía de las indemnizaciones que correspondan. La LCS ha establecido en su art. 38 un régimen imperativo que regula minuciosamente el procedimiento para fijar el importe y la forma de indemnización.

Una vez producido el siniestro y notificado en tiempo y forma al asegurador, el asegurado o el tomador deberán comunicar por escrito al asegurador la relación de los objetos existentes al tiempo del siniestro, la de los salvados y la estimación de los daños. Si las partes se pusiesen de acuerdo en cualquier momento sobre el importe y la forma de la indemnización, el asegurador deberá pagar la suma convenida o realizar las operaciones necesarias para reemplazar el objeto asegurado, si su naturaleza así lo permitiera. Si no se lograse ese acuerdo en el plazo de cuarenta días, cada parte designará un perito para la valoración del daño y cuando no haya acuerdo entre los peritos, ambas partes designarán un tercer perito. Los peritos emitirán su dictamen, por unanimidad o por mayoría, y vinculará a las partes salvo que se impugne judicialmente por alguna de las partes. Si el dictamen de los peritos fuera impugnado, el asegurador deberá abonar el importe mínimo de la indemnización fijado por los peritos en un plazo máximo de cinco días. Si no se interpusiere en dichos plazos la correspondiente acción, el dictamen pericial devendrá inatacable (art. 39 LCS).

Cada parte satisfará los honorarios de su perito, pero los del perito tercero y demás gastos que ocasiones la tasación pericial serán de cuenta y cargo por mitad del asegurado y del asegurador. Si el asegurador demorara el pago de la indemnización devenida inatacable y el asegurado tuviera que reclamarlo judicialmente, la indemnización se verá incrementada con el interés previsto en el art. 20 LCS y las costas procesales.

2.7. Subrogación del asegurador

El asegurador, una vez pagada la indemnización, podrá ejercitar los derechos y las acciones que por razón del siniestro correspondieran al asegurado frente a las personas responsables del mismo hasta el límite de la indemnización (art. 43 LCS).

Es una acción típica de los seguros de daños ya que en los seguros de personas la Ley excluye expresamente la subrogación (art. 82). Por un lado, se pretende evitar que el asegurado se enriquezca mediante el ejercicio simultáneo de las acciones de daños y de seguro y, por otro lado, se trata de impedir que el responsable del siniestro quede impune (pues el asegurado podría no reclamar dado que percibe la indemnización del asegurador).

El asegurador no podrá subrogarse contra el propio asegurado, contra las personas por quienes deba responder civilmente según el art. 1903 CC ni tampoco contra sus parientes o las personas que convivan con él; pero estas exclusiones no tendrán efecto si la responsabilidad procede de una conducta dolosa o cuando se trate de un seguro de responsabilidad (art. 43.3 LCS).

3. *Modalidades de seguros contra daños*

3.1. El seguro de incendios

El seguro de incendios es un seguro de cosas regulado en los art.45-49 LCS por el que el asegurador se obliga a indemnizar los daños producidos por incendio en el objeto asegurado. Entendiéndose incendio como «la combustión y el abrasamiento con llama, capaz de propagarse, de un objeto u objetos que no estaban destinados a ser quemados en el lugar y momento en que se produce».

Puede asegurarse cualquier bien mueble o inmueble, siempre que sean susceptibles de ser deteriorados por el fuego y los objetos asegurados serán única y exclusivamente los descritos en la póliza (art. 46 LCS). Además, salvo que se encuentren comprendidos y descritos expresamente en el ámbito de la cobertura, quedan excluídos de ella los bienes y objetos de valor (alhajas, dinero, títulos, obras de arte, etc) que estuvieren contenidos dentro de los objetos asegurados (art. 46 LCS). Por otra parte, el traslado de los objetos asegurados a lugar distinto del descrito en la póliza sin la oportuna comunicación al asegurador puede ocasionar la pérdida del derecho a la indemnización (art. 47 LCS).

Tampoco todos los incendios quedan cubiertos por el seguro, sino, en defecto de pacto expreso en contrario, tan solo se aseguran los incendios generados por caso fortuito, los provocados por la malquerencia de extraños, por negligencia propia del asegurador o por la de las personas de las que éste responda civilmente. Se excluyen los incendios provocados por el asegurado con dolo o culpa grave, por guerra, tumulto popular, terrorismo, terremotos, así como por aquellos siniestros extraordinarios cuya cobertura corresponda al Consorcio de Compensación de Seguros.

3.2. EL SEGURO CONTRA ROBO

Por el seguro contra robo, el asegurador se obliga a indemnizar los daños derivados de la sustracción ilegítima por parte de terceros de las cosas muebles aseguradas (arts. 50 a 53).

Tanto los objetos asegurados como los locales y sitios donde se custodian o estén emplazados dichos objetos, deben describirse en la póliza en forma exacta y minuciosa de tal forma que cuando el objeto asegurado sea sustraído fuera del lugar descrito en la póliza o con ocasión de su transporte el asegurador, salvo pacto en contra o que haya sido expresamente autorizado por el asegurador, no vendrá obligado a pagar la indemnización (art. 52.2 LCS). El asegurador quedará exonerado también de su obligación de reparar los efectos del siniestro cuando el robo se haya producido por negligencia grave del asegurado, del tomador o de las personas que de ellos dependan o que con ellos convivan; así como cuando la sustracción se produzca con ocasión de riesgos extraordinarios (saqueos o pillajes a raíz de inundaciones, revueltas populares).

La ley considera como riesgo asegurable la «sustracción ilegítima» lo que en principio puede abarcar tanto el delito de robo como el hurto. Sin embargo, las pólizas han venido excluyendo el hurto con el fin de que el asegurado preste la debida diligencia en la custodia del objeto asegurado. Por otra parte, la cobertura comprende, pues, tanto el daño causado por el delito consumado como por su mera tentativa.

El pago de la indemnización se someterá al siguiente procedimiento: se conviene un plazo desde la sustracción, el cual una vez transcurrido sin que la cosa aparezca, obliga al asegurador a pagar la indemnización. Si el objeto robado aparece una vez transcurrido el plazo y satisfecha la indemnización, el asegurador puede optar por recuperarlo, devolviendo la indemnización percibida, o retener ésta abandonado el objeto al asegurador, que adquirirá su propiedad (sistema del abandono). Por el contrario, si la cosa hubiese aparecido antes del transcurso de aquel plazo, el asegurado, salvo pacto en contrario, debe recibirla, limitándose el asegurador en este caso a indemnizar los menoscabos o deterioros que hubiera sufrido (art. 53 LCS).

Es un contrato a menudo practicado conjuntamente con el de incendios de enseres y mobiliario (así, en el caso del seguro combinado o multiriesgo).

3.3. EL SEGURO DE TRANSPORTE TERRESTRE

Es el seguro por el que el asegurador se obliga a indemnizar los daños materiales que puedan sufrir, con ocasión del transporte, las mercancías porteadas, el medio utilizado u otros objetos asegurados.

El ámbito de la cobertura que ofrece este seguro debe delimitarse conforme a dos criterios sucesivos: (i) por el carácter terrestre del transporte realizado: lo que excluye el seguro de transporte aéreo (arts. 127 y ss LNA) y el seguro de transporte marítimo (arts. 406 y ss LNM); (ii) por la universalidad de los riesgos cubiertos ya que el seguro de transportes terrestres puede cubrir los riesgos de incendio, robo, roturas, etc., siempre y cuando se refieran a cosas en movimiento; a diferencia de lo previsto en los seguros de incendio o contra el robo, que se refieren a cosas en estado de reposo.

La forma de contratación de este seguro es amplia tanto en cuanto a las personas como en cuanto a las formas: (i) en cuanto al tomador, podrán contratarlo el propietario del vehículo de las mercancías transportadas, el comisionista de transporte, así como todos lo que tengan un interés en la conservación de las mercancías expresando siempre en la póliza el concepto en el que se contrata el seguro (art. 56 LCS); (ii) en cuanto al modo de contratarlo, el seguro podrá extenderse a un viaje o a un tiempo determinado (art. 57 LCS).

La LCS establece los límites temporales de la cobertura que pueden ser eliminados mediante pacto en contrario en la póliza. Así, la cobertura empieza cuando se entregan las mercancías al porteador para su transporte en el punto de partida del viaje asegurado y termina cuando se entrega al destinatario en el punto de destino. Ambos extremos pueden ampliarse en el contrato, bien anticipando la cobertura a la salida del almacén o domicilio del cargador para su entrega al transportista o bien prolongándola hasta la entrega en el domicilio o almacén del destinatario (art. 58 LCS).

Por otro lado, la indemnización del asegurador se extenderá, en los términos convenidos, a los daños que sean consecuencia de siniestros acaecidos durante la vigencia del contrato, aun cuando sus efectos se manifiesten con posterioridad, siempre de los seis meses siguientes a la fecha de expiración del seguro (art. 57 LCS).

3.4. EL SEGURO DE LUCRO CESANTE

Es el seguro por el que el asegurador se obliga a indemnizar al asegurado los beneficios dejados de percibir en un acto o actividad por el acaecimiento del siniestro (art. 63 LCS).

El concepto de lucro cesante se extiende, en defecto de pacto expreso, a la pérdida de beneficios que produzca el siniestro en el período comprendido en la póliza, a los gastos generales que continúan gravando al asegurado después de la producción del siniestro y a los gastos que sean consecuencia directa de este último (art. 65 LCS).

Este tipo de seguro ha venido extendiéndose en la práctica sobre todo en la modalidad de seguro de pérdida de beneficios por paralización o interrupción de la empresa por el que el titular puede asegurar la pérdida de beneficios y los gastos generales que haya de seguir soportando cuando quede paralizada, total o parcialmente, como consecuencia de los acontecimientos delimitados en el contrato (art. 66 LCS).

Aun cuando el seguro de lucro cesante puede celebrarse de manera autónoma, en la práctica es frecuente que se añada como un pacto a otro seguro de daños de distinta naturaleza. Así, se celebra a menudo, un seguro a todo riesgo de daños materiales al que se incorporan, como coberturas optativas, tanto los daños ocasionados en los aparatos eléctricos como la pérdida de beneficios.

3.5. EL SEGURO DE CRÉDITO Y DE CAUCIÓN

Tanto el seguro de crédito como el de caución tienen como base una relación de crédito que vincula al acreedor y al deudor. Sobre dicha relación básica se articula la relación de seguro diferenciándose ambos seguros porque:

(i) en el seguro de crédito es el acreedor quien celebra el contrato de seguro y adopta, por lo tanto, la doble posición de tomador y asegurado asumiendo el coste de la cobertura de la prima en defensa de su propio interés del crédito. (art. 69). El riesgo, por tanto, viene constituido por la insolvencia definitiva o imposibilidad de pagar por parte de uno o varios deudores; considerándolo que la misma se produce cuando lleguen a un acuerdo el asegurador y asegurado sobre el carácter incobrable de dicho crédito o bien se den circunstancias de hecho o de derecho. A este respecto, la ley establece presunciones *iuris et de iure* de la insolvencia definitiva de sus deudores (art. 70 LCS). En todo caso, transcurridos seis meses desde que el asegurado comunicó al asegurador el impago del crédito, éste deberá abonar el 50% de la cobertura pactada, con carácter provisional y a cuenta de la ulterior liquidación definitiva (art. 70 LCS).

(ii) en el seguro de caución es el deudor quién celebra el contrato y aparece como tomador de un seguro por cuenta o en beneficio ajeno por cuanto será el acreedor titular del crédito asegurado quién aparezca como asegurado en la póliza. En este caso, el asegurador se obliga, en caso de incumplimiento por el tomador del seguro de sus obligaciones legales o contractuales, a indemnizar al asegurado a título de resarcimiento o penalidad los daños patrimoniales sufridos, dentro de los límites establecidos en la Ley o en el contrato. Todo pago hecho por el asegurador deberá serle reembolsado por el tomador del seguro (art. 68 LCS). La función económica que cumple este tipo de seguros es similar y, en cierta medida, intercambiable con los avales o garantías bancarias y, por lo tanto, todo pago hecho por el asegurador deberá serle reembolsado por el tomador del seguro conforme al art. 68 LCS.

3.6. El seguro de responsabilidad civil

El seguro de responsabilidad civil es aquella modalidad de seguro por la que el asegurador cubre el riesgo de que el asegurado tenga que indemnizar a un tercero los daños y perjuicios causados por un hecho previsto en el contrato de cuyas consecuencias sea civilmente responsable conforme a derecho (art. 73 LCS). Es un seguro que tiene una importancia práctica creciente que se corresponde con el incremento de los presupuestos de exigencia de responsabilidad civil en las actividades empresariales y profesionales que tiende, además, a objetivarse.

El riesgo que se asegura consiste en la posibilidad de que el asegurado incurra en responsabilidad civil a consecuencia de alguna de sus actuaciones porque solamente en este caso esto es cuando su patrimonio se ve agravado por una deuda y el siniestro solo se producirá cuando la víctima presente una reclamación judicial o extrajudicial porque hasta ese momento no surgirá la obligación del asegurador de reparar el daño causado.

Como particularidades de esta modalidad de seguro podemos destacar: (i) que se imponen al asegurado, además de la obligación de pagar la prima y el deber de notificar el siniestro otros tres deberes específicos como son: el ceder al asegurador la dirección jurídica frente a la reclamación judicial o extrajudicial, la obligación de abstenerse de reconocer en cualquier forma su responsabilidad y cooperar con el asegurador en las cuestiones relacionadas con el siniestro (art. 74 LCS); (ii) que se impone al asegurador el pago directo a la víctima del daño. En efecto, el perjudicado o sus herederos tendrán acción directa contra el asegurador para exigirle el cumplimiento de la obligación de indemnizar sin perjuicio del derecho del asegurador a repetir contra el asegurado en el caso de que el daño causado al tercero se haya debido a una conducta dolosa de aquel (art. 76 LCS). Esta acción es inmune a las excepciones que puedan corresponder al asegurador frente al asegurado, no obstante, el asegurador podrá oponer la culpa exclusiva de la víctima y las excepciones personales que pudiera tener contra ella. A los efectos del ejercicio de la acción directa el asegurado está obligado a manifestar al tercero perjudicado o a sus herederos la existencia del contrato de seguro y su contenido.

La DA 2.º de la Ley 20/2015, de 14 de julio, de ordenación, supervisión y solvencia de las entidades aseguradoras y reaseguradoras impone la exigencia de una norma con rango de ley para el establecimiento de los seguros obligatorios y establece un registro de los mismos a efectos informativos que gestionará el Consorcio de Compensación de Seguros. Entre los seguros obligatorios podemos citar el de automóvil, riesgo nuclear, caza, contaminación marina por hidrocarburos, navegación aérea, propiedad de perros peligrosos, etcétera.

3.7. EL SEGURO DE DEFENSA JURÍDICA

Se trata de un contrato independiente mediante el que el asegurador se obliga, dentro de los límites establecidos en la Ley y en el contrato, a hacerse cargo de los gastos en que pueda incurrir el asegurado como consecuencia de su intervención en un procedimiento administrativo, judicial o arbitral, y a prestarle los servicios de asistencia jurídica judicial y extrajudicial derivados de la cobertura del seguro (art. 76 LCS).

Se excluyen expresamente de la cobertura del seguro de defensa jurídica el pago de multas y la indemnización de cualquier gasto originado por sanciones impuestas al asegurado por las autoridades administrativas o judiciales, exclusión que tiene una razón de orden público al objeto de evitar la impunidad patrimonial de las infracciones o delitos cometidos por el asegurado. Destaca la facultad, legalmente reconocida al asegurado, de hacerse representar y defender por un Procurador y un Abogado de su elección y no solo de entre los que la aseguradora le proponga dentro de los límites establecidos en la póliza.

3.8. EL CONTRATO DE REASEGURO

El reaseguro es una modalidad de seguro de daños que cubre el riesgo que asumen los aseguradores al estipular los contratos de seguro directo con sus clientes. Mediante el reaseguro una de las partes (el reasegurador) se obliga a reparar, dentro de los límites establecidos en la Ley y en el contrato, la deuda que nace en el patrimonio del reasegurado a consecuencia de la obligación por éste asumida como asegurador en un contrato de seguro (art. 77 LCS). Este contrato constituye un instrumento esencial para la expansión de la actividad aseguradora porque permite a las entidades aseguradoras asumir un mayor número de operaciones al repartir las deudas y sumas aseguradas con otras entidades de la misma naturaleza.

Frente a las restantes modalidades de seguros de daños el reaseguro presenta especialidades. Al tratarse de un contrato que se celebra entre aseguradores, es decir, profesionales del sector, pierde sentido la finalidad de protección del asegurado que inspira el régimen imperativo conforme al art. 2 de la LCS y, por ello, en el contrato de reaseguro la LCS no tiene carácter imperativo sino meramente dispositivo. Ello tiene como consecuencia que impera el principio de autonomía de la voluntad y, por ello, estos contratos se regirán por los pactos estipulados por las partes (art. 79 LCS).

Por otra parte, teniendo en cuenta que en la estructura jurídica completa del reaseguro existen dos contratos de seguro que cubren dos riesgos distintos (contrato de seguro originario; contrato de reaseguro), la LCS establece normas de clara separación contractual entre el segundo directo y el reaseguro que operan en varios sentidos: (i) el pacto de reaseguro interno entre el asegurador y el asegurador no afectará al asegurado que podrá exigir la totalidad de la indemnización a dicho asegurador sin perjuicio del derecho de repetición que a éste corresponda frente a los reaseguradores en virtud de aquel pacto interno (art.77 LCS); (ii) el asegurado no podrá exigir directamente indemnización y prestación alguna del reasegurador ; sin perjuicio de que goce de un privilegio especial sobre el saldo acreedor que arroje la cuenta de su asegurador directo con su reasegurador en caso de que se produzca la liquidación voluntaria o forzosa del primero (art. 78 LCS). Las normas de separación contractual citadas no obstan a que exista un deber del asegurador directo de comunicar al reasegurador las alteraciones y modificaciones de la suma asegurada, del valor del interés o en general de las condiciones del seguro directo en la forma y los plazos establecidos en el contrato (art. 78 LCS).

II. El seguro de personas

1. *Concepto*

Los seguros de personas conforman, junto a los seguros de daños, la segunda categoría de seguros que regula la LCS. La característica común de estos seguros es que cubren los riesgos relativos a la persona humana: los que afectan a su existencia, a la integridad corporal y los que afectan a la salud del asegurado. Tales riesgos se corresponden respectivamente con los seguros sobre la vida, de accidentes y de enfermedad, asistencia sanitaria y de decesos y dependencia que regula la LCS.

Existen diferencias importantes entre los seguros de daños y los de personas si bien tales diferencias son predicables, en rigor, únicamente respecto a los seguros de vida. En este sentido, los seguros de accidentes, enfermedad y asistencia sanitaria, decesos y dependencia participan de buena parte de los principios indemnizatorios propios de los seguros contra daños (el asegurador puede obligarse a reparar un daño económico como honorarios médicos, gastos de enfermedad, medicamentos..). Sin embargo, los seguros de vida no se configuran como como seguros de indemnización efectiva sino que se caracterizan por ser seguros de suma o capital porque si se produce el siniestro el asegurador debe entregar la suma acordada sin tener en consideración el daño sufrido. De esta manera, el importe de la prestación del asegurador se calcula *a priori* y producido el siniestro, se percibe íntegramente la prestación aunque el siniestro no produzca daño patrimonial alguno, sino, por el contrario, un ahorro o beneficio económico.

2. *Disposiciones especiales sobre el seguro de personas*

Antes de regular las distintas modalidades de seguro de personas la LCS dedica dos disposiciones comunes a todos los seguros de personas. La primera de ellas hace referencia a la posibilidad de celebrarse un seguro con referencia a riesgos relativos a una persona o a un grupo de personas, siempre que este grupo esté delimitado por alguna característica común extraña al propósito de asegurarse (art. 81 LCS) (por ejemplo, ser titular de una tarjeta crédito, haber domiciliado una nómina, trabajar en una misma entidad, estar dado de alta en un colegio profesional, etc.).

La segunda hace referencia a que el asegurador, aun después de pagada la indemnización, no podrá subrogarse en los derechos que en su caso correspondan al asegurado contra un tercero como consecuencia del siniestro, a excepción de lo relativo a los gastos de asistencia sanitaria (art. 82 LCS). Ello es debido a que, como hemos advertido, en los seguros de personas no siempre opera el principio indemnizatorio o de prevención del enriquecimiento injusto del asegurado y, por ello, no se aplica el art. 26 LCS. En consecuencia, si entendemos que la subrogación del asegurado en los derechos del asegurado se basa fundamentalmente, en el propósito de evitar el enriquecimiento injusto del asegurado, ahora debemos concluir que la falta de aplicación de este principio del enriquecimiento injusto en los seguros de personas hace que en ellos «el asegurador, aún después de pagada la indemnización no pueda subrogarse en los derechos que en su caso correspondan al asegurado contra un tercero a consecuencia del siniestro» (art. 82 LCS).

3. *Modalidades de seguros de personas*

3.1. EL SEGURO SOBRE LA VIDA

El seguro sobre la vida, también denominados seguros de sumas o de capital, es aquel en el que el asegurador se obliga a satisfacer al tomador del seguro o a la persona que éste designe un capital, una renta u otras prestaciones convenidas cuando el asegurado fallezca (seguro para caso de muerte), alcance determinada edad (seguro para caso de sobrevivencia) o se produzcan ambos eventos (seguro mixto).

El seguro de vida presenta ciertas especialidades en cuanto a sus elementos personales: (i) en los seguros de vida para caso de muerte, cuando son distintas el tomador y el asegurado (que es la persona cuya muerte o sobrevivencia obliga al asegurador a satisfacer el capital o renta aseguradas) será preciso el consentimiento escrito del asegurado para la validez del seguro salvo que pueda presumirse de otra forma su interés por la existencia del seguro (art. 83); (ii) la segunda especialidad en los seguros de muerte o mixtos es la existencia de un beneficiario que es un elemento personal propio de estos seguros. El beneficiario es, por tanto, la persona que tiene derecho a la indemnización pactada en el contrato, salvo que haya causado dolosamente la muerte del asegurado (art. 92 LCS) y será designada por el tomador. Conviene mencionar que existe un Registro de Contratos de Seguros de cobertura del fallecimiento, que tiene como finalidad suministrar la información necesaria para que pueda conocerse por los posibles interesados si una persona fallecida tenía contratado un seguro para caso de fallecimiento, así como la entidad aseguradora con la que hubiese suscrito, a fin de permitir a los posibles beneficiarios reclamar a la entidad aseguradora la prestación derivada del contrato.

En cuanto a la prima, teniendo en cuenta que ordinariamente la misma se calcula según la probabilidad de la producción del siniestro, la prima pagada en los seguros de vida para caso de muerte debería crecer progresivamente conforme aumenta la edad del asegurado. Para evitar esta situación y facilitar la contratación de estos seguros la práctica ha generalizado sistema de pago de una prima uniforme durante toda la vigencia del contrato. Así, se calcula y paga inicialmente una prima superior, con cuyos excesos se integra una reserva (reserva matemática) a cuyo cargo se compensa en el futuro el déficit que necesariamente se producirá al aumentar el riesgo y permanecer la prima invariable.

La existencia de esta reserva matemática permite la posibilidad de reducir el seguro, proceder al rescate, o la obtención de anticipo sobre la póliza: (i) la reducción del seguro consiste en que la falta de pago de la prima una vez transcurrido el plazo previsto en la póliza que no podrá ser superior a 2 años desde la conclusión del contrato en lugar de la resolución del contrato producirá la reducción del seguro (art. 95). Con la reducción, el seguro continúa en vigor pero solo por el importe que corresponda a la reserva matemática del contrato según la tabla de valores que aparece en la póliza. La reducción procederá igualmente cuando lo solicite el tomador del seguro transcurrido el citado plazo; (ii) el rescate de la póliza consiste en la facultad del tomador del seguro de denunciar el contrato percibiendo del asegurador el importe de la correspondiente reserva matemática (art. 96 LCS); (iii) también es práctica generalizada en el seguro de vida que los aseguradores concedan anticipos a cuenta de la suma asegurada hasta un determinado porcentaje del valor de rescate que corresponda a la póliza en el momento de la solicitud (art. 97 LCS).

3.2. EL SEGURO DE ACCIDENTES

Es un seguro por el que el asegurador se compromete a pagar al asegurado o beneficiario la prestación de cuidados, capitales o rentas determinados en la póliza en caso que se produzca la muerte o invalidez del asegurado como consecuencia de un accidente. Sin perjuicio de la limitación del riesgo que las partes efectúen en el contrato, se entiende por accidente la «la lesión corporal que deriva de una causa violenta, súbita, externa y ajena a la intencionalidad del asegurado que produzca la invalidez temporal o permanente o la muerte» del mismo (arts.100 a 104 LCS).

Al seguro de accidentes se le aplican las disposiciones del seguro de vida sobre las relaciones entre el tomador del seguro y al asegurado si son personas distintas (art. 83 LCS); y las normas relativas a la designación de beneficiarios (arts. 84 a 86 LCS).

Un componente específico de la prestación del asegurador está integrado por los gastos de asistencia sanitaria que serán por cuenta de aquél siempre que se haya establecido su cobertura expresamente en la póliza y que dicha asistencia se haya efectuado en las condiciones previstas en el contrato que no podrán excluir las necesarias asistencias de carácter urgente (art. 103 LCS).

Es un tipo de seguro intermedio- como el de enfermedad-entre los de daños y los de vida: su finalidad es prestar asistencia a ciertos daños que el siniestro puede provocar (daño emergente y lucro cesante) pero la cuantía de la prestación del asegurador no depende del importe del daño causado sino de las prestaciones señaladas en la póliza (arts. 103 y 104 de la LCS).

3.3. El seguro de enfermedad y asistencia sanitaria

Ambos tipos de seguros tienen como denominador común que el riesgo asegurado es la enfermedad y se diversifican según la forma en que el asegurador realiza sus prestaciones de tal manera que si el asegurador se obliga al pago de ciertas sumas y de los gastos de asistencia médica y farmacéutica al asegurado, estaremos ante un seguro de enfermedad; mientras que si el asegurador asume directamente la prestación de los servicios médicos y quirúrgicos, nos encontramos ante un seguro de asistencia sanitaria (art. 105 LCS).

Estos seguros quedan sometidos a las normas sobre el seguro de accidentes en cuanto sean compatibles con los mismos (art. 106 LCS). Debe añadirse, en particular, que el asegurador, después de pagada la indemnización puede subrogarse en los derechos que, en su caso, correspondan al asegurado contra un tercero como consecuencia del siniestro en cuanto a los gastos de asistencia sanitaria de acuerdo al art. 82 LCS.

Una previsión de gran trascendencia la encontramos en el artículo 106 *quáter* LCS que establece que en los seguros de asistencia sanitaria y también en los de dependencia y decesos, las entidades aseguradoras garantizarán a los asegurados la libertad de elección del prestador del servicio, dentro de los límites y condiciones establecidos en el contrato. Para que esta libertad de elección sea factible la entidad aseguradora deberá poner a disposición del asegurado un listado de prestadores autorizados lo bastante amplio como para poder garantizar dicha libertad salvo que en el propio contrato se prevea un único prestador

3.4. El seguro de decesos y dependencia

Los seguros de decesos y dependencia vienen regulados en los arts. 106 *bis* y *ter* LCS y comparten algunas características comunes. En primer lugar, al igual que para el caso de asistencia sanitaria, el asegurador deberá garantizar la libre elección de quien vaya a realizar el servicio proporcionando para ello un listado amplio de posibles prestadores, salvo que el propio contrato prevea la existencia de uno solo (art. 106 *quáter* LCS).

Por otro lado, tanto en el seguro de decesos como en el de dependencia, la oposición a la prórroga automática del contrato-que ha de formularse con al menos un mes de antelación respecto a la finalización de éste (art. 22.2 LCS)-sólo podrá realizarla el tomador pero no la compañía aseguradora (art. 106.bis 5 y art. 106 ter.4 LCS).

Por el seguro de decesos el asegurador se obliga a prestar los servicios funerarios pactados en la póliza para el caso en que se produzca el fallecimiento del asegurado (art. 106 bis LCS). Por el seguro de dependencia el asegurador se obliga a cumplir la prestación comprometida en caso de que se produzca una situación de dependencia en el asegurado «con la finalidad de atender, total o parcialmente, directa o indirectamente, las consecuencias perjudiciales para el asegurado que se deriven de dicha situación» (art.106 ter.1 LCS). La ley renuncia a definir el término «dependencia» remitiéndose a tal efecto a la normativa en materia de promoción de la autonomía personal y atención a las personas en situación de dependencia (Ley 39/2006 de 14 de diciembre y su extensa normativa de desarrollo).

Fuentes legales

Ley Contrato de Seguro (LCS)

Bibliografía seleccionada

ALONSO SOTO, R., «Los contratos de seguro», en MENÉNDEZ, A. / ROJO, A. (Dirs.), *Lecciones de Derecho Mercantil II*, Thomson Reuters Civitas, Cizur Menor, 2020.

BROSETA, M. / MARTÍNEZ SANZ, F., «El contrato de seguro (II): los seguros de daño» y «Los seguros de personas», *Manual de Derecho Mercantil II*, Tecnos, Madrid, 2020.

EMBID IRUJO, J.M. «El seguro de caución» en ALONSO UREBA, A./MARTÍNEZ- SIMANCAS, J.(Dirs.), *Derecho del mercado financiero*,vol.2 tomo 2, Madrid, 1994.

SÁNCHEZ CALERO F., «Comentario arts. 25 a 37 y 40 a 44» en SÁNCHEZ CALERO F. (Dir.), *Ley de Contrato de Seguro. Comentarios a la Ley 50/1980, de 8 de octubre y a sus modificaciones*, 4.ª edic., Thomson Reuters Aranzadi, Cizur Menor, 2010.

VEIGA COPO, A.B., «Seguros contra daños» en CAMPUZANO, A.B, CONLLEDO, F., PALOMO, R.J. (Dirs.), *Los mercados financieros*, Tirant Lo Blanch, Valencia, 2013.

Jurisprudencia básica

1. STS de 1 de julio de 2019 (RJ 2019, 2611). Póliza estimada

2. STS de 22 de octubre de 2019 (RJ 2019, 4225). Seguro colectivo de responsabilidad civil. Falta de aceptación expresa de las cláusulas limitativas de delimitación temporal (art. 73 LCS).

3. STS de 4 de noviembre de 2019 (RJ 2019, 4341). Seguro colectivo de accidentes.

4. STS de 5 de noviembre de 2019 (RJ 2019, 4233). Viabilidad y alcance de la acción directa (art. 76 LCS).

5. STS de 17 de diciembre de 2019 (RJ 2019, 5225). Incendio de vehículo estacionado en un garaje privado. Cobertura de Seguro.

Materiales de autoevaluación

Preguntas test

1. El infraseguro:

a) se produce cuando la suma asegurada es superior al valor del interés
b) puede tener como finalidad pagar una prima menor
c) supone un riesgo al principio indemnizatorio
d) todas las respuestas son correctas

2. La póliza estimada

a) elimina la regla de que en la determinación del daño debe tenerse en cuenta el valor del interés asegurado en el momento anterior a la producción del siniestro
b) simplifica la liquidación del daño y otorga seguridad jurídica
c) excluye la aplicación del infraseguro
d) todas las respuestas son correctas

3. La subrogación del asegurador en los derechos que corresponden al asegurado

a) pretende evitar que el asegurado se enriquezca indebidamente
b) es una acción típica de los seguros de daños
c) el asegurador no podrá subrogarse contra el propio asegurado

d) todas las respuestas son correctas

4. El seguro de personas:

a) se configura como un seguro de indemnización efectiva
b) no opera en ningún caso la subrogación del asegurador en los derechos del asegurado
c) presenta como característica la existencia de un beneficiario como elemento personal
d) todas las respuestas son incorrectas

5. El seguro sobre la vida

a) es un seguro de sumas o de capital
b) se caracteriza por la existencia de un beneficiario como elemento personal propio
c) la reserva matemática permite el pago de una prima uniforme
d) todas las respuestas son correctas

Indicar la corrección o incorrección de las siguientes aseveraciones, razonando la respuesta

1. El seguro contra daños es un seguro de indemnización efectiva.

2. El interés del asegurado debe coincidir necesariamente con la suma asegurada.

3. La determinación del daño y la cuantía de la indemnización vienen regulados de manera imperativa en el art. 38 LCS.

4. El seguro de personas se caracteriza por ser un seguro de suma o de capital.

5. En los seguros de personas cabe la subrogación del asegurador en lo relativo a los gastos de asistencia sanitaria.

Lección 12

Los contratos de garantía[1]

I. Los contratos de garantía

En sentido amplio, con el término «garantía» se hace referencia a todo
mecanismo o instrumento jurídico que puede ser utilizado para asegurar el cumplimiento de una obligación. Así se suelen calificar, entre otros,
el principio de responsabilidad patrimonial universal, la acción resoluto-
ria, la ejecución forzosa o la cláusula penal. Ciertamente, todos ellos tie-

---

[1] La lección 12 ha sido redactada por Aránzazu Pérez Moriones, Profesora Titular
(acred. Catedrática) de Derecho Mercantil.

nen en común que fortalecen la posición del acreedor, ya que reducen el riesgo de incumplimiento del deudor. Sin embargo, en sentido técnico, no pueden ser considerados garantías. Por el contrario, con esta expresión se alude a ciertos derechos subjetivos y facultades constituidos en favor del acreedor exclusivamente con una función de garantía. Mientras que algunos de ellos únicamente satisfacen dicha finalidad, la cual, por tanto, constituye su causa típica (p. ej., la fianza), otros responden a una causa distinta, aunque pueden utilizarse con ese propósito si así se desea (p. ej., el depósito en garantía). Pues bien, la categoría de los contratos de garantía se suele reservar a los primeros, es decir, a aquellos contratos cuya causa o función se limita a servir de garantía.

Tradicionalmente, las garantías se clasifican en personales y reales. Son garantías personales aquellas que atribuyen al acreedor el derecho a exigir el cumplimiento de la obligación garantizada a una persona distinta del deudor principal, el cual responderá personalmente con todo su patrimonio. Ejemplo de garantía personal es la fianza. En cambio, las garantías reales son aquellas que otorgan al acreedor un poder sobre un bien o bienes determinados, que quedan sujetos al cumplimiento de la obligación principal. Con todo, debe advertirse que solo los derechos reales de garantía atribuyen al acreedor la posibilidad de enajenar el bien para cobrar lo debido en caso de incumplimiento por parte del deudor. Prototipos de derechos reales de garantía son la hipoteca y la prenda.

Las garantías presentan una gran trascendencia en el ámbito mercantil. Sin embargo, el Código de comercio únicamente regula el contrato de fianza, aunque de forma extremadamente escueta (arts. 439 a 442 CCom). A su vez, en la práctica han ido surgiendo otras garantías personales, entre las que se incluyen las garantías a primera demanda y las cartas de patrocinio. Por su parte, aunque el seguro de caución (art. 68 LCS) y el seguro de crédito (arts. 69 a 72 LCS) producen un efecto de garantía, responden a una causa indemnizatoria, por lo que no son considerados contratos de garantía.

A las figuras precedentes se suman garantías reales propias del Derecho civil, como la hipoteca y la prenda, que se han adaptado a las particularidades y necesidades del tráfico mercantil. Como es conocido, su regulación, contenida en los artículos 1857 y ss. CC, se asienta en la naturaleza de los bienes sobre los que recaen (prenda, en caso de bienes muebles, e hipoteca, en caso de bienes inmuebles), que, a su vez, lleva aparejado el desplazamiento o no desplazamiento de la posesión. Sin embargo, con el paso del tiempo se constató que ciertos bienes muebles se acomodaban mal con estos parámetros. En efecto, la prenda resultaba ineficaz en caso de bienes muebles destinados a procesos productivos, ya que conllevaba su desposesión, por lo que tales bienes no podían seguir siendo utilizados por su titular. Este inconveniente fue solucionado mediante la hipoteca mobiliaria y la prenda sin desplazamiento, reguladas mediante Ley de 16 de diciembre de 1954, que parte de las características sustantivas de la prenda y de la hipoteca y las aplica a bienes muebles dependiendo de la susceptibilidad (o grado de perfección) de su identificación: si es semejante a la de los inmuebles, les aplica un régimen similar al de la hipoteca (hipoteca mobiliaria), mientras que, si la identificación es menos perfecta, los bienes se mantienen dentro de la figura de la prenda, sustituyendo el requisito del desplazamiento posesorio por el de la publicidad registral (prenda sin desplazamiento). Estas y otras de las modalidades más destacadas de hipoteca y prenda calificables como mercantiles son objeto de tratamiento en la última parte de la lección, mientras que para el estudio del régimen general de estas garantías nos remitimos a los manuales de Derecho civil.

II. Garantías personales

1. *El contrato de fianza*

1.1. Concepto y características

El Código de comercio regula el contrato de fianza, pero no lo define, por lo que debemos servirnos de la noción contenida en el artículo 1822 CC. Atendiendo a este precepto, la fianza es aquel contrato por el que una persona, que recibe el nombre de fiador, se obliga a pagar o cumplir por un tercero en el caso de que este no lo haga.

Lógicamente, la circunstancia de que este contrato se regule tanto en el Código civil como en el Código de comercio suscita la necesidad de determinar cuándo la fianza es mercantil y, en consecuencia, se le aplica la regulación del Código de comercio con preferencia a la del Código civil. Según el artículo 439 CCom, la fianza es mercantil cuando tiene por objeto asegurar el cumplimiento de una obligación mercantil, aunque el fiador no sea comerciante. Por tanto, la calificación como mercantil de la fianza se hace depender de la naturaleza del contrato principal, de modo que, si este es mercantil, también lo será la fianza que lo asegura.

Característica tipificadora del contrato de fianza es su accesoriedad respecto de la obligación que garantiza. Esta cualidad se pone de manifiesto en distintos preceptos del Código civil. Así, la fianza no puede existir sin una obligación válida (art. 1824.I CC), ya que resulta imposible garantizar el cumplimiento de una obligación inexistente. Además, el fiador puede obligarse a menos tanto en cantidad como en la onerosidad de las condiciones, pero no a más que el deudor principal (art. 1826.I CC). Igualmente, la obligación del fiador se extingue al mismo tiempo que la del deudor principal (art. 1847 CC). Por último, el fiador puede oponer al acreedor todas las excepciones que le competan al deudor principal y sean inherentes a la deuda, pero no las que sean puramente personales del deudor (art. 1853 CC).

A diferencia de la fianza civil, que es consensual (art. 1827 CC), el artículo 440 CCom establece que la fianza mercantil «deberá constar por escrito, sin lo cual no tendrá valor ni efecto». Por tanto, la forma escrita constituye un requisito *ad solemnitatem* y no un mero requisito *ad probationem,* ya que su incumplimiento determina la invalidez de la fianza. Esta exigencia ha sido interpretada de forma amplia por la jurisprudencia, que ha entendido que no solo no es obligatorio el documento público (aunque es habitual en la práctica bancaria), sino que, incluso, es suficiente una carta dirigida por el fiador al acreedor. Con todo, esta identificación entre exigencia escrita y soporte papel debe quedar superada tras la aparición y expansión de nuevas tecnologías, igualmente admisibles, siempre que permitan la constancia escrita.

Como regla general, la fianza mercantil es gratuita, aunque cabe pacto en contrario (art. 441 CCom). Ahora bien, si se pacta una retribución para el fiador y el contrato es por tiempo indefinido, la fianza subsiste hasta que, por la terminación completa del contrato principal afianzado, se cancelen definitivamente las obligaciones que nazcan de él, sea cual sea su duración, salvo que se hubiera fijado plazo a la fianza por pacto expreso (art. 442 CCom). Por tanto, en este caso, el fiador no disfruta del derecho a ser relevado (liberado) de la fianza, al cual tendría derecho al cabo de diez años, si la obligación principal no tiene término fijo para su vencimiento (art. 1843.I.5.º CC).

1.2. Objeto

La fianza puede garantizar toda clase de obligaciones cualquiera que sea su objeto, siempre que sean válidas, aunque habitualmente asegura el cumplimiento de obligaciones dinerarias. En principio, el objeto de la fianza es el mismo que el objeto de la obligación garantizada. Sin embargo, el artículo 1826 CC permite que el fiador se obligue a menos, pero no a más que el deudor principal, tanto por lo que respecta a la cantidad como a la onerosidad de las condiciones, es decir, a circunstancias de término, lugar, condición y modo. De hecho, para el caso de que el fiador se obligue a más, aquel precepto dispone que se reducirá su obligación a los límites de la del deudor.

La obligación del fiador tiene que estar perfectamente determinada en cuanto a su contenido (art. 1827.I CC), por lo que el alcance de la responsabilidad que aquel asume debe fijarse con precisión. Por ello, este supuesto es conocido como «fianza definida». Sin embargo, también se acepta cierta indeterminación inicial, siempre que la fianza pueda determinarse inequívocamente con base en circunstancias previstas en el momento de su constitución. Este segundo supuesto recibe el nombre de «fianza simple» o «indefinida» y comprende no solo la obligación principal, sino también todos sus accesorios, incluidos los gastos del juicio (art. 1827.II CC). Por su parte, doctrina y jurisprudencia han precisado que los accesorios también engloban los intereses convencionales y moratorios generados por la deuda, la indemnización por incumplimiento o la cláusula penal aplicable, en definitiva, todo cuanto sea consecuencia legítima e inexcusable del contrato. Ahora bien, el fiador únicamente responderá de los gastos del juicio que se hayan devengado después de que haya sido requerido para el pago y no de los anteriores (art. 1827.II CC).

La fianza también puede garantizar deudas futuras, es decir, aquellas «cuyo importe no sea aún conocido» (art. 1825 CC), aunque, en su caso, no se podrá reclamar contra el fiador hasta que la deuda sea líquida. Naturalmente, esta previsión debe ser interpretada teniendo presentes el carácter expreso de la fianza y la exigencia de determinabilidad (art. 1827.I CC). Por ello, la fianza podrá tener por objeto una obligación futura si es determinable sin necesidad de una nueva declaración de los interesados, las partes son conocidas y, al constituirse la garantía, concurren las circunstancias objetivas para concretar el límite de ésta y el de la obligación garantizada.

En particular, doctrina y jurisprudencia han admitido que un fiador garantice una pluralidad de deudas futuras que puedan surgir en el marco de una relación comercial entre deudor y acreedor. Esta modalidad de fianza se denomina «fianza ómnibus» o «fianza flotante» y suele ser usual en la práctica bancaria. Su validez no reviste duda con base en el principio de autonomía de la voluntad (art. 1255 CC), el concepto de contrato de fianza (art. 1822 CC) y la admisibilidad de la fianza en garantía de deuda futura (art. 1825 CC). Sin embargo, en el contrato se debe especificar el deudor principal, el tipo de operaciones respecto de las que se presta la garantía, la cuantía máxima de la garantía y su duración, que normalmente es indefinida.

1.3. RELACIONES ENTRE ACREEDOR Y FIADOR

1.3.1. El beneficio de excusión

Según el concepto del contrato de fianza (art. 1822.I CC), el fiador se obliga a pagar o cumplir en caso de que el deudor no lo haga. De ahí que se afirme que la fianza se caracteriza por su subsidiariedad, puesto que el fiador sólo debe cumplir con su obligación si el deudor no cumple con la suya. Con todo, esta subsidiariedad queda modulada por el reconocimiento legal del conocido como «beneficio de excusión» o «de orden», según el cual el fiador no puede ser compelido a pagar al acreedor sin hacerse antes excusión de todos los bienes del deudor (art. 1830 CC). Por tanto, el fiador únicamente pagará o cumplirá en caso de insolvencia del deudor.

A su vez, la eficacia del beneficio de excusión queda condicionada al cumplimiento de dos requisitos: su oposición al acreedor tras el requerimiento de este último al pago y el señalamiento de bienes del deudor realizables dentro de territorio español que sean suficientes para cubrir el importe de la deuda (art. 1832 CC). En consecuencia, requerido para el pago, el fiador deberá oponerse inmediatamente sin esperar a realizar ningún trámite y designar de forma concreta o precisa bienes del deudor que cubran el importe de la deuda, no siendo admisible una referencia genérica e indeterminada. Es más, si el fiador cumple estos requisitos, el acreedor negligente en la excusión de los bienes señalados será responsable de la insolvencia del deudor causada por su descuido (art. 1833 CC).

Sin embargo, el reconocimiento del beneficio de excusión no puede producir retrasos o inconvenientes para el acreedor, ya que, a pesar de su subsidiariedad, la garantía también tiene que ser eficaz. De ahí que el artículo 1831 CC enumere cuatro supuestos en los que la excusión no tiene lugar: 1.º) cuando el fiador haya renunciado expresamente a ella; 2.º) cuando se haya obligado solidariamente con el deudor; 3.º) en el caso de quiebra o concurso del deudor; y 4.º) cuando éste no pueda ser demandado judicialmente dentro del Reino. En estos casos, el fiador no podrá oponer el beneficio de excusión, pero responderá subsidiariamente respecto del deudor, es decir, solo podrá ser requerido en caso de insolvencia de este último.

1.3.2. La fianza solidaria

De entre los supuestos enumerados en el artículo 1831 CC cobra especial importancia el segundo de ellos, es decir, en caso de que el fiador se haya obligado solidariamente con el deudor. Pues bien, la solidaridad conlleva la eliminación de la subsidiariedad de la fianza, por lo que el acreedor podrá elegir a quién reclamar el cumplimiento: al deudor o al fiador. Nótese, sin embargo, que no cabe equiparar solidaridad y renuncia al beneficio de excusión. En efecto, la solidaridad supone la renuncia al beneficio de excusión, pero el fiador carente del beneficio de excusión sigue respondiendo subsidiariamente respecto del deudor, por tanto, únicamente si este resulta insolvente.

Por otra parte, en la práctica mercantil son comunes las fianzas solidarias, especialmente cuando son constituidas a favor de entidades de crédito. Sin embargo, frente a la opinión sostenida por el Tribunal Supremo en distintas ocasiones, no puede admitirse que toda fianza mercantil sea, por principio, solidaria. Como acertadamente ha señalado la doctrina, la solidaridad debe pactarse expresamente: por un lado, porque el Código de comercio guarda silencio al respecto; y, por otro lado, porque el artículo 1822 CC adopta como premisa la fianza simple, es decir, aquella que se rige por las reglas contenidas en el Código civil aplicables a la fianza, entre las que se encuentra la subsidiariedad. De ahí que la fianza solidaria constituya la excepción a la regla general.

1.3.3. El concurso del deudor principal

Atendiendo al artículo 1831.3.º CC, el concurso del deudor causa la pérdida del beneficio de excusión del fiador. Ahora bien, este último únicamente deberá cumplir con su obligación (es decir, pagar o cumplir por el deudor) cuando venza la obligación garantizada, no por la mera declaración de concurso del deudor. En cambio, la acción contra el fiador se podrá ejercitar con la apertura de la fase de liquidación, momento en el que se produce el vencimiento anticipado de los créditos concursales aplazados (art. 414 LC).

En principio, los créditos en los que el acreedor disfruta de fianza de tercero se reconocen por su importe sin limitación alguna y sin perjuicio de la sustitución del titular del crédito en caso de pago por el fiador. Pero, una vez realizado el pago, la administración concursal tendrá que reclasificar el crédito optando por la clasificación de inferior grado de entre las que correspondan al acreedor o al fiador (arts. 263.2 y 310.2.3.º LC).

El convenio celebrado entre el concursado y los acreedores no produce efectos en los derechos de estos frente al fiador, salvo que aquellos hubieran sido autores de la propuesta, se hubieran adherido a ella o hubieran votado a favor (art. 399.1 LC). En consecuencia, si el acreedor no se encuentra en alguna de las situaciones mencionadas, la responsabilidad del fiador se regirá por lo pactado en el contrato de fianza y, en su defecto, por la regulación legal de este contrato (art. 399.2 LC), no viéndose modificada por el contenido del convenio.

Tampoco la exoneración del pasivo insatisfecho afectará a los derechos de los acreedores frente al fiador del deudor, que no podrá invocar dicho beneficio ni subrogarse por el pago posterior a la liquidación en los derechos que el acreedor tuviera contra el deudor, salvo que se revoque la exoneración concedida (art. 502 LC).

1.4. Relaciones entre fiador y deudor principal. Reembolso y subrogación

El Código civil prevé ciertas reglas aplicables si el fiador se ve obligado a pagar, las cuales responden al objetivo de que dicho pago le ocasione el menor perjuicio posible. Entre ellas se incluyen mecanismos dirigidos a procurar la recuperación de lo abonado como el derecho de reembolso o de regreso frente al deudor principal y el derecho a subrogarse en los derechos del acreedor.

Así, si el fiador paga por el deudor, este deberá indemnizarle con la cantidad total de la deuda, los intereses legales desde que se haya hecho saber el pago al deudor, los gastos ocasionados al fiador después de poner en conocimiento del deudor que ha sido requerido para el pago y los daños y perjuicios si proceden (art. 1838 CC). Además, el último párrafo de este precepto puntualiza que su contenido resulta aplicable, aunque la fianza se haya dado ignorándolo el deudor. El plazo de prescripción de la acción es de cinco años (art. 1964.2 CC) a contar desde que se realizó el pago. Además, el fiador se subroga por el pago en todos los derechos que el acreedor tenía contra el deudor (art. 1839.I CC).

1.5. Cofianza, subfianza, retrofianza y contragarantía

Existe cofianza si son varios los fiadores de un mismo deudor y por una misma deuda, en cuyo caso, la obligación a responder se divide entre todos (art. 1837.I CC). Por tanto, los cofiadores responden mancomunadamente por la deuda afianzada. Pues bien, el derecho de que disfruta el cofiador a ser reclamado exclusivamente por la parte que le corresponde del total de la deuda (la pactada o, en su defecto, la parte alícuota) recibe el nombre de «beneficio de división». El cese en dicho beneficio, que se produce en los mismos casos y por las mismas causas que el beneficio de excusión (art. 1837.II CC), tiene como consecuencia que cada uno de los cofiadores responde por el total de la deuda afianzada. Por su parte, el cofiador que paga dispone de la acción de regreso contra los cofiadores (art. 1844 CC), así como de las acciones de reembolso y subrogación contra el deudor principal (arts. 1838 y 1839 CC). Con todo, ha de advertirse que en la práctica es frecuente que los cofiadores renuncien al beneficio de excusión y al beneficio de división.

Mediante la subfianza (o fianza doble, de segundo grado o del fiador), una persona, que recibe el nombre de subfiador, se obliga a pagar o cumplir por el fiador, en el caso de que este no lo haga. Esta modalidad de fianza, prevista expresamente en el artículo 1823.II CC, no tiene por objeto garantizar la obligación principal, sino asegurar la obligación de garantía asumida por el fiador. A la relación establecida entre subfiador y fiador se le aplican las mismas reglas que a la fianza, aunque adaptadas a la complejidad de esta figura (arts. 1836, 1846, 1848 y 1856 CC). En cualquier caso, suele ser habitual que el subfiador renuncie al beneficio de excusión del que, en principio, disfruta tanto respecto del fiador como del deudor principal (art. 1836 CC).

La retrofianza es aquella fianza que garantiza al fiador que recuperará lo pagado por cuenta del deudor principal. Una figura más amplia es la contragarantía, que abarca todas aquellas garantías (no solo, por tanto, la fianza), que se establecen a favor del fiador con idéntica finalidad, por tanto, garantías personales, garantías reales o, incluso, formas atípicas de aseguramiento de la obligación de reembolso al fiador que se ha visto compelido a pagar.

1.6. Extinción

Atendiendo al artículo 1847 CC, la fianza se extingue por la extinción de la obligación del deudor (dado su carácter accesorio), y por las mismas causas que las demás obligaciones. Pero, además, el Código civil recoge otras causas específicas de extinción de la obligación del fiador: i) la confusión (art. 1848 CC); ii) la dación en pago (art. 1849 CC); iii) la prórroga concedida al deudor por el acreedor sin el consentimiento del fiador (art. 1851 CC); y iv) la imposibilidad de subrogación en los derechos, hipotecas y privilegios del acreedor imputable a alguna actuación de este último

2. *Las garantías independientes o autónomas*

La expresión «garantías independientes» (o «autónomas») se suele utilizar para denominar a distintas figuras mediante las cuales el garante (normalmente, una entidad financiera) se compromete frente a su cliente (ordenante de la garantía) a pagar una suma de dinero tan pronto como el acreedor de una obligación (beneficiario de la garantía) se lo requiera sin posibilidad de oponer excepciones basadas en la relación subyacente (deudor ordenante-acreedor beneficiario).

En estas garantías, que también se conocen como «garantías a primer requerimiento» (o «a primera demanda»), se eliminan la subsidiariedad y la accesoriedad, que, como sabemos, constituyen características propias de las garantías tradicionales. De hecho, aquellas surgieron para hacer frente a las exigencias del comercio internacional, en el que estas últimas resultaban ineficaces y, por tanto, inoperativas, debido fundamentalmente a su formalismo y a su dependencia respecto de la obligación garantizada. En efecto, en las garantías independientes o autónomas no es necesario que el acreedor beneficiario pruebe el incumplimiento del deudor ordenante, sino simplemente exigirle el pago al garante. Pero, además, este último debe pagar con independencia de las vicisitudes que afecten a la relación entre deudor y acreedor, ya que no podrá oponer excepciones basadas en la relación de crédito (p. ej., la nulidad de la obligación garantizada). En tal caso, el garante podrá repetir contra el deudor, que le deberá reintegrar la cantidad abonada y otras cantidades (intereses, gastos, daños y perjuicios…) si se han pactado. Ahora bien, la independencia o autonomía no es absoluta, ya que el garante puede oponerse al pago si el acreedor beneficiario ha actuado manifiestamente de forma abusiva o fraudulenta (*exceptio doli*). Del mismo modo, también podrá oponer las excepciones derivadas del propio contrato de garantía (p. ej., que el beneficiario no ha realizado el requerimiento de pago conforme a lo pactado en el contrato) y las que se funden en la inexistencia o cumplimiento de la obligación garantizada.

Aunque nuestro ordenamiento no regula las garantías independientes, han sido admitidas por doctrina y jurisprudencia desde hace varias décadas. Por su parte, en el ámbito internacional se adoptó la «Convención de las Naciones Unidas sobre Garantías Independientes y Cartas de Crédito Contingentes» de 11 de diciembre de 1995, que resulta aplicable si las partes contratantes son nacionales de países que han ratificado dicho tratado. Además, la Cámara de Comercio Internacional elaboró unas «Reglas Uniformes relativas a las garantías a primer requerimiento» (URGD 758), cuya última versión entró en vigor el día 1 de julio de 2010, aunque sólo son obligatorias si son aceptadas expresamente por las partes en tanto contenido del contrato.

Lógicamente, en la práctica, reviste especial importancia su redacción. Al respecto, doctrina y jurisprudencia coinciden en que la inserción de la expresión pago «a primera demanda» o «a primer requerimiento» (o expresiones similares) no implica necesariamente que la garantía sea autónoma, aunque sí constituye un indicio de dicha voluntad. Por ello, resulta aconsejable que la garantía contenga manifestaciones inequívocas del carácter independiente del compromiso asumido por el garante (p. ej., la renuncia a oponer excepciones derivadas del contrato principal), así como evitar alusiones a la relación subyacente o terminología que puedan desvirtuar el carácter autónomo de la garantía.

3. Las cartas de patrocinio

Las cartas de patrocinio (o cartas de confort, cartas de conformidad o cartas de garantía, entre otras denominaciones) son documentos que contienen declaraciones de distinto alcance mediante las que su emisor pretende facilitar la celebración de un contrato entre su patrocinado y un tercero. Esta figura tiene su origen en el sector bancario en el marco de operaciones de financiación en las que la sociedad dominante de un grupo de sociedades o el socio de control de una sociedad apoyaban la concesión de crédito a una sociedad filial o a la sociedad por él controlada, respectivamente. Sin embargo, nada obsta a su uso fuera de este ámbito, siempre que el patrocinador tenga una causa *credendi* legítima que quiera sustentar y, con base en ella, justifique la legitimidad y la validez de este documento.

Las cartas de patrocinio son objeto de diversas clasificaciones, aunque la más relevante diferencia entre cartas de patrocinio «débiles» y cartas de patrocinio «fuertes». Las primeras son aquellas mediante las que su emisor se limita a transmitir información (p. ej., el porcentaje de capital que ostenta en la sociedad patrocinada) o deseos (así, el interés en que se celebre la operación de financiación), pero no asume ningún compromiso en relación con el pago del crédito. Mientras que la jurisprudencia ha concluido que esta modalidad de carta carece de fuerza jurídica, la mayoría de la doctrina ha defendido ciertos efectos jurídicos, ya que facilita la celebración de contratos.

En cambio, en las cartas fuertes, su emisor asume compromisos concretos relacionados con la satisfacción del crédito: mera vigilancia de que el patrocinado cumplirá con sus obligaciones, realización de actuaciones dirigidas a facilitar que este último cumplirá o, incluso, pago en caso de que el patrocinado no lo haga. Con todo, existen discrepancias en relación con el alcance de la responsabilidad del emisor. Así, un sector entiende que se trata de una obligación de medios, lo que implica que el patrocinador únicamente responderá por el incumplimiento de su concreto compromiso. En cambio, otro sector considera que es una obligación de resultado, por lo que la responsabilidad del patrocinador se extendería al pago efectivo de la deuda contraída por su patrocinado.

A su vez, para que las cartas fuertes tengan eficacia jurídica, la jurisprudencia más reciente exige el cumplimiento de dos requisitos: i) que contengan una vinculación clara y determinante por parte del patrocinador respecto del compromiso que adquiere; y ii) que la declaración de voluntad sea aceptada por el destinatario de forma expresa o tácita (p. ej., por haberse celebrado el propio negocio que se patrocina), ya que se trata de un negocio jurídico unilateral.

III. Garantías reales

1. El contrato de hipoteca

1.1. LA HIPOTECA EN GARANTÍA DE CUENTAS CORRIENTES DE CRÉDITO

El artículo 153 LH regula la hipoteca en garantía de cuentas corrientes de crédito, mediante la que se asegura el saldo final resultante de la liquidación de un contrato de apertura de crédito en cuenta corriente. Se trata de una hipoteca «de máximo», ya que en el momento de su constitución no se fija el importe de la obligación asegurada, sino la cantidad máxima a la que puede ascender la responsabilidad hipotecaria, que será determinada en el momento de vencimiento del contrato garantizado.

Además de los requisitos generales exigidos para la constitución de toda hipoteca, el artículo 153 LH requiere específicamente que en la escritura consten las siguientes menciones: i) la cantidad máxima de que responde la finca hipotecada; y ii) el plazo de duración, haciendo constar si éste es prorrogable o no y, caso de serlo, la prórroga posible y los plazos de liquidación de la cuenta.

Al vencimiento del término fijado por los otorgantes, si el acreedor no ha recibido el saldo de la cuenta, podrá ejercitar la acción hipotecaria para su cobro en la parte que no exceda de la cantidad asegurada con la hipoteca, aunque deberá acreditar dicho saldo y su exigibilidad.

1.2. LA HIPOTECA EN GARANTÍA DE TÍTULOS TRANSMISIBLES POR ENDOSO O AL PORTADOR

La hipoteca en garantía de títulos transmisibles por endoso o al portador se encuentra regulada en los artículos 154 a 156 LH. Esta modalidad se caracteriza por estar constituida en garantía de créditos incorporados a un documento, por lo que la titularidad de la hipoteca deriva de la tenencia del título al portador o de la regularidad de la cadena de endosos, pero no del asiento registral.

Esta hipoteca se constituye unilateralmente por el hipotecante, ya que no es conocido el titular de la hipoteca (acreedor). En la escritura se indica el nombre del tomador inicial y se hace constar que queda constituida a su favor y al de los sucesivos endosatarios o tenedores legítimos. Atendiendo al artículo 154 LH, su constitución debe respetar las reglas generales, pero, además, aquel exige la inclusión en la escritura de una serie de menciones dirigidas a identificar los títulos (número y valor de las obligaciones, serie o series, fecha o fechas de la emisión, plazo y forma en que han de ser amortizadas, etc.). Por último, según el artículo 155 LH, el procedimiento para ejercitar la acción hipotecaria es el establecido en los artículos 129 y ss. LH, con independencia del importe de la cantidad reclamada.

1.3. LA HIPOTECA MOBILIARIA

1.1.1. Constitución

Hemos avanzado que la hipoteca mobiliaria se regula en la Ley de 16 de diciembre de 1954, la cual adoptó como premisa permitirla únicamente sobre bienes susceptibles de identificación exteriorizada en el Registro y de recibir eficazmente la publicidad registral. En consecuencia, únicamente pueden ser hipotecados (art. 12 LHM): i) los establecimientos mercantiles; ii) los automóviles y otros vehículos de motor, así como los tranvías y vagones de ferrocarril, de propiedad particular; iii) las aeronaves; iv) la maquinaria industrial y v) la propiedad intelectual y la industrial. Se trata de una enumeración cerrada (o «numerus clausus»), ya que debe recaer necesariamente sobre alguno de los bienes incluidos en dicha enumeración.

Atendiendo al art. 3 LHM, la hipoteca mobiliaria se tiene que constituir en escritura pública, que debe ser inscrita en el Registro de Bienes Muebles. De hecho, la falta de inscripción priva al acreedor hipotecario de los derechos que le concede la Ley. Por su parte, el hipotecante debe conservar los bienes hipotecados con la diligencia de un buen padre de familiar y hacer las reparaciones y reposiciones que sean necesarias (art. 17 LHM).

1.1.2. Modalidades

En buena lógica, la enumeración de bienes susceptibles de ser objeto de hipoteca mobiliaria da lugar a otras tantas modalidades de esta figura, a las que nos referiremos brevemente a continuación, aunque de entre ellas destaca la hipoteca sobre establecimiento mercantil.

Para que el establecimiento sea hipotecable el artículo 19 LHM exige dos requisitos: i) que esté instalado en un local de negocio del que el empresario sea dueño o arrendatario y ii) que el empresario tenga la facultad de traspasar. La Ley incluye distintas previsiones para articular la extensión objetiva de esta modalidad de hipoteca. Así: i) comprende necesariamente el derecho de arrendamiento sobre el local, si lo tuviere el hipotecante, y las instalaciones fijas o permanentes siempre que pertenezcan al titular del establecimiento (art. 20 LHM) y las indemnizaciones que debe satisfacer el arrendador del inmueble al arrendatario con arreglo a la LAU (art. 23 LHM); ii) salvo pacto en contrario, incluye el nombre comercial, rótulo del establecimiento, marcas distintivas y demás derechos de propiedad industrial e intelectual, así como máquinas, mobiliario, utensilios y demás instrumentos de producción y trabajo (art. 21 LHM); iii) en virtud de pacto expreso, se puede extender a las mercaderías y materias primas destinadas a la explotación del establecimiento (art. 22 LHM).

Por su parte, la hipoteca sobre automóviles incluye todos los vehículos a motor asimilados a aquellos por la legislación vigente (así, camiones, autocares, autobuses, tractores, motocicletas o cualesquiera otras susceptibles de matrícula en el correspondiente Registro Administrativo), además de tranvías, trolebuses y vagones de ferrocarril de propiedad particular (art. 34 LHM). Para su constitución se exige que la escritura de hipoteca incluya una serie de extremos relacionados con la identificación del bien (art. 35 LHM). Además, los bienes hipotecados tienen que estar asegurados para el caso de robo, hurto, extravío, sustracción o menoscabo por una cantidad igual o superior al importe total de la responsabilidad hipotecaria (art. 36 LHM).

La LHM también regula la hipoteca sobre aeronaves de nacionalidad española, las cuales deben estar inscritas en el Registro de Bienes Muebles, y de aeronaves extranjeras, de acuerdo con los convenios internacionales y el principio de reciprocidad. Esta modalidad de hipoteca comprende elementos de la aeronave (p. ej., motores, hélices y otros aparatos), así como enseres destinados a su servicio (art. 39 LHM). Al igual que en el supuesto anterior, la escritura de hipoteca debe contener una serie de datos relativos a la identificación del bien y la especificación de los seguros concertados, en especial, los obligatorios (art. 40 LHM).

A su vez, la hipoteca de maquinaria industrial se circunscribe a máquinas, instrumentos o utensilios instalados y destinados a la explotación (art. 42 LHM). La Ley exige que en la escritura de hipoteca se incluyan ciertos extremos dirigidos a su identificación, el lugar de emplazamiento, la aplicación de cada máquina y su estado de conservación (art. 43 LHM). El dueño tiene la obligación de conservar máquinas y demás utensilios, aunque podrá usarlos normalmente, siempre sin merma de su integridad (art. 44 LHM).

Por último, la hipoteca mobiliaria puede tener por objeto cualquier modalidad típica de propiedad industrial o intelectual (arts. 45 y 46 LHM). En tal caso, la escritura de hipoteca debe contener datos descriptivos e identificativos, así como licencias, autorizaciones o concesiones otorgadas por su titular a terceros y justificación de estar al corriente en el pago del canon (art. 47 LHM). La Ley prohíbe a su titular renunciar a su derecho ni ceder su uso o explotación sin consentimiento del acreedor (art. 48 LHM). Por su parte, este último puede obtener la renovación, rehabilitación o prórrogas necesarias para el mantenimiento de los derechos hipotecados y pagar el canon correspondiente si su titular no lo hace (art. 50 LHM).

1.4. La hipoteca naval

Mediante la hipoteca naval se busca facilitar el crédito para la construcción del buque o para la satisfacción de las necesidades financieras propias de la navegación. Su carácter registrable (art. 60.1 LNM) permite jurídicamente su hipoteca, aun cuando se trata de un bien mueble. Así, el artículo 126.1 LNM proclama que todos los buques, embarcaciones y artefactos navales pueden ser objeto de hipoteca naval, incluso en construcción. Sin embargo, la inscripción de la hipoteca sobre buque en construcción queda condicionada a que esté invertida en ella la tercera parte de la cantidad en que se haya presupuestado el valor total del casco y a que la propiedad del buque figure inscrita en el Registro de Bienes Muebles (art. 131 LNM).

La hipoteca naval se extiende: i) a todas las partes integrantes del buque y sus pertenencias, pero no a sus accesorios; ii) salvo pacto en contrario, a las indemnizaciones por daños materiales ocasionados al buque y no reparados por abordaje u otros accidentes y a la contribución a la avería gruesa y a la del seguro, tanto por averías no reparadas sufridas por el buque, como por pérdida total del mismo; y iii) en virtud de pacto expreso, a licencias vinculadas al buque en la medida y condiciones que lo permitan las disposiciones reguladoras de su concesión.

Esta modalidad de hipoteca puede ser otorgada en escritura pública, en póliza intervenida por notario o, incluso, en documento privado y debe inscribirse en el Registro de Bienes Muebles (art. 128 LNM). En el documento de constitución necesariamente tiene que constar el contenido mínimo fijado en el artículo 132.1 LNM (así, intervinientes, importe del crédito, fecha de vencimiento del capital y del pago de los intereses, descripción e identificación del buque, valor de este último y cantidades de que responde). Dichas menciones habrán de ser incluidas en la inscripción de la hipoteca si tienen trascendencia real, junto con las demás exigidas por la legislación hipotecaria (art. 133 LNM).
La acción para exigir el pago de las deudas garantizadas por hipoteca naval, el procedimiento a seguir y la competencia para conocer del mismo se sujetan a lo dispuesto en la LEC, salvo algunas especialidades contenidas en el artículo 140 LNM. La acción hipotecaria naval prescribe a los tres años, contados desde que pueda ejercitarse (art. 142.1 LNM).

2. El contrato de prenda

2.1. LA PRENDA DE TÍTULOS REPRESENTATIVOS DE MERCANCÍAS

Con la prenda de títulos representativos de mercancías se posibilita la constitución de una prenda sobre mercancías no poseídas materialmente por su propietario, bien porque se están transportando o porque están depositadas en almacenes generales de depósito. Obsérvese que, en este caso, la puesta en posesión de las mercancías a favor del acreedor pignoraticio es sustituida por la puesta en posesión de los títulos representativos de dichas mercancías. Con todo, los títulos representativos pueden ser nominativos, a la orden y al portador, lo que, a su vez, determinará la constitución de la prenda. Si son nominativos, es necesaria la notificación al emisor del título; si son a la orden, se requiere la realización de un endoso a título de garantía y, si son al portador, será suficiente con la puesta en posesión al acreedor.

Si el acreedor pignoraticio que tiene los títulos representativos en prenda no es pagado el día del vencimiento de su crédito, podrá requerir a la compañía para que enajene las mercancías en cantidad bastante para el pago y tendrá preferencia sobre las demás deudas del depositante, excepto aquellas que tengan origen en el transporte, almacenaje y conservación de mercancías (arts. 195 y 196 CCom).

2.2. LA PRENDA DE PARTICIPACIONES O DE ACCIONES

Aunque la LSC dedica uno de sus artículos a la prenda de participaciones o de acciones (art. 132 LSC), en él se limita a regular cuestiones relacionadas con la incidencia de la prenda en la esfera de socio (ejercicio de derechos de socio y cumplimiento de desembolsos pendientes, en caso de sociedad anónima). Ha de advertirse, sin embargo, del reducido interés práctico de la prenda sobre participaciones o sobre acciones no cotizadas debido a las dificultades que, en general, presenta su enajenación y, en consecuencia, las dudas que se suscitan en relación con su valoración. De ahí que sea la prenda de acciones de sociedades cotizadas (por tanto, representadas por medio de anotaciones en cuenta), la que presenta una mayor relevancia.

La constitución del derecho real de prenda sobre participaciones sociales debe constar en documento público (art. 106.1 LSC) y ser notificada a la sociedad para que los administradores la anoten en el libro registro de socios (art. 104.1 LSC). A su vez, la constitución de una prenda sobre acciones representadas por medio de títulos dependerá de su condición de nominativas o al portador. Si las acciones son nominativas, será necesaria la entrega física de las acciones al acreedor pignoraticio, insertando en ellas una diligencia en la que se haga constar la prenda, y la notificación a la sociedad para su inscripción en el libro registro de acciones nominativas. También es admisible realizar un endoso de garantía y notificarlo a la sociedad para su inscripción en el libro registro de acciones nominativas (art. 121.2 LSC). A su vez, si las acciones son al portador, será suficiente con su entrega, si bien resulta aconsejable diligenciar la prenda en el documento.

Por su parte, la prenda de acciones representadas por medio de anotaciones en cuenta se encuentra regulada en el artículo 12 LMV, que exige su inscripción en la cuenta correspondiente (la cual equivale al desplazamiento posesorio del título), momento en el cual su constitución será oponible a terceros. Este precepto se aplica a toda prenda sobre valores representados por medio de anotación en cuenta, no exclusivamente a la constituida sobre valores negociados en un mercado secundario oficial. Pues bien, esta modalidad, además de ser la más relevante en la práctica, está regulada de forma complementaria en los artículos 320 a 324 CCom.

En sentido estricto, el Código regula la prenda de valores negociables dirigida a garantizar el cumplimiento de un préstamo mercantil (art. 320 CCom) y extiende expresamente su aplicación a las cuentas corrientes de crédito abiertas por entidades de crédito (art. 323 CCom). Sin embargo, se admite su utilización en garantía de cualquier obligación. De dicha regulación destaca el procedimiento ejecutivo especial previsto en el artículo 322 CCom. Así, en caso de impago, el acreedor pignoraticio podrá pedir la enajenación de los valores dados en garantía, sin necesidad de requerir al deudor, salvo pacto en contrario. Para ello, entregará a los organismos rectores del correspondiente mercado secundario oficial la póliza o escritura de préstamo, acompañada de los títulos pignorados o del certificado acreditativo de la inscripción de la garantía, expedido por la entidad encargada del correspondiente registro contable. Una vez hechas las comprobaciones oportunas, el organismo rector adoptará las medidas necesarias para enajenar los valores pignorados en el mismo día en que reciba la comunicación del acreedor o, si no es posible, en el día siguiente, a través de un miembro del correspondiente mercado secundario oficial. A su vez, el acreedor pignoraticio sólo podrá hacer uso de este procedimiento durante los tres días hábiles siguientes al vencimiento del préstamo.

2.3. La prenda sin desplazamiento de la posesión

Como ya ha sido indicado, la prenda sin desplazamiento de la posesión se regula en la Ley de 16 de diciembre de 1954 con la finalidad de facilitar el acceso al crédito a titulares de cosas muebles no susceptibles de hipotecar por su identificación registral imperfecta ni tampoco de prenda común por la imposibilidad física, jurídica o económica de desplazamiento posesorio.

La LHM permite la constitución de prenda sin desplazamiento únicamente sobre: i) frutos pendientes y cosechas esperadas, frutos separados o productos de explotaciones, animales, máquinas y aperos (art. 52 LHM); ii) máquinas y bienes identificables por características propias (marca, número de fabricación, modelo, etc.), mercaderías y materias primas almacenadas (art. 53 LHM); y iii) objetos de valor artístico e histórico (cuadros, esculturas, porcelanas o libros), créditos y derechos que correspondan a los titulares de contratos, licencias, concesiones o subvenciones administrativas y derechos de crédito no representados por valores y que no tengan la consideración de instrumentos financieros (art. 54 LHM).

La prenda se constituye en escritura pública o mediante póliza interve-nida si se trata de operaciones bancarias o se refiere a cualquiera de los su-puestos comprendidos en el artículo 93 CCom, la cual deberá ser inscrita en el Registro de Bienes Muebles (art. 3 LHM). Es más, la falta de ins-cripción priva al acreedor pignoraticio de los derechos que le concede la Ley.

La LHM regula de forma detallada la posición del deudor, dada la falta de desplazamiento posesorio del bien pignorado, propia de esta mo-dalidad de prenda. Así, el deudor tiene la consideración de depositario de los bienes pignorados a todos los efectos legales, incluida la responsabi-lidad civil y criminal (art. 59 LHM). Además, la Ley prohíbe su traslado del lugar en que se encuentren sin consentimiento del acreedor (art. 60 LHM). Igualmente, aquella prevé que son de cuenta del deudor los gas-tos necesarios para su conservación, reparación, administración y recolec-ción (art. 61 LHM). Por último, si el deudor hace mal uso de los bienes o incumple las obligaciones anteriores, el acreedor puede exigir la devolu-ción de la cantidad adecuada o la venta inmediata de la prenda, sin perjui-cio de las responsabilidades que procedan (art. 62 LHM). Estas previsio-nes quedan completadas con el reconocimiento de la facultad del acreedor de comprobar la existencia de los bienes pignorados e inspeccionar su es-tado (art. 63 LHM).

Fuentes legales

Código de comercio, Código civil, Ley Concursal, Decreto de 8 de febrero de 1946 por el que se aprueba la nueva redacción oficial de la Ley Hipotecaria, Ley de 16 de diciembre de 1954 sobre hipoteca mobi-liaria y prenda sin desplazamiento de posesión, Ley de Navegación Marí-tima, Ley de Sociedades de Capital

Bibliografía destacada

BUSTO LAGO, J. M., «Accesoriedad de aval a primer requerimiento vinculado al contrato subyacente. Comentario a la STS de 5 de abril 2019 (RJ 2019, 1281)», *CCJC*, n.º 111, 2019, págs. 287-308.

DIÉGUEZ OLIVA, R., «Vinculatoriedad de las cartas de patrocinio en la reciente jurisprudencia del Tribunal Supremo», en GONZÁLEZ FERNÁNDEZ, M.ª B. y COHEN BENCHETRIT, A. (dirs.), *Derecho de sociedades: revi-sando el Derecho de sociedades de capital*, Tirant lo Blanch, Valencia, 2018, págs. 509-524.

MARQUÉS MOSQUERA, C. y DE LA CÁMARA ENTRENA, B. (coords.), *Las garantías en el Derecho mercantil: problemática actual*, Fundación Notariado, Madrid, 2021.

NIETO CAROL, U. y BONET SÁNCHEZ, J. I. (coords.), *Tratado de garantías en la contratación mercantil*, Consejo General de los Colegios Oficiales de Corredores de Comercio, Civitas, Madrid, 1996.

MARÍN LÓPEZ, J., CORDERO LOBATO, E., y CARRASCO PERERA, A., *Tratado de los derechos de garantía*, 4.ª ed., Thomson Reuters Aranzadi, Cizur Menor, 2022.

Jurisprudencia destacada

1. STS núm. 474/2018 de 20 de julio (RJ 2018\3138): fianza: efectos entre el fiador y el deudor: acción de cobertura de la fianza al amparo del art. 1843 CC.

2. STS núm. 217/2019 de 5 de abril (RJ 2019\1281): garantía a primer requerimiento: inexistencia; la inclusión de una estipulación de pago «a primer requerimiento» no es en sí misma suficiente para considerar que la obligación del garante resulta autónoma con respecto a la obligación subyacente.

3. SJPI n.º 46 de Madrid de 19 de febrero de 2025: «comfort letters»: falta de validez; ausencia de prestación del consentimiento de la administradora única de un holding empresarial a la suscripción de la carta de patrocinio.

4. RRDGRN de 30 de mayo y de 31 de mayo de 2016, BOE n.º 151, de 23 de junio: prenda sin desplazamiento sobre la licencia de un taxi.

5. RRDGRN de 30 de julio de 2018 y de 31 de julio de 2018, BOE n.º 223, de 14 de septiembre: validez de la cláusula estatutaria que prohíbe constituir derechos reales sobre las participaciones sociales.

Preguntas test

1. El contrato de fianza es mercantil si:

a) así se acuerda por las partes
b) se celebra por escrito
c) tiene por objeto asegurar el cumplimiento de una obligación mercantil
d) el fiador es comerciante

2. El beneficio de excusión:

a) se disfruta en todo contrato de fianza
b) opera de forma automática
c) requiere del cumplimiento de ciertos requisitos por el fiador para que resulte eficaz
d) exige la aceptación expresa del acreedor

2. Las garantías independientes o autónomas se caracterizan porque en ellas se elimina:

a) el beneficio de división
b) la subsidiariedad y la accesoriedad
c) el beneficio de excusión
d) exclusivamente la accesoriedad

4. Las cartas de patrocinio:

a) se limitan a comunicar información, intenciones o deseos, por lo que son meros «acuerdos entre caballeros»
b) siempre tienen eficacia jurídica
c) tienen eficacia jurídica dependiendo de los concretos compromisos asumidos por su emisor
d) son ineficaces jurídicamente

5. La hipoteca sobre establecimiento mercantil recae necesariamente sobre:

a) el derecho de arrendamiento sobre el local de negocio y las instalaciones fijas o permanentes
b) el inmueble en el que se ubica el establecimiento mercantil
c) el rótulo de establecimiento
d) la totalidad de los elementos del negocio

Indicar la corrección o incorrección de las siguientes aseveraciones razonando la respuesta

1.ª «Su carácter expreso y la exigencia de determinabilidad excluyen que el contrato de fianza pueda garantizar deudas futuras».

2.ª «No cabe equiparar solidaridad y renuncia al beneficio de excusión».

3.ª «La fianza mercantil es, en principio, solidaria».

4.ª «La configuración tradicional de los derechos reales de prenda e hipoteca se acomoda mal con las exigencias del tráfico mercantil».

5.ª «La prenda sobre participaciones o sobre acciones no cotizadas presenta un alto interés práctico».